Trackbook Balkan

Steil ragen die Dinarischen Alpen über 600 Kilometer am Nordosten des Adriabogens auf. Mit seinen Hochplateaus, Karstschluchten und Gipfeln über 2.000 m ist dieses Gebiet immer noch eine der schroffsten und wildesten Naturlandschaften Europas.

Erst vor wenigen Jahrzehnten wurde es für den Verkehr erschlossen. Neben wenigen gut ausgebauten Hauptstrecken durchzieht ein Netz von Gebirgspisten, Militärstraßen, Verbindungswegen und historischen Handelsrouten die beeindruckende Karstlandschaft – für Entdeckungs- und Abenteuermöglichkeiten ist also gesorgt.

Mit unserem Trackbook stellen wir eine Auswahl der schönsten Tracks und Routen in diesem Teil des Balkans vor. Wir haben versucht, das gesamte Gebiet von Istrien bis hinunter zur albanischen Grenze abzudecken und dabei die einzelnen, teilweise noch weitgehend unbekannten Naturgebiete auf beeindruckenden Strecken erlebbar zu machen: Von den lichtdurchfluteten kroatischen Tracks mit Aussicht auf die Adria und zu Drehorten der Karl-May-Filme, über die Hochebenen und zu den Urwäldern Bosnien-Herzegowinas, bis hin zu den imposanten Schluchten und atemberaubenden Gebirgspisten in den Hochregionen Montenegros. Dabei ist eine Trackbook-Tour durch diese Länder auch eine gute Gelegenheit, mit überkommenen „Balkanvorurteilen" aufzuräumen und die Gastfreundschaft und aktuelle Lebensrealität unmittelbar zu erfahren.

Es ist keine Übertreibung, wenn wir versprechen, dass eine Tour durch die Dinarischen Alpen ein unvergessliches, wunderschönes Reiseabenteuer ist, das weltweit keinen Vergleich scheuen muss.

Auch dieses Trackbook soll ausdrücklich kein weiterer Reiseführer sein und enthält deshalb nur wenige Informationen zu Kultur, Geschichte, Restaurants oder Unterkünften. Es ist als zusätzliche Informationsquelle für Erkundungstouren auf den abenteuerlichsten Strecken der Region gedacht.
Wir wünschen Euch eine erlebnisreiche Reise und wunderschöne Zeit beim Erkunden der Dinarischen Alpen.

Melina und Matthias

Inhalt

Routenübersicht 6
Schwierigkeitsgrade 8
Fahrzeuge 10
Trackbook lesen leicht gemacht 12
Koordinaten 13
Unterwegs auf dem Balkan 14
Vorbereitung 16
In Golf We Trust 18
Der Trackbook-Knigge 19

KROATIEN

1 Tartuf 20
2 Veprinačka Cesta 24
3 Winnetou 1.1 28
4 Vinodol 32
5 Vrulje 36
6 Hej-Lop 42
7 Jadranska Magistrala 48
8 Veliki Alan 50
9 Tulove Grede 56
10 Mali-Alan 60
11 Deringaj 64
12 Lika-Bahn 72
13 Krka Quelle 78
14 Svilaja 82
15 Vjetar s Dinare 88

BOSNIEN UND HERZEGOWINA

20 Grmeč 96
21 Sana Canyon 100
22 Fojnica 106
23 Vranica 110
24 Hajdučka Republika 116
25 Blidinje 122

Inhalt

26 Sarajevo 1984 128
27 Morine Plateau... 134
28 Neretva Tal 138
29 Sutjeska 144
30 Goražde 150
31 Lost Track 154

MONTENEGRO
40 Piva Rim 158
41 Nevidio Canyon... 164
42 Durmitor 168
43 Tara Canyon 170
44 Meliki Žurim 174
45 Kapetanovo Jezero... 178
46 Sinjajevina Plateau 184
47 Orjen Sedlo 190
48 Crkvice 194
49 Biogradska Gora 198
50 Kolašin 1600 202
51 Bjelasica Traverse 206
52 Brskut 212
53 Kučka Krajina 218
54 Peaks of the Balkan 222

Über uns 227
Nachwort 228

Fehlen da nicht ein paar Tracknummern? - Stimmt, aber das ist Absicht ☺

Die Tracks sind nach Regionen geordnet und jedes Land beginnt mit der nächsthöheren 10er-Gruppe.

Routenübersicht

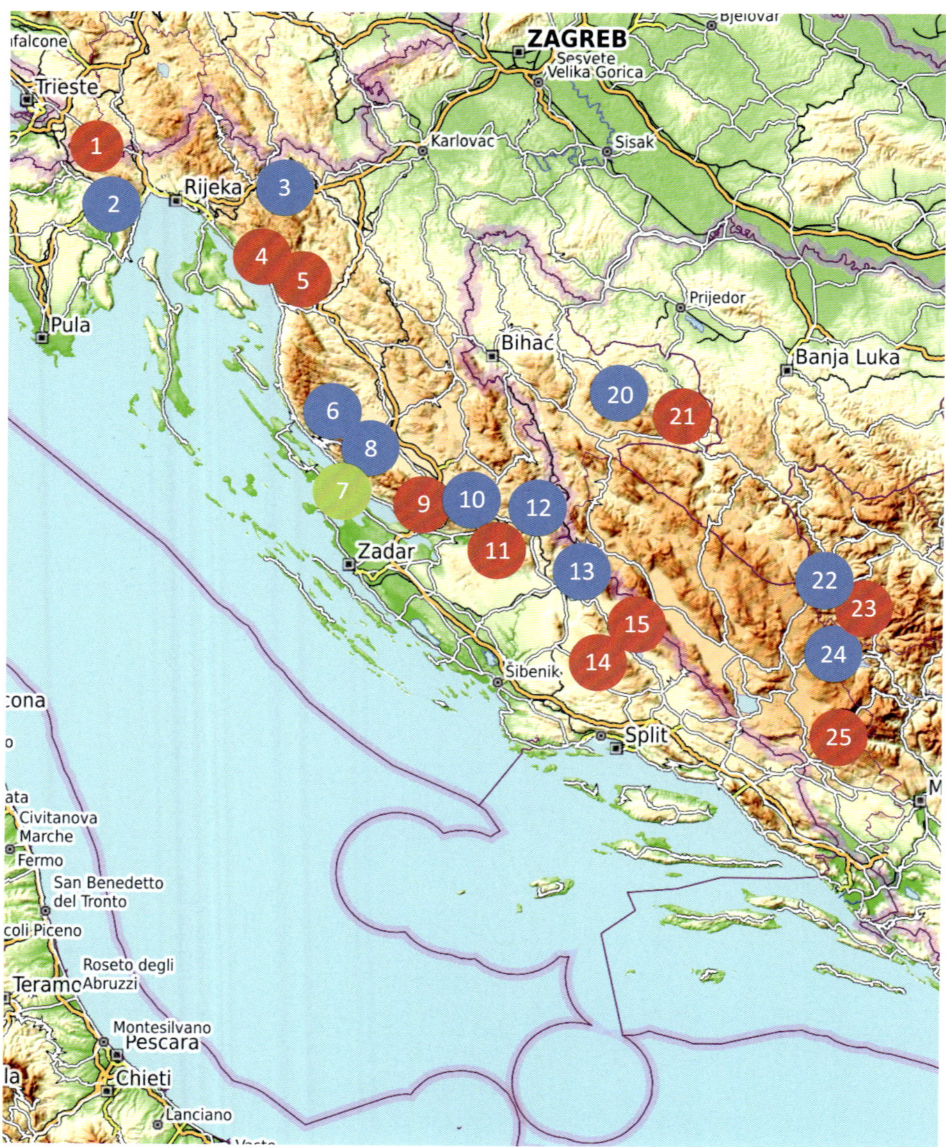

Routenübersicht

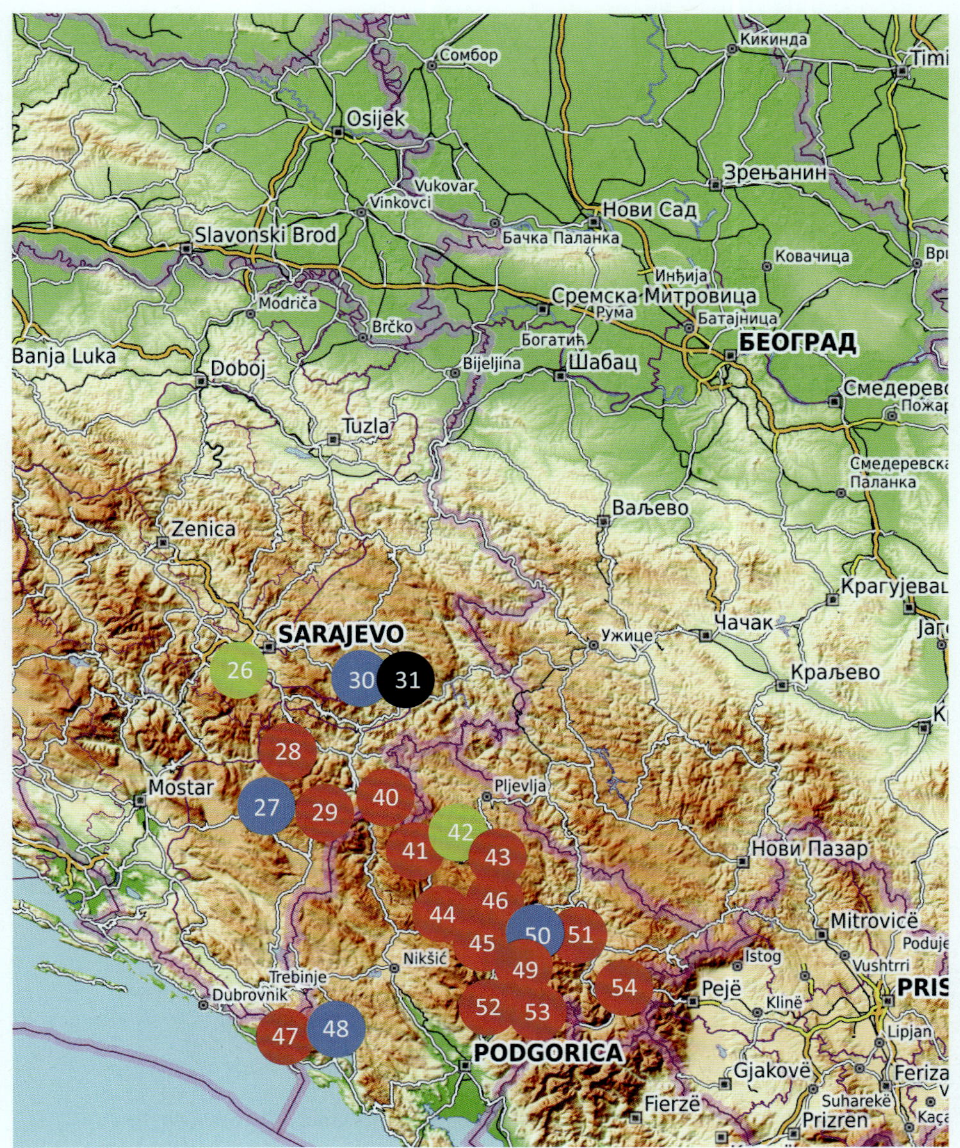

Schwierigkeitsgrade

Bitte beachten: Der Zustand der Tracks ändert sich ständig und die Befahrbarkeit wird zusätzlich durch das Wetter beeinflusst. Unsere Schwierigkeitseinstufung basiert auf den von uns in den letzten Jahren wahrgenommenen „durchschnittlichen Schwierigkeiten“ und ist subjektiv. Sie dient als erste Einschätzung und muss mit Deinen eigenen Beobachtungen während der Tour abgeglichen werden.
Wir lehnen jede Verantwortung für Schäden oder Verletzungen oder juristische Konsequenzen ab, die eventuell im Zusammenhang mit der Nutzung dieses Trackbooks entstehen.
Bitte nutze Deinen gesunden Menschenverstand!

Geteerte, meist zweispurige Strecke, auch für Wohnmobile und Sportwagen mit geringer Bodenfreiheit befahrbar

Präparierte Wege und unpräparierte Pisten, mind. 15 cm Bodenfreiheit erforderlich, oft eng, steile Auf- und Abfahrten, weicher Untergrund, Felsen und Furten bis 50 cm

Meist ungeteerte, aber unterhaltene Strecke, etwas Bodenfreiheit nötig, fester Untergrund, keine steilen Anstiege

Zusätzlich zu dem Genannten: wenig befahren, ausgewaschene Anstiege, erfordert mind. 20 cm Bodenfreiheit, sehr eng, setzen Erfahrung voraus, nur mit gutem Geländewagen befahrbar

Schwierigkeitsgrade

Leicht

- **7** Jadraska Magistrala
- **26** Sarajevo 1984
- **42** Durmitor

Mittel

- **2** Veprinačka Cesta
- **3** Winnetou 1.1
- **6** Hej-Lop
- **8** Veliki Alan
- **10** Mali-Alan
- **12** Lika-Bahn
- **13** Krka Quelle
- **20** Grmeč
- **21** Sana Canyon
- **22** Fojnica
- **24** Hajdučka Republika
- **27** Morine Plateau
- **29** Sutjeska
- **30** Goražde
- **44** Veliki Žurim
- **48** Crkvice
- **50** Kolašin 1600

Schwierig

- **1** Tartuf
- **4** Vinodol
- **5** Vrulje
- **9** Tulove Grede
- **11** Deringaj
- **14** Svilaja
- **15** Vjetar s Dinare
- **21** Sana Canyon
- **23** Vranica
- **25** Blidinje
- **28** Neretva Tal
- **29** Sutjeska
- **40** Piva Rim
- **41** Nevidio Canyon
- **43** Tara Canyon
- **45** Kapetanovo Jezero
- **46** Sinjajevina Plateau
- **47** Orjen Sedlo
- **49** Biogradska Gora
- **51** Bjelasica Traverse
- **52** Brskut
- **53** Kučka Krajina
- **54** Peaks of the Balkan

Sehr schwierig

- **31** Lost Track

Fahrzeuge

Personenwagen 

Autos, die nicht gebaut wurden, um befestigte Straßen zu verlassen, egal ob mit zwei oder vier angetriebenen Rädern. Bodenfreiheit mindestens 10 cm.
Beispiele: VW Golf, Toyota Corolla, Fiat 500

- Können die **grünen Strecken** problemlos befahren.
- Können die **blauen Strecken** befahren, müssen dabei vorsichtig und umsichtig bewegt werden, um Schäden zu vermeiden.

Wohnmobile
Lieferwagenplattform mit großem Camperaufbau. Lange Überhänge, geringe Bodenfreiheit.
Beispiele: Hymer Mobile, Wohnmobile auf Basis von Fiat Ducato, VW Crafter etc.

- Können die **grünen Strecken** befahren.
- Können mit viel Geschick eventuell **einen Teil der blauen Strecken** befahren.

Vans 

Robuste Fahrzeuge mit 2WD, für kommerziellen Einsatz gebaut, mind. 15 cm Bodenfreiheit. Beispiele: VW Bus, Ford Transit, Toyota High Ace
In diese Kategorie fallen auch SUV mit 2WD.

- Keine Probleme beim Befahren der **grünen Strecken**.
- Können die **blauen Strecken** mit Umsicht und Geschick befahren.
- Können unter günstigen Bedingungen (Trockenheit, wenig Steigung, ...) und Offroad-Erfahrung einen Teil der **roten Strecken** fahren.

Fahrzeuge

SUV 

4x4 Fahrzeug mit leicht erhöhter Bodenfreiheit, keine Untersetzung, von uns vorausgesetzte Bodenfreiheit mind. 15 cm. Beispiele: VW Tiguan, Hyundai Santa Fe, Toyota RAV, Dacia Duster

- Haben keine Probleme auf **grünen Strecken**.
- Können alle **blauen Strecken** fahren. Vorsichtige Fahrweise vorausgesetzt, um Schäden an Reifen und Unterboden zu vermeiden.
- Können versuchen, einen großen Teil der **roten Strecken** zu befahren. Die Bodenfreiheit ist sehr gering. Können beim Befahren von roten Strecken beschädigt werden.

Geländewagen 

4x4 Fahrzeuge, die für den Offroad-Einsatz konstruiert wurden. Mit kurzem ersten Gang oder Untersetzungsgetriebe, einfachem Motor- und Getriebeschutz, robusten Reifen, und einer Bodenfreiheit von mehr als 18 cm. Beispiele: Land Rover Discovery, Toyota Land Cruiser, VW Touareg, sowie präparierte 4WD Transporter

- Sollten mit Leichtigkeit die **grünen** und **blauen** Strecken bewältigen
- Können mit umsichtiger Fahrweise die **roten Strecken** befahren
- Geübte Fahrer können mit diesen Fahrzeugen die **schwarzen Strecken** versuchen. Vorsichtig Fahren um Schäden an Reifen und Unterboden zu vermeiden!

4WD Lastwagen / Expeditionsmobile 

Nicht die Geländetauglichkeit, sondern die Größe und das Gewicht von LKW reduziert den Bewegungsspielraum. Wir haben bei der Trackaufzeichnung darauf geachtet, welche Tracks evtl. auch mit größeren Allrad-Fahrzeugen (bis 7,5 t) befahren werden könnten und dies durch das LKW Symbol kenntlich gemacht.

Motorräder

Straßenbikes können die grünen und einige der blauen Strecken befahren.
Enduros mit einem erfahrenen Fahrer sollten auf allen Strecken Spaß haben können.

TB lesen leicht gemacht

Das Trackbook ist wie ein klassisches Roadbook aufgebaut. Das bedeutet, dass wichtige Positionen einer Strecke durch Piktogramme dargestellt werden. Diese zeigen, woher du kommst, was auf Dich zukommt und wohin du fahren sollst. Wir erklären es an einem Beispiel:

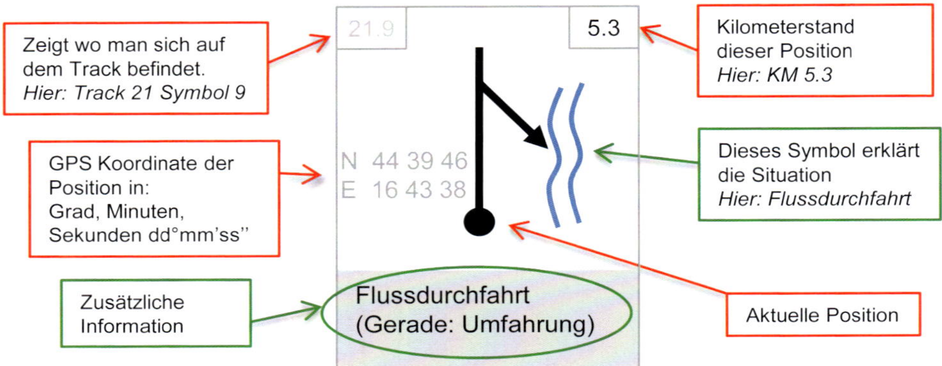

Besondere Symbole und ihre Bedeutung

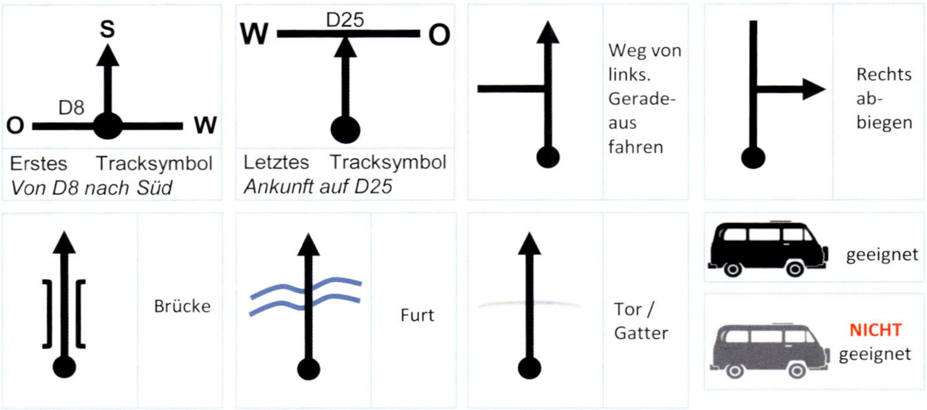

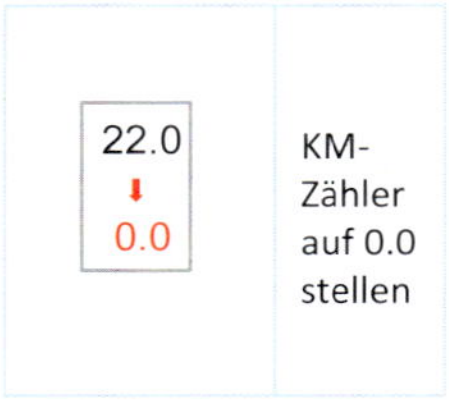

Symbol	Bedeutung
S, O, D8, W	Erstes Tracksymbol *Von D8 nach Süd*
W, D25, O	Letztes Tracksymbol *Ankunft auf D25*
	Weg von links. Geradeaus fahren
	Rechts abbiegen
	geeignet
	NICHT geeignet
	Brücke
	Furt
	Tor / Gatter
22.0 ⬇ 0.0	KM-Zähler auf 0.0 stellen

Kratzgefahr

*	keine oder sehr geringe Gefahr
**	leichte Kratzer wahrscheinlich
***	Kratzer nicht vermeidbar

Maximale Höhe ist bei eingeschränkt befahrbaren Tracks angegeben

Koordinaten

Wichtiger Hinweis zur Navigation mit Koordinaten

Damit ihr bei der Anfahrt und unterwegs unsere Koordinaten als sinnvolle Unterstützung nutzen könnt, sind folgende Punkte zu beachten:

1. Es gibt **unterschiedliche Koordinatensysteme**, die meisten GPS Geräte und Apps lassen sich darauf einstellen.

2. In diesem Trackbook nutzen wir ein Koordinatensystem, dass sich auf **Grad, Minuten und Sekunden** (GMS) bezieht. dd°mm'ss"

3. Korrekt dargestellt müssten wir die Koordinaten so schreiben (Beispiel): N 45°26'46", E 13°59'20" Der Einfachheit halber schreiben wir jedoch lediglich N 45 26 46, E 13 59 20.

4. Manche Geräte erfordern bei den Sekunden noch weitere Stellen zu Eingabe als **Nachkommastelle** hinter den Sekunden. Beispiel: N 45°26'46.XX" E 13°59'20.XX". In diesem Fall die letzten Stellen einfach mit Nullen auffüllen – die Positionsangabe ist für die Navigation genau genug.

5. Zur Eingabe bei **Google** bitte wie folgt eingeben:
   45°26'46"N 13°59'20"E

6. Zum gegenchecken: Die Beispielkoordinate ist die erste Koordinate von Track 1 (Tartuf) und markiert den Abzweig von der Teerstraße.

7. **Viel Spaß!**

Unterwegs auf dem Balkan

Das Balkangebirge ist ein für europäische Verhältnisse ausgedehnter und vielfältiger geografischer Großraum. Eine Reise durch die verschiedenen Balkanländer bietet genau die richtigen Zutaten für einen veritablen Roadtrip. Besonders wer die meist gut ausgebauten Transitrouten verlässt, wird mit einem Kaleidoskop von Eindrücken und Erlebnissen belohnt. Von den sonnengleißenden Karstlandschaften mit weitem Blick über die Adria, zu den Waldschluchten Bosnien und Herzegowinas mit seinen ursprünglichen Dörfern bis zu den wilden Hochplateaus und Canyons Montenegros – eine Balkanreise ist ein bleibendes Erlebnis.

Auf den schmalen und oft kurvenreichen Nebenstraßen sinkt der Schnitt schnell auf unter 50 km/h und entsprechend konservativ sollten die Tagesetappen geplant werden. Auf den Tracks ist ein Schnitt von 15 km/h ein guter Richtwert. Neben den üblichen Überraschungen des ländlichen Verkehrstreibens, wie pausierende Tiere, reversierende Traktoren oder maladen Golf 2, ist immer mit Erdrutschen, weggebrochenen Fahrbahnrändern und unvermittelten Änderungen der Streckenqualität zu rechnen. Das Tankstellennetz ist relativ gut ausgebaut, jedoch werden nicht überall Kreditkarten akzeptiert. Im Gebirge dünnt das Angebot deutlich aus und der Verbrauch steigt bei langsamer Fahrt auf überraschende Höhe – lieber etwas früher wieder ans Auffüllen denken.

Unterwegs auf dem Balkan

Die Befahrbarkeit der einzelnen Tracks ist stark von den Jahreszeiten abhängig – oberhalb von 1.500 m können selbst im Juni noch Schneefelder die Gebirgsstrecken unbefahrbar machen. Auch umgestürzte Bäume und Felsbrocken können im Frühjahr die Befahrbarkeit erschweren oder zum Umdrehen zwingen.
Für die Befahrung vieler Strecken hilft wegen der eng stehenden Büsche eine ausgeprägte Grundentspanntheit, was ein perfektes Lackbild angeht. Bei unseren Beschreibungen haben wir die jeweilige Kratzgefahr angegeben.

Schwindelfreiheit und der geübte Umgang mit Kupplung und Handbremse sind Voraussetzung um die schmalen ungesicherten Gebirgsstrecken zu befahren. Unter Umständen sind manche Abschnitte wegen Steinschlag, umgestürzter Bäume oder Altschnee nur erschwert befahrbar bzw. temporär gesperrt. In diesem Fall muss oft mehrere hundert Meter auf enger Strecke reversiert werden. Wir raten, lieber etwas früher umzukehren, als schlecht kalkulierbare Risiken einzugehen – bis Hilfe eintrifft können mehrere Stunden vergehen.

Vorbereitung

Reifen
Niederquerschnittsreifen (niedrige Seitenwand) sind nur sehr eingeschränkt für die Befahrung der Tracks geeignet. Beim Durchschlagen in Schlaglöchern oder durch Steine kann es Löcher geben oder sogar die Felge beschädigt werden. Generell ist ein vollwertiges Ersatzrad sehr empfehlenswert.
Da die meisten Tracks recht grobe Oberflächen haben, lohnt es sich, den Luftdruck leicht zu senken, sodass eine kleine Wölbung in der Flanke zu sehen ist. Der Reifen kann so mehr der kleinen Stöße aufnehmen und filtern. Dies schützt zum einen den Reifen selbst, zum anderen schont es Fahrzeug und Insassen.

Bergematerial
Besonders in der Nebensaison werden manche Tracks nur sehr selten befahren. Wer auf den roten und schwarzen Tracks unterwegs sein möchte, sollte eine Basisausstattung zur Selbstbergung dabei haben. Ein Aufsetzen in einer tiefen Ausspülung, das Abrutschen vom Weg oder das Stecken in einem Altschneerest kann jedem passieren und mit etwas Material ist das schnell erledigt. Falls es aber - nach längerem Spaziergang - doch der Unterstützung eines netten Einheimischen bedarf; erhöht ein stabiler und langer Gurt die Chancen einer erfolgreichen Bergung erheblich.

Vorbereitung

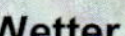

Wetter

Mit Höhenlagen zwischen Meeresniveau und weit über 2.000 m ist es an einem Tag nicht ungewöhnlich, sowohl ein erfrischendes Bad im Meer zu genießen und auf den Bergpässen einen noch erfrischenderen Schneeschauer. Alle Strecken oberhalb von 1.500 m sind lediglich im Sommer problemlos zu befahren. Aber auch noch Ende Juni und schon ab Mitte Oktober kann Alt- / Neuschnee die Weiterfahrt behindern. Für die Befahrung von Schneefeldern empfehlen wir ausreichendes Bergematerial und die Weisheit, rechtzeitig umzukehren.

Vorbereitung

Die notwendigen Vorbereitungen richten sich natürlich auch nach dem Schwierigkeitsgrad der befahrenen Strecken. Für PKW, Kastenwagen und SUVs kann mindestens der Schutz der Ölwanne bereits für das Befahren von blauen Strecken sinnvoll und im Falle eines Falles auch die günstigere Option sein.

Für das Befahren der roten und schwarzen Tracks kann auch für Geländewagen der Schutz weiterer Bauteile erwogen werden

In Golf We Trust

Nationalitäten, Ethnien, Religionen, Machtinteressen, Historie und tradierte Positionen – die Situation auf dem Balkan ist komplex, vielschichtig, fragil, verwirrend und uneindeutig. In einem Punkt jedoch sind sich die Menschen auf dem Balkan einig: im unerschütterlichen Glauben an den Golf.

Besonders die konservierungsmitteltropfenden Golf 2 aus den späten 80ern und frühen 90ern genießen unangefochtenes Ansehen, das an die mystische Verehrung animistischer Naturvölker grenzt. Und nein, die Balkanbewohner sind nicht als Ergebnis einer extrem ausgeklügelten Hirnwäsche durch eine Elitetruppe von Marketingstrategen in Wolfsburg zu Spießern geworden. Der Grund ist eine unerschütterliche Performance auf fast allen Wegen, die eine mindestens fahrzeugbreite Passage bieten. Oder anders gesagt: Da wo der Alpenbewohner mit seinem in Overlanderkreisen legendären und oft zitierten Panda 4x4 aufhört, blüht der Golf 2 erst richtig auf.

Aber auch im Balkan ist die Zeit nicht stehen geblieben – immer öfter mehren sich Zeichen von Dekadenz. Der Wunsch nach Sicherheit und Komfort hat die Bewohner erfasst. In den letzten Jahren werden immer häufiger auch Golf 3 und sogar Golf 4 auf den Tracks im Hinterland gesichtet und machen dem spartanischen und zuverlässigen, ja beinahe luftgekühlt-alttestamentarischen Golf 2 das Habitat streitig. Aber noch immer gibt es in abgelegenen Tälern und auf einsamen Hochebenen erstaunlich widerstandsfähige Populationen. Diese werden sich im Schutz dieser extremen ökologischen Nischen bestimmt noch für viele Jahre tummeln und Entdeckungsreisende in ihren gut ausgerüsteten Expeditionsmobilen zum Staunen bringen.

Der Trackbook – Knigge

Im Balkan ist das individuelle Erkunden und abenteuerliche Entdecken auch auf kleinen Haupt- sowie auf Nebenstrecken wohltuend unkompliziert möglich. Hier heißt es noch: Leben und leben lassen. Wir haben ein paar Tipps zusammengestellt, die uns allen helfen können, damit das so bleibt.

- Bleibe immer auf den Strecken – respektiere Privatgrundstücke.
- Respektiere die Einheimischen, freundliches Grüßen und ein kleiner Plausch hilft.
- Fahre nicht auf gesperrten Strecken (dies kann auch durch Seile, Steine, Schilder markiert sein).
- Hinterlasse keinen Müll.
- Sei umsichtig beim Feuermachen und beachte die Einschränkungen und Verbote. Fälle keine Bäume.
- Freies Campen an der Küste und in Nationalparks ist in Kroatien offiziell verboten. Außerhalb dieser wird es aber oft geduldet. In Bosnien-Herzegowina und in Montenegro ist freies Campen grundsätzlich nicht offiziell erlaubt, wird aber auch hier meist toleriert. Wichtig in jedem Fall ist: Verlasse Deinen Campplatz ohne Spuren zu hinterlassen.
- Nimm Rücksicht auf Wanderer, Radfahrer und Reiter und passiere sie langsam und mit Abstand. Sei tolerant – es gibt verschiedenste Reisearten und Schwerpunkte beim Erkunden.
- Sei freundlich und hilfsbereit zu anderen Fahrern, sich gegenseitig zu unterstützen macht das Leben leichter.
- Im Zweifelsfall – dreh lieber um!

1 Tartuf

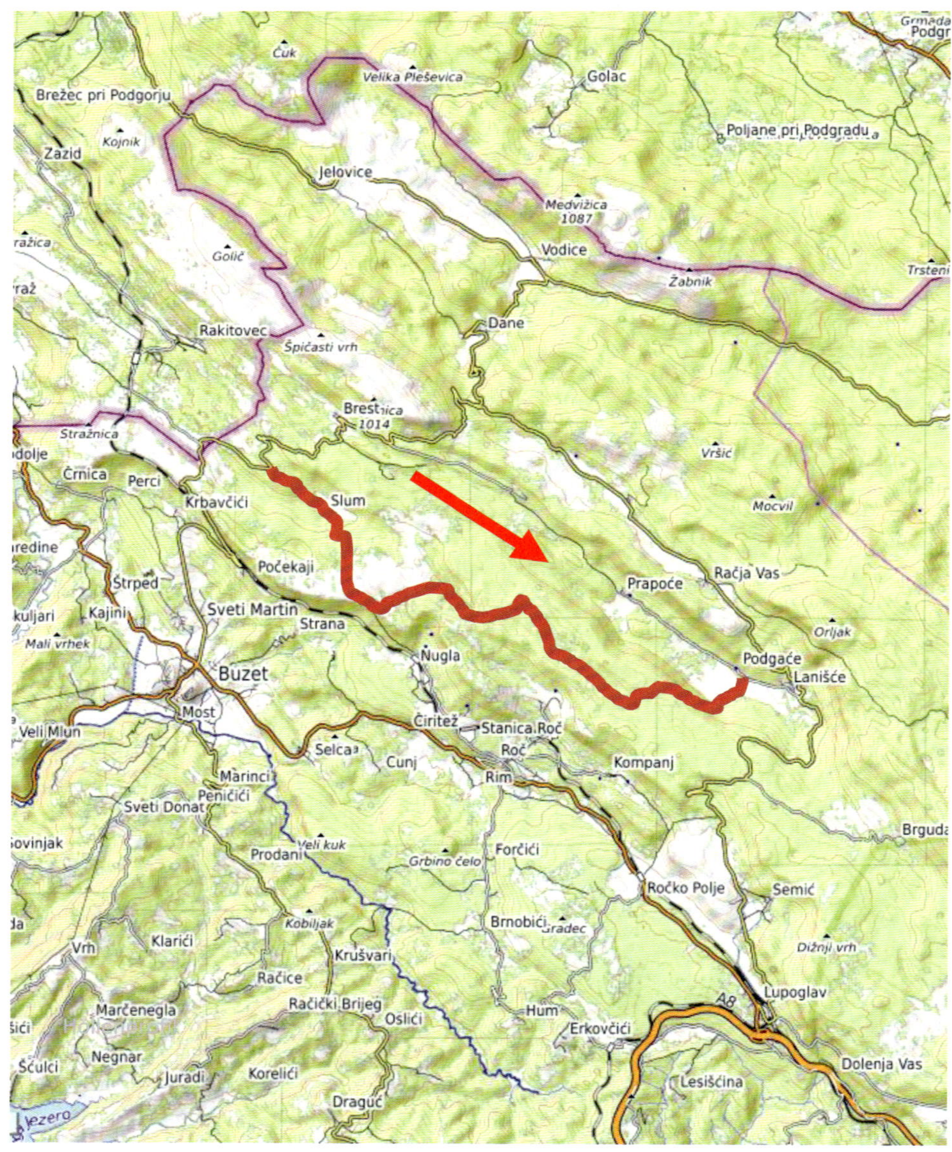
Čuk
Velika Plešivica
Golac
Brežec pri Podgorju
Kojnik
Poljane pri Podgradu
Zazid
Jelovice
Medvižica
1087
Golič
Vodice
Žabnik
Rakitovec
Dane
Špičasti vrh
Brestnica
1014
Stražnica
Vršič
Črnica
Perci
Krbavčići
Slum
Mocvil
Počekaji
Štrped
Prapoće
Račja Vas
Kajini
Sveti Martin
Strana
Mali vrhek
Orljak
Nugla
Podgaće
Lanišće
Buzet
Most
Veli Mlun
Čiritež
Stanica Roč
Selca
Cunj
Roč
Kompanj
Marinci
Rim
Peničići
Sveti Donat
Brgudac
Veli kuk
Prodani
Grbino čelo
Forčići
Ročko Polje
Semić
Kobiljak
Brnobići
Gradec
Klarići
Dižnji vrh
Krušvari
Račice
Lupoglav
A8
Marčenegla
Račički Brijeg
Oslići
Hum
Erkovčići
Negnar
Juradi
Korelići
Dolenja Vas
Lesišćina
Dragući

1

Kratzgefahr: **
Orientierung: 1
Länge: 13.9 km
Dauer: 1 - 1.5 h
Maximale Höhe: 3.20 m

Istrien ist ein idyllisches Kleinod am nördlichen Adriabogen. Historische Ortschaften, ursprüngliche Natur und die Küste fast immer nur ein paar Kilometer entfernt. Für Abwechslung ist gesorgt.

Dieser Track verläuft durch die Trüffelregion der Halbinsel, die Restaurants in den pittoresk auf den Hügeln thronenden Dörfern sind ein magischer Anziehungspunkt für Genießer und verlocken schon gegen Mittag zu lukullischen Abenteuern mit anschließend wahrscheinlich entsprechend eingeschränkter Fahrtüchtigkeit. Deshalb heißt es stark sein und sich zunächst beim Autowandern durch ursprünglichen Trüffelwald die gastronomischen Eskapaden verdienen – es lohnt sich.

1 Tartuf

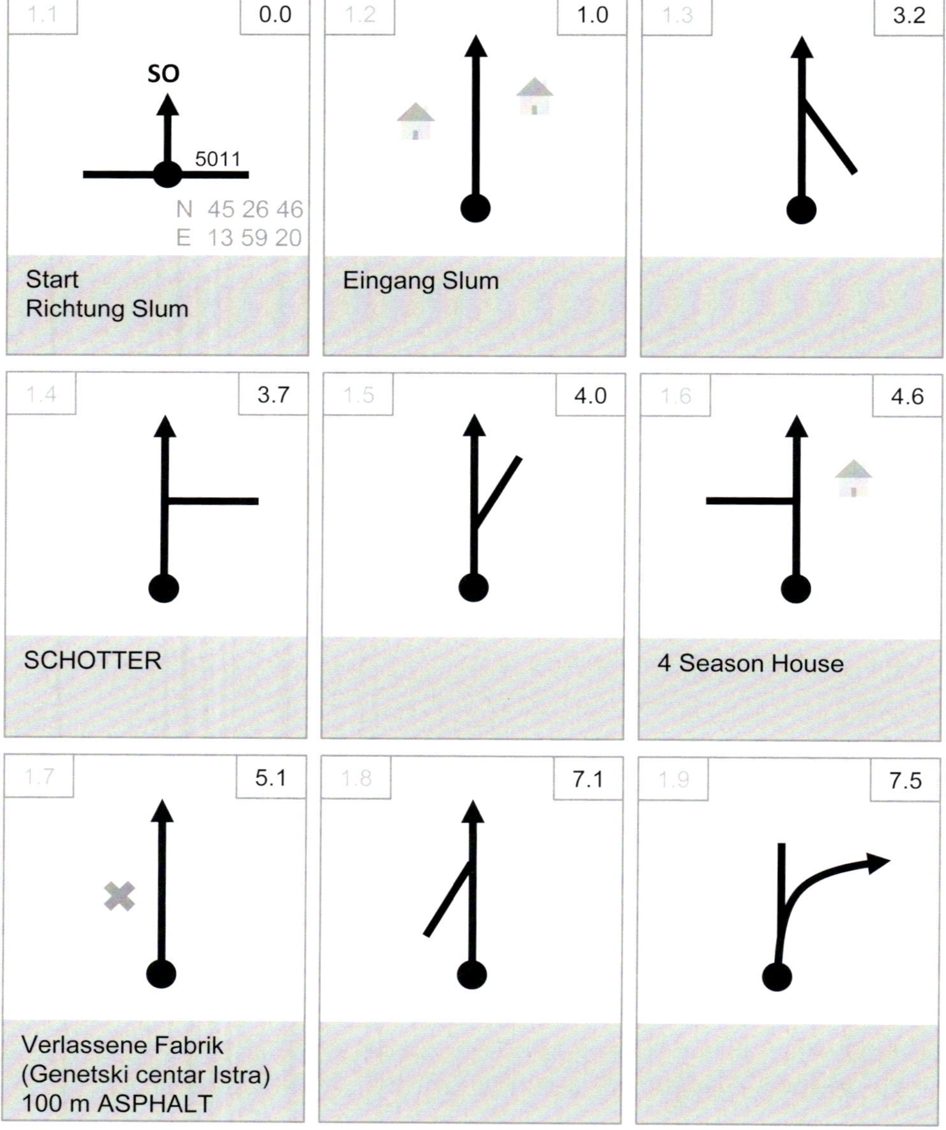

1.1
0.0
SO
5011
N 45 26 46
E 13 59 20
Start
Richtung Slum
1.2
1.0
Eingang Slum
1.3
3.2
1.4
3.7
SCHOTTER
1.5
4.0
1.6
4.6
4 Season House
1.7
5.1
Verlassene Fabrik
(Genetski centar Istra)
100 m ASPHALT
1.8
7.1
1.9
7.5

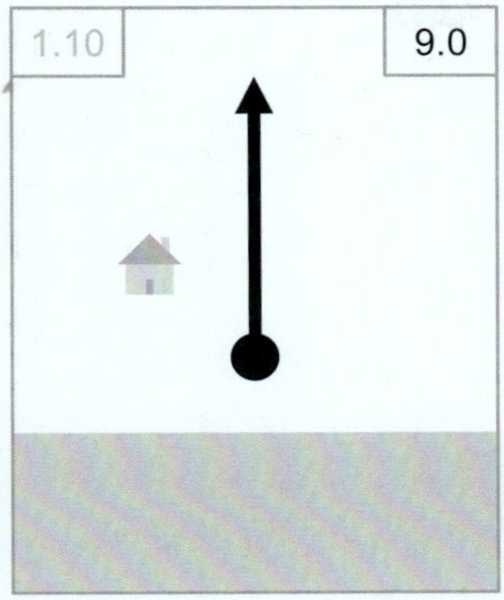

1.10	9.0

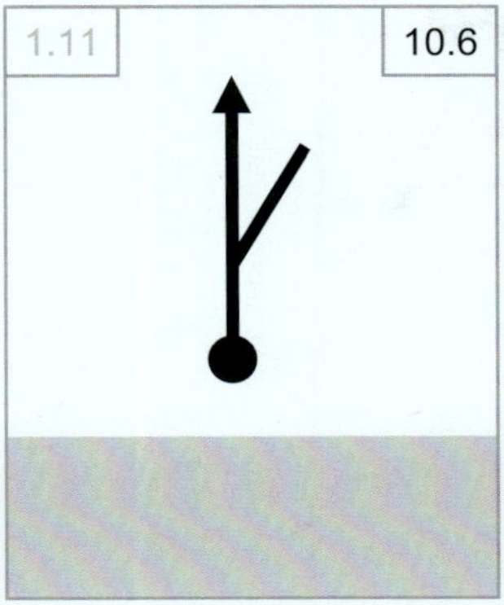

1.11	10.6

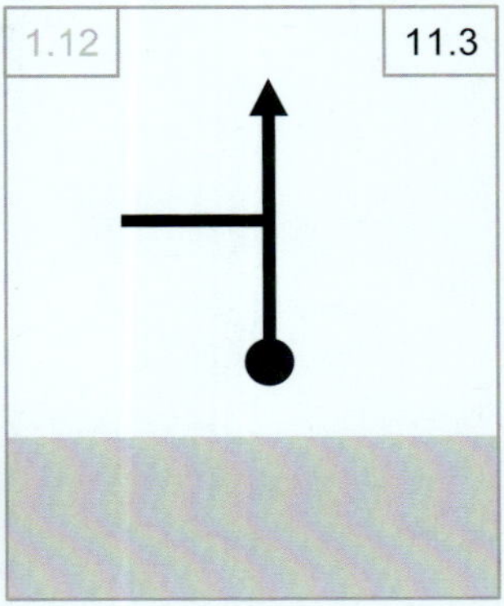

1.12	11.3

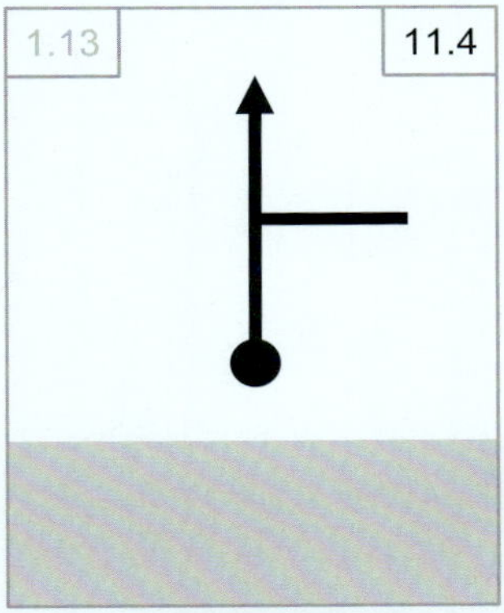

1.13	11.4

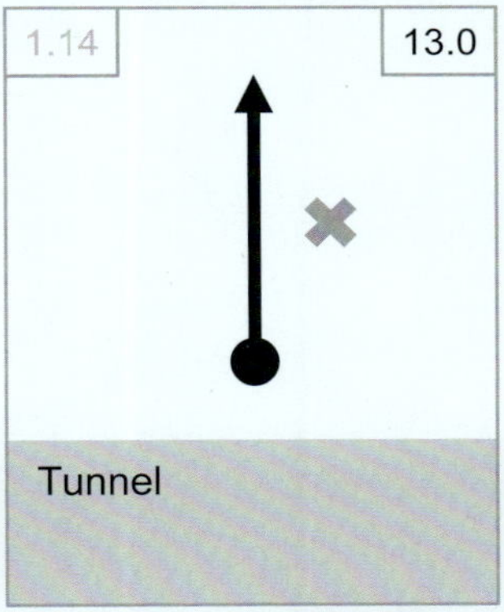

1.14	13.0
Tunnel	

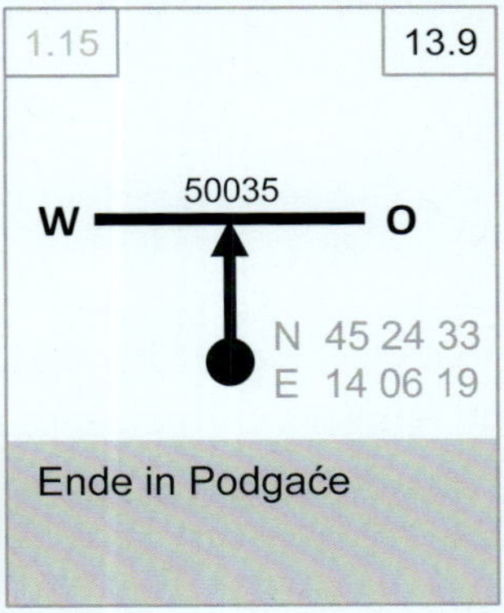

1.15	13.9
W 50035 O N 45 24 33 E 14 06 19	
Ende in Podgaće	

2 Veprinačka Cesta

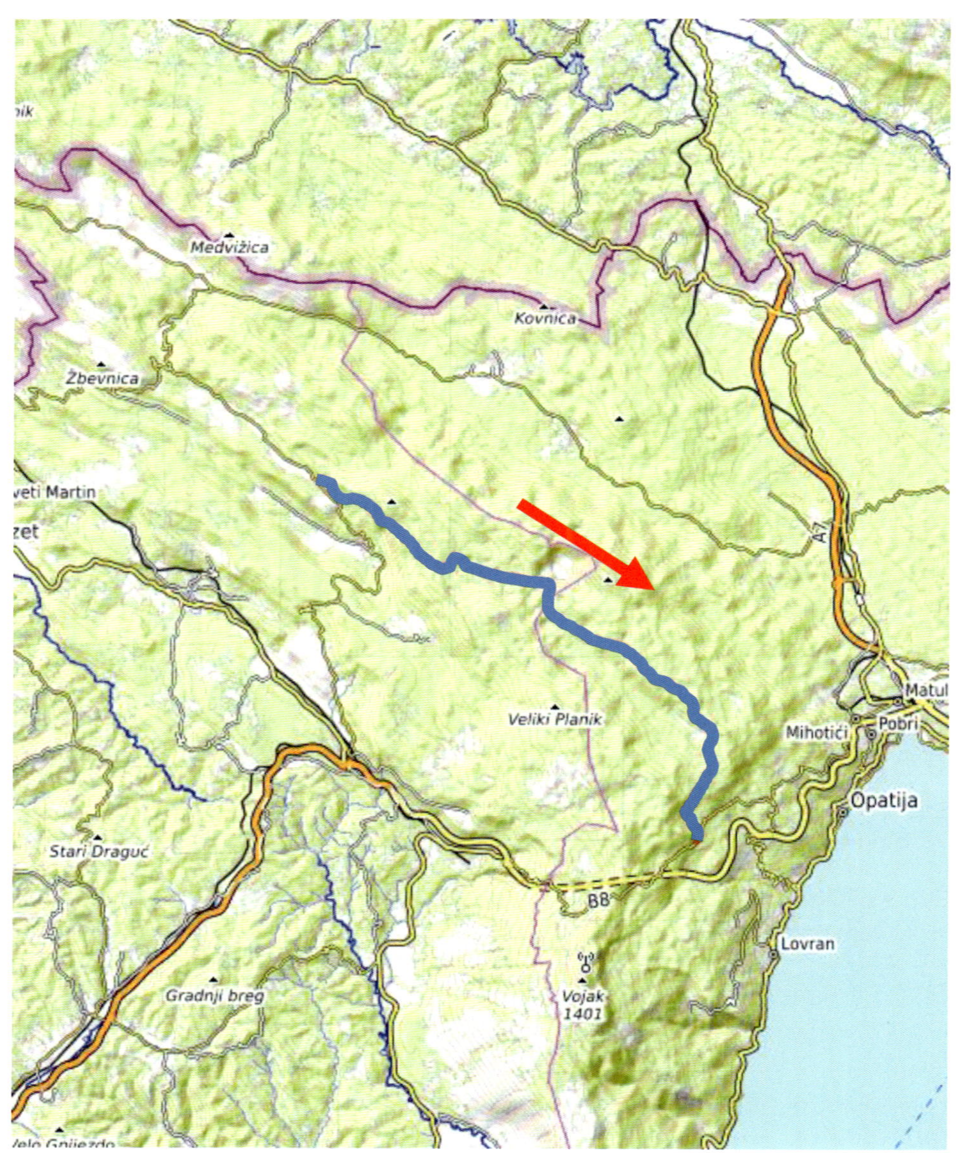

2

Entlang einer Steilwand im Norden Istriens verläuft die historische Verbindung vom Inneren der Halbinsel zur Ostküste.

Ein Großteil der Strecke quert dabei den Učka Naturpark. Ab der Ortschaft Račja Vas verlässt der Track die durch kleine Gehöfte geprägte Ebene und gewinnt stetig an Höhe. Alte Befestigungsmauern und Steinbrückchen weisen auf die jahrhundertealte Bedeutung dieser Strecke hin. Im Učka Park verlässt der beschriebene Track die Hauptroute und schlängelt sich für einige Kilometer durch den ursprünglichen Laubwald. Idyllische Rastplätze laden zu Pausen in der Natur ein.

Vom Ende des Tracks sind es nur wenige Kilometer bis hinunter zu den Stränden der Küste.

2 Veprinačka Cesta

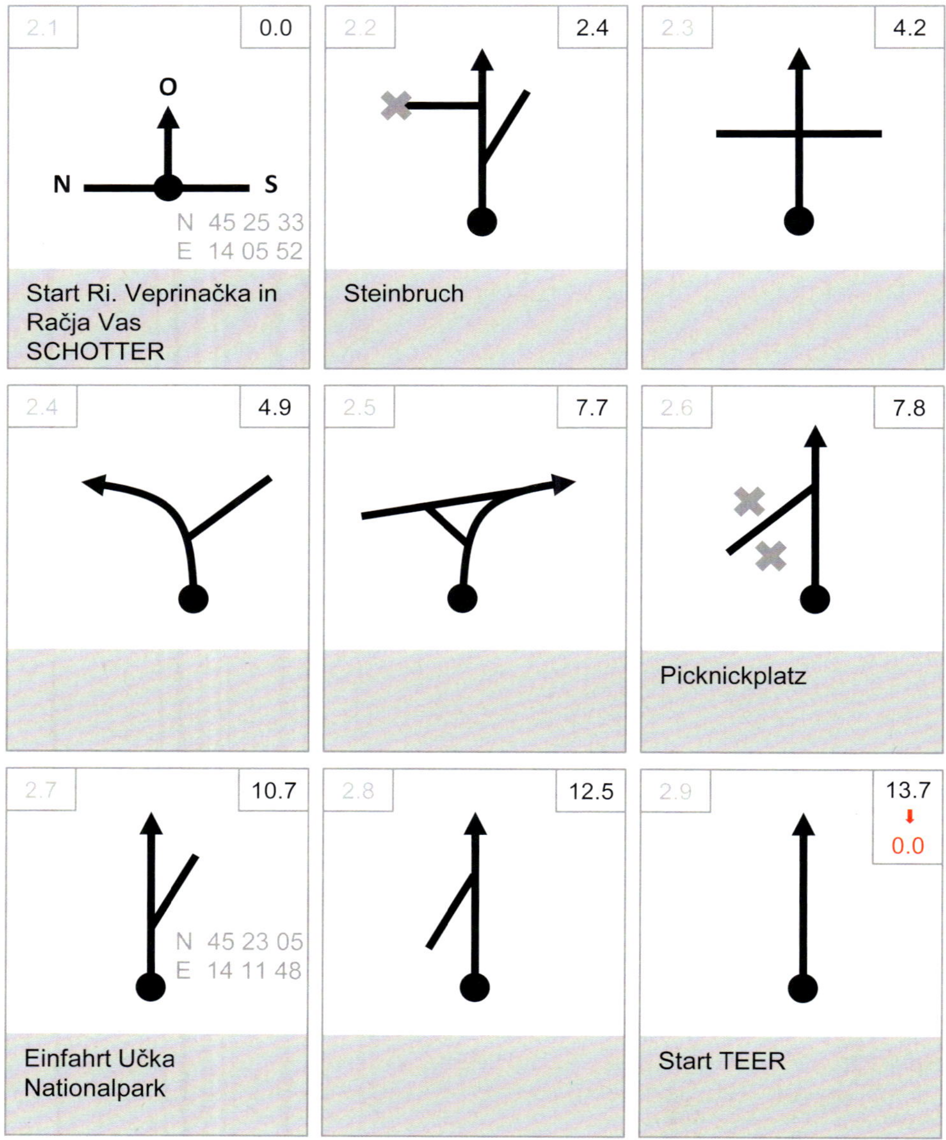

Veprinačka Cesta

2

2.10	2.3
Picknickplatz	

2.11	3.5
SCHOTTER	

2.12	4.4

2.13	7.2
O — W N 45 19 27 E 14 14 44	
Ende	

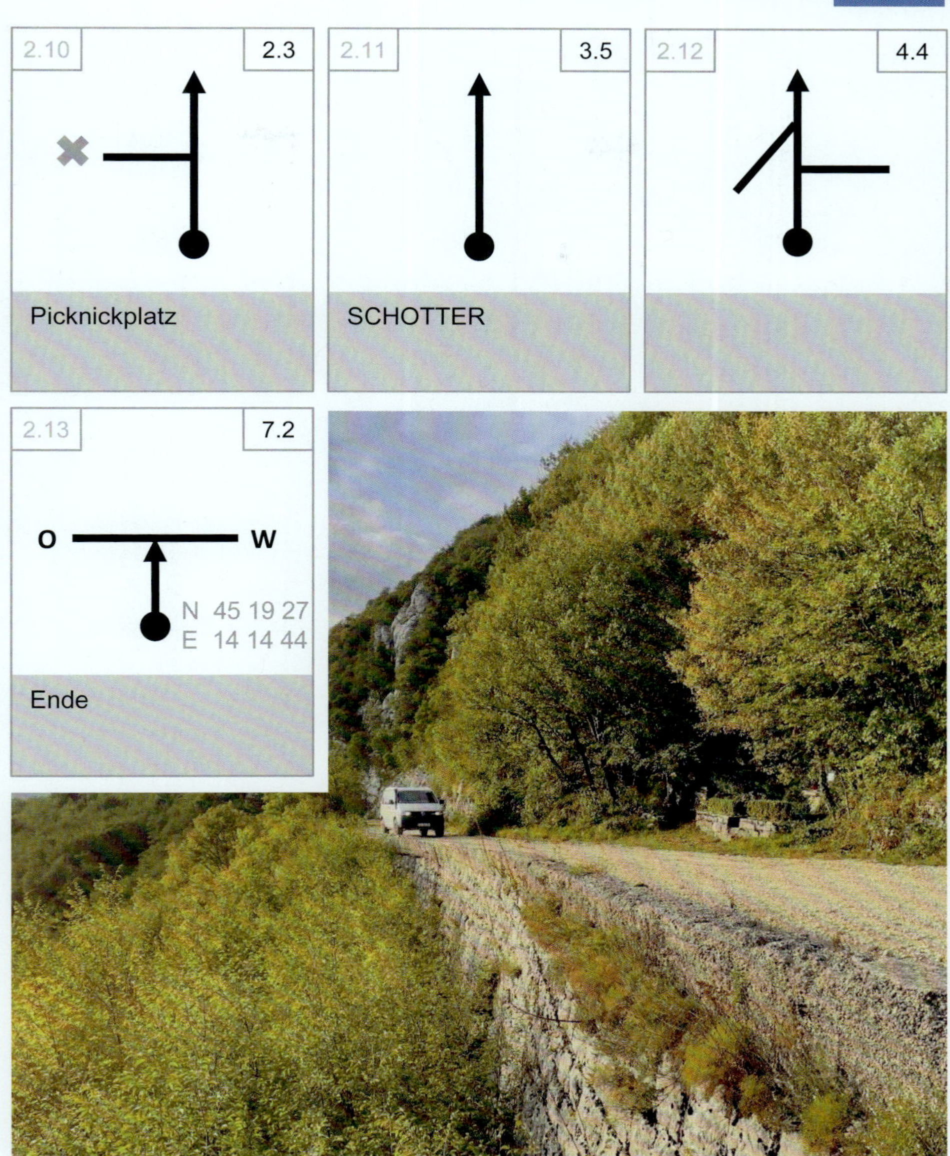

3 Winnetou 1.1

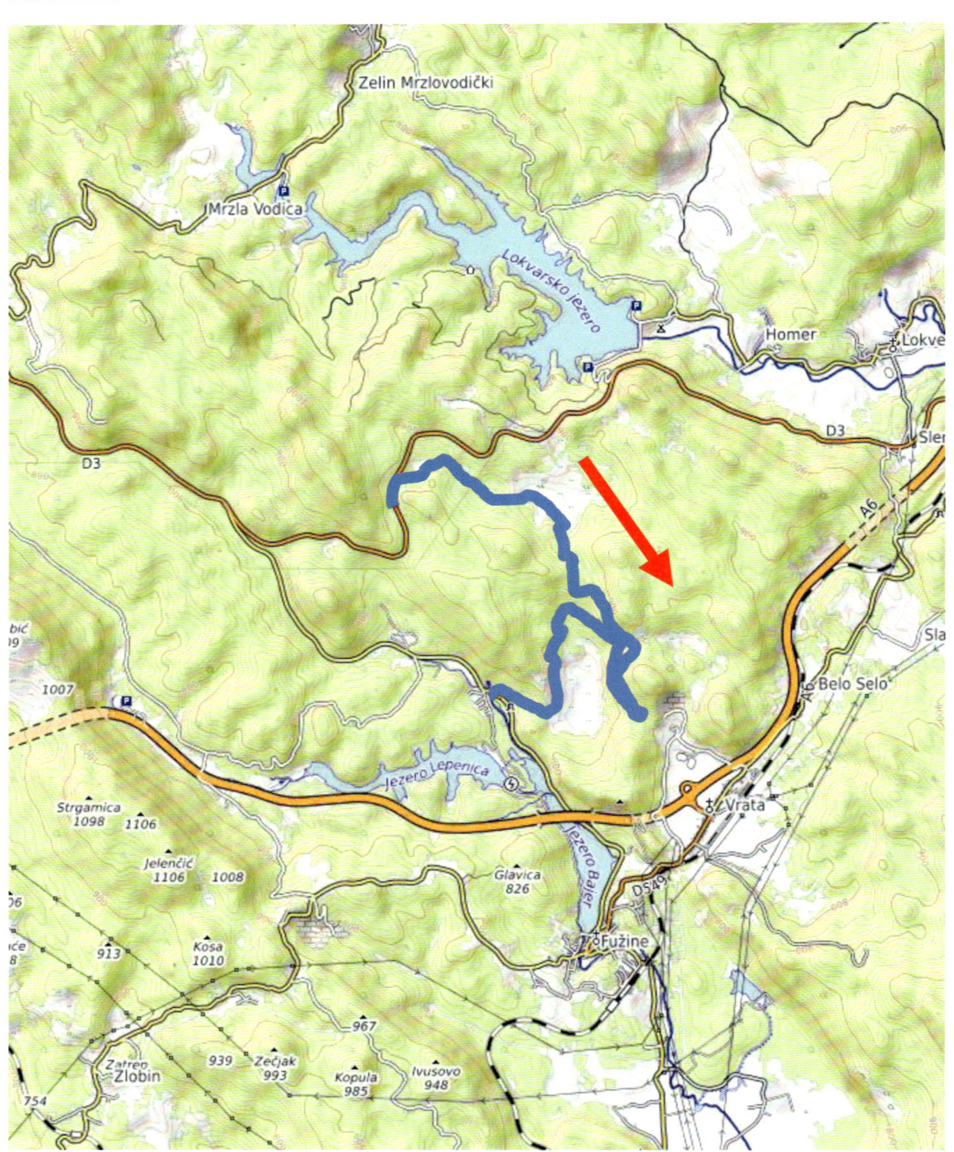

3

1.1 – bitte was? Kroatien ist als der Drehort der klassischen Karl May Verfilmungen bekannt – die Westernstadt Roswell wurde jedoch erst 2015 für die Winnetou Neuverfilmung in diesem Tal gebaut.

Obwohl Jürgen Vogel in seiner Rolle als Rattler brilliert, erreicht die Neuverfilmung lange nicht den nostalgischen Charme der Klassiker aus den 60er-Jahren.
Trotzdem ist dies ein gut gewählter Schauplatz – besonders an Werktagen außerhalb der Saison, wenn die Kulissenstadt geschlossen ist – kommt tatsächlich ein Hauch von „last frontier“ Feeling auf. Beim Weiterreiten entlang des Tracks, durch Hohlwege und Felsdurchbrüche, kann auf der linken Seite im Tal sogar noch die Farm von Old Shatterhand entdeckt werden.

3 Winnetou 1.1

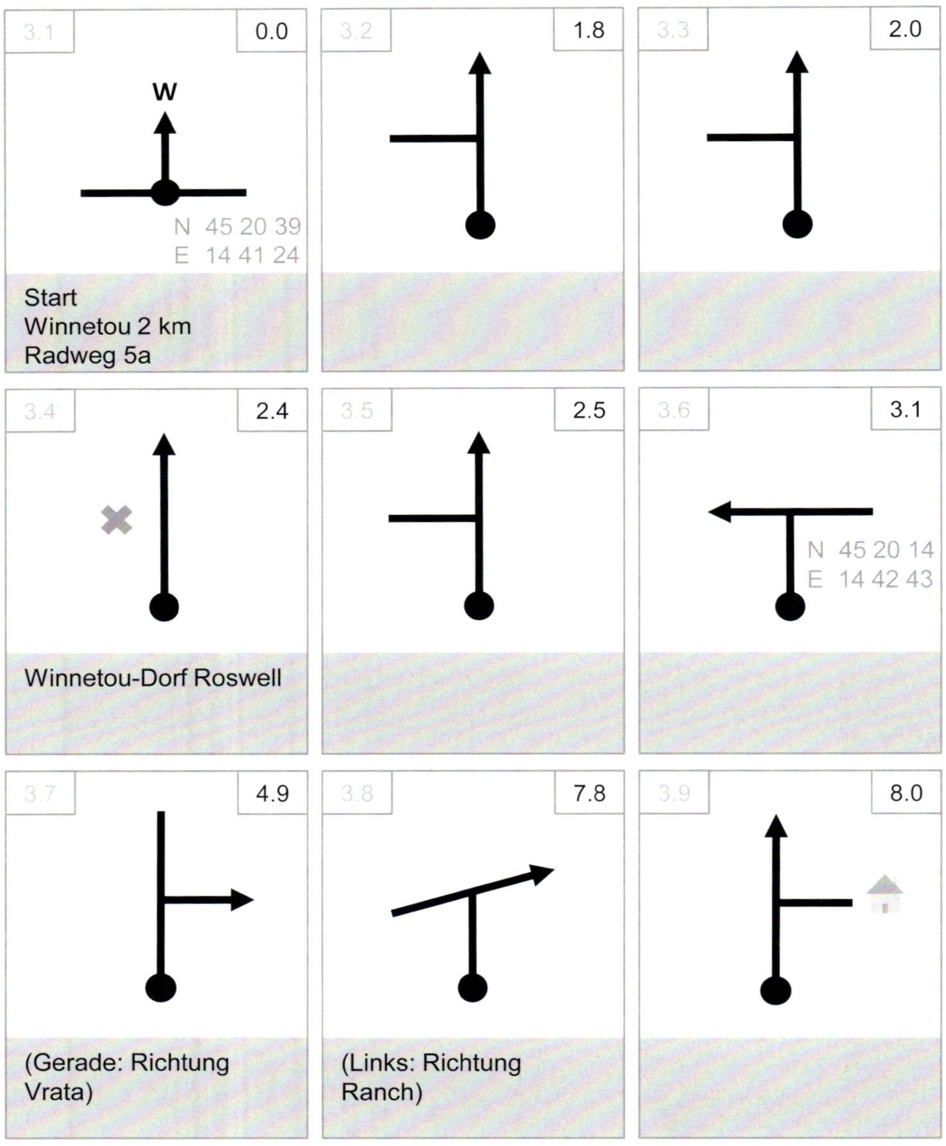

Winnetou 1.1

3

3.10

8.1

3.11

8.3

N 45 19 38
E 14 42 11

Ende

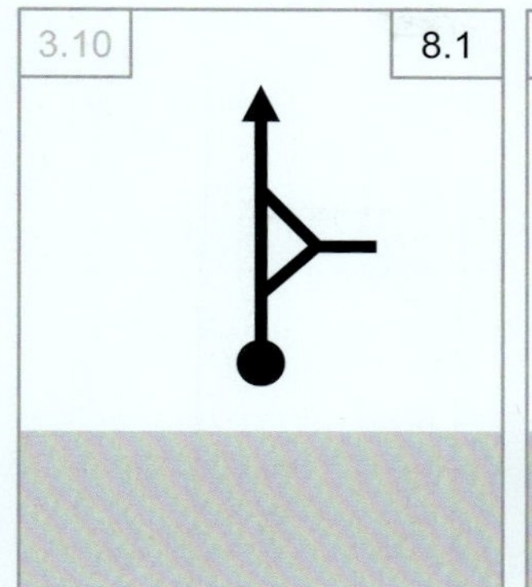

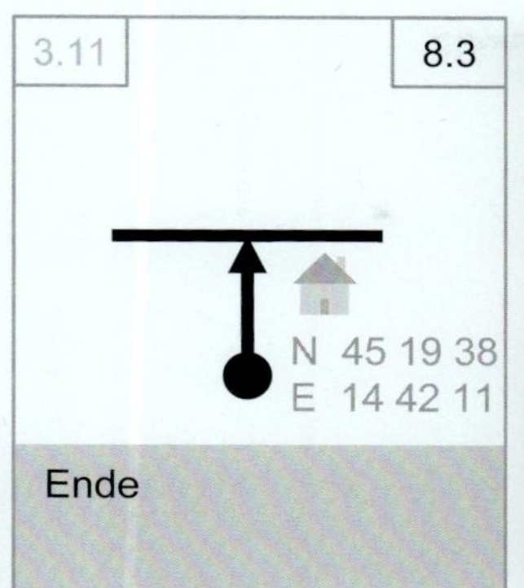

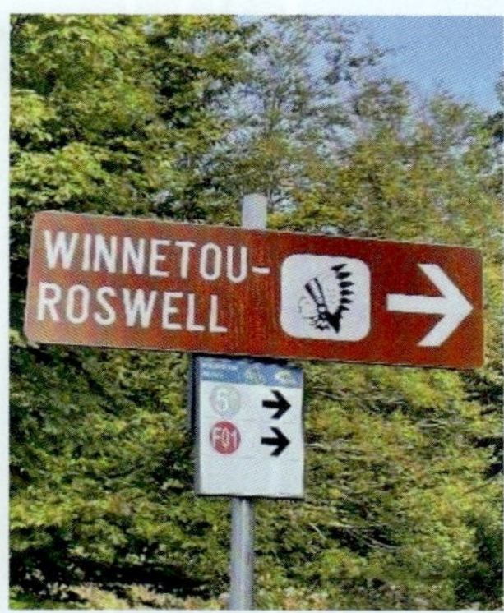

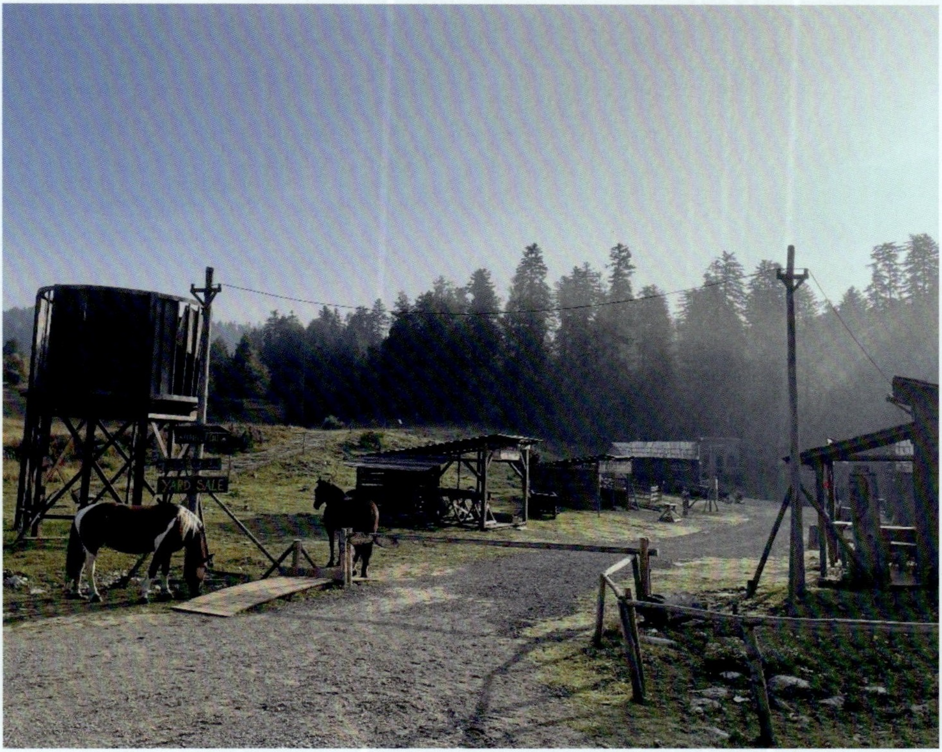

4 Vinodol

1001
1081
Utihovo
916
935
Golić
1055.3
Lukovo
Ugljevarica
925
Sitovnik
1062
Rujica
1078.1
Gornja glavica
909
Vjeternica
917.3
Zapušnik
1014
Duševlaka
916.7
Kupčina
823
Netermnjak
887.4
Rožena
878
Sedać
827
Veli Godišin
935
Veliki Rujnik
1042
Pališin
760.8
802
850
Babin vrh
776
742
Rape
833.2
Grabovi vrh
669
Mali Rujn
907
Makarenac
782
Košutnjak
Privi
775
Supota
633
Kačalj
510.7
D99
699
Bribir
Kita
755
Mali Oštri vrh
592
Veliki Zmijnjak
752.6
Vital
705
Magljevlje
674
Gornji Zagon
Bater
Vučajica
620
Bater
596
339
348
Burnjak
516
Orupalj
579
Donji Zagon
Ledenice
Zagori vrh
125
D99
199
73
Novi Vinodolski
Orljak
253
Gradina
381
68

4

Kratzgefahr: **
Orientierung: 1
Länge: 14 km
Dauer: 1.5 - 2 h
Maximale Höhe: 3.20 m

Das Vinodol – das Weintal ist schon seit der Römerzeit für seine hervorragende Weinkultur bekannt.

Schon seit Jahrhunderten siedeln hier reiche Adelsfamilien und wegen seiner Mischung aus Kultur und kontrastreicher Natur gibt es hier eine über 200-jährige Tourismustradition. Schon damals entstanden mondäne Villen und prachtvolle Hotels. Dieser Track startet in der Nähe des Aussichtspunktes „Eyes of Vinodol" und verläuft einsam zwischen Adria und den Gipfeln des Velebit. Immer wieder bieten sich schöne Ausblicke auf die Kulturlandschaft entlang der Küste. In den Sommermonaten können einzelne Abschnitte wegen Brandgefahr durch Schranken geschlossen sein. In der Nebensaison laden zahlreiche idyllische Lichtungen entlang des Tracks zu Pausen ein.

4 Vinodol

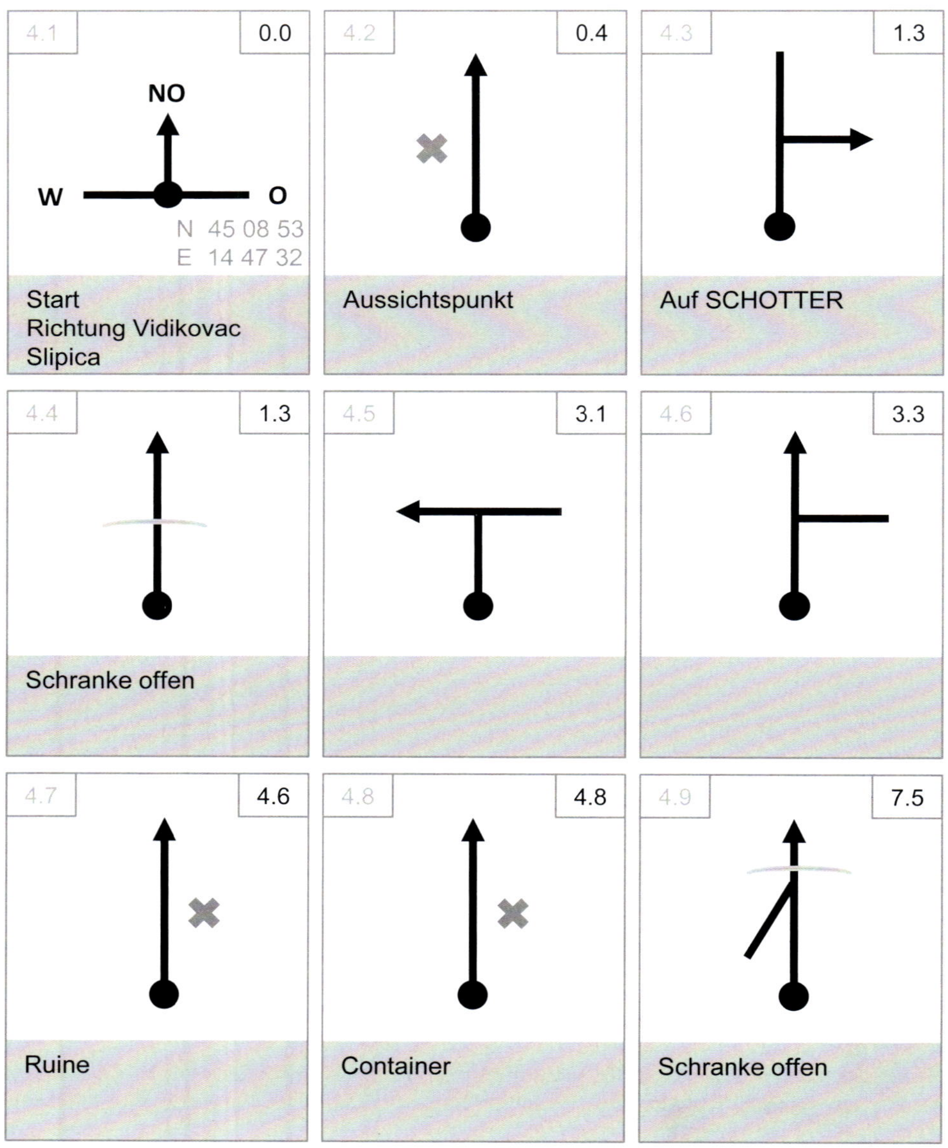
4.1
0.0
NO
W
O
N 45 08 53
E 14 47 32
Start
Richtung Vidikovac
Slipica
4.2
0.4
Aussichtspunkt
4.3
1.3
Auf SCHOTTER
4.4
1.3
Schranke offen
4.5
3.1
4.6
3.3
4.7
4.6
Ruine
4.8
4.8
Container
4.9
7.5
Schranke offen

4.10	7.5
Strecke schwieriger / steiniger	

4.11	11.4
Untergrund / Belag besser	

4.12	11.6
N 45 11 42 E 14 48 27	

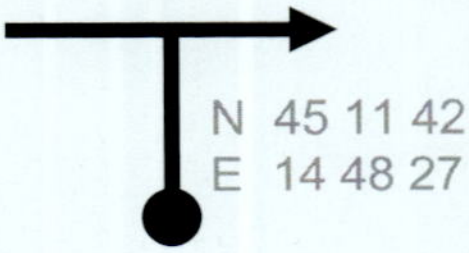

4.13	13.9
Schranke offen	

4.14	14.0
N S N 45 12 00 E 14 49 37	
Ende	

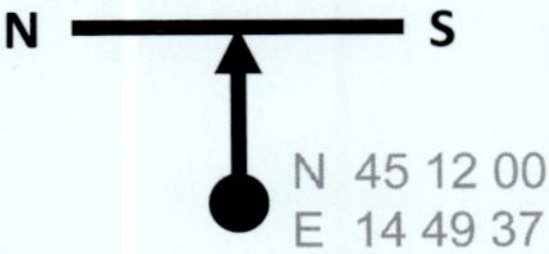

5 Vrulje

Kita
Ričićko Bilo
1286
Magljevlje
Gornji Zagon
Bater
Zapadak
Plosnjak
Ledenice
Crno
Bijela greda
Novi Vinodolski
V. Stražiš
Kolovratske stijene
Povile
Čubrin vrh
Klenovica
Smokvica Krmpotska
Alan
Miškovica
Malić
Crni vrh
1132
Sibinj Krmpotski
Podbilo
Krivi Put
Mrzli Dol
Bunica
Vrataruša
Bijac
Sveta Jelena
Pijavica
Vrnčev vrh
Veljun Primorski
Senj
Veliki Veljun
Vratnik

5

Kratzgefahr: **
Orientierung: 1
Länge: 18.3 km
Dauer: 1.5 h

Wie ein Balkon wirkt die wasserlose, karge Hochebene zwischen dem steilen Felsaufstieg von der Küste und den Wänden des Velebit auf der dieser Track verläuft.

Durch seinen Verlauf parallel zur Küstenstraße, nur eben 500 Höhenmeter nach oben versetzt, bietet dieser Track nicht nur großartige Aussicht, sondern empfiehlt sich auch als abenteuerliche Alternative, wenn der Hauptsaison-Verkehr entlang des Meeres zu zäh und nervend ist. Als geologische Besonderheit sammelt sich der Niederschlag, der auf dieser weiten Ebene fällt, tief im Inneren des Karstgesteins und bildet unterhalb der Meeresoberfläche eine als Vrulje bezeichnete seltene Süßwasserquelle. Wie alle Tracks in diesem Gebiet können Teilabschnitte wegen Feuergefahr gesperrt sein.

5 Vrulje

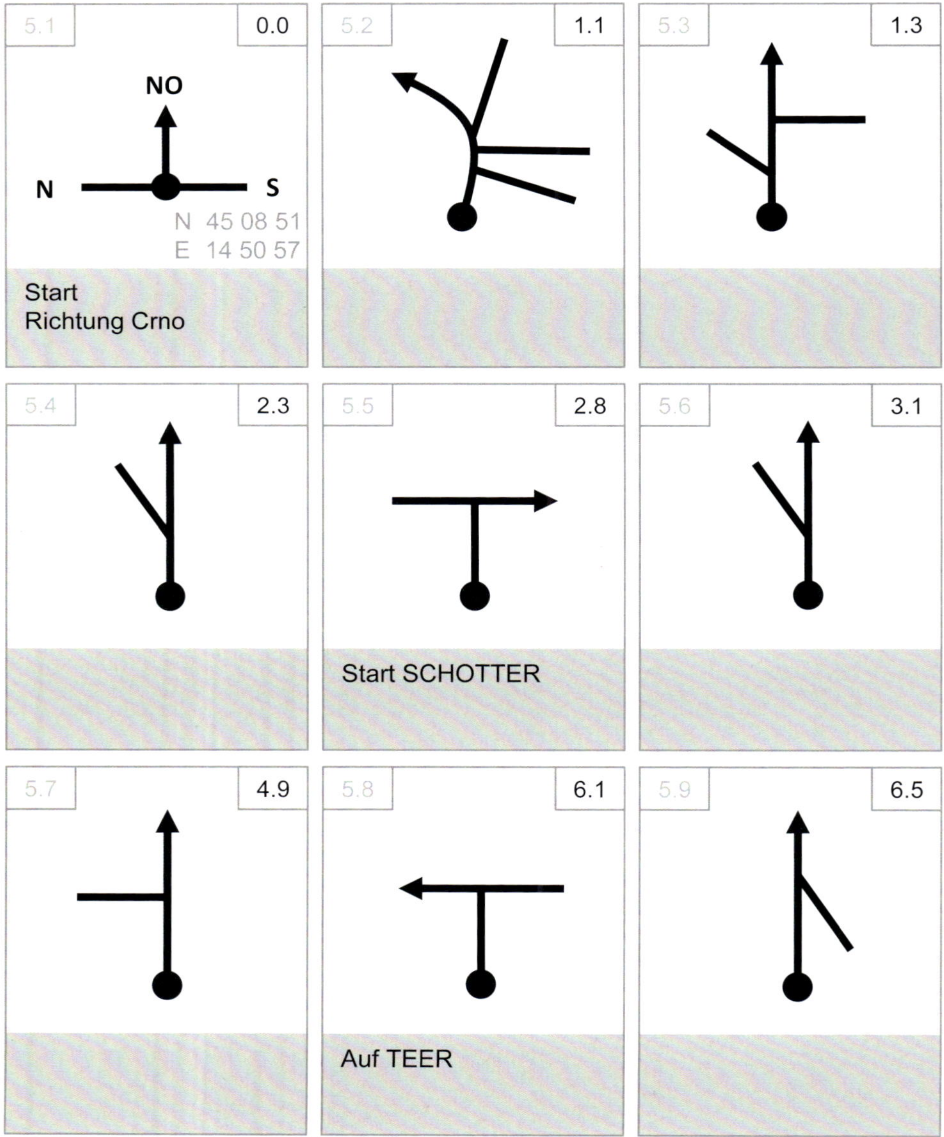

5.1
0.0
NO
N
S
N 45 08 51
E 14 50 57
Start
Richtung Crno
5.2
1.1
5.3
1.3
5.4
2.3
5.5
2.8
Start SCHOTTER
5.6
3.1
5.7
4.9
5.8
6.1
Auf TEER
5.9
6.5

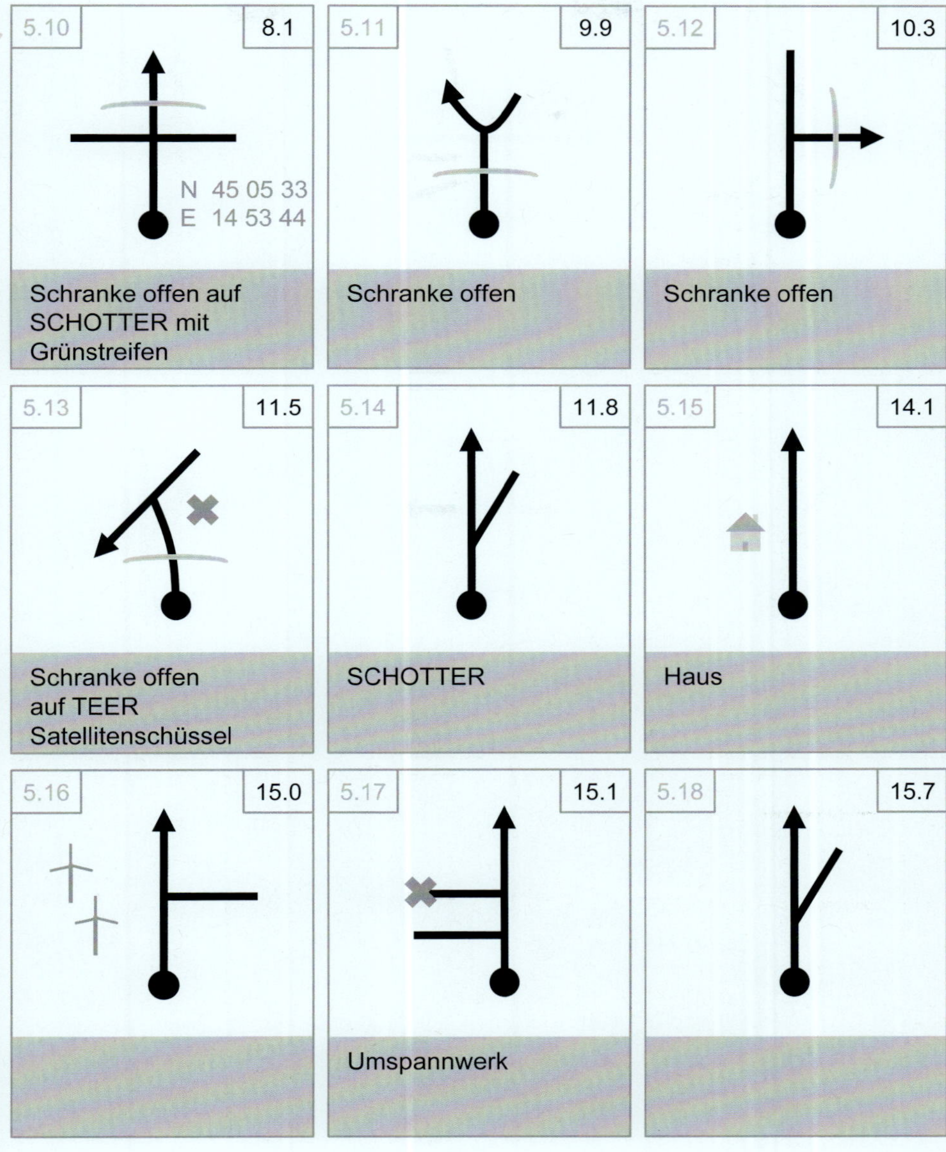
5.10
8.1
N 45 05 33
E 14 53 44
Schranke offen auf SCHOTTER mit Grünstreifen
5.11
9.9
Schranke offen
5.12
10.3
Schranke offen
5.13
11.5
Schranke offen auf TEER Satellitenschüssel
5.14
11.8
SCHOTTER
5.15
14.1
Haus
5.16
15.0
5.17
15.1
Umspannwerk
5.18
15.7

5 Vrulje

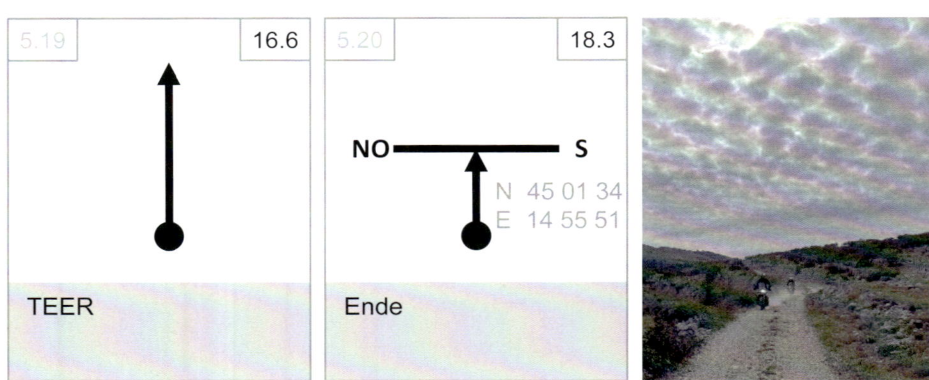

6 Hej-Lop

Velika Plana
Podastrana
Ostrovica
Vagan
Mala Plana
Donje Pazarište
Aleksinica
Debeli vrh
Popovača Pazariška
Kalinovača
Lisac
Laktin vrh
Veliki vrh
Merliov vrh
Bužim
Budakovo brdo
Bačić kuk
Visibaba
Plasine
Kućišta Cesarička
Staništa
Kiza
Ledenik Cesarički
Kuk od Karline plane
1336
Metla
Karlobag
Sušanj Cesarički
Baške Oštarije
Vidovac Cesarički
Sklopina
Konjsko
Sladovačko brdo
Veliki Sadikovac
Vela glavica
Konjevača
Paška vrata
Ždrilski kuk
Miljković vrh
Siljevo Brdo
1451
Ledenik

6

Kratzgefahr: **
Orientierung: 1
Länge: 23.8 km
Dauer: 1.5 - 2 h

Der Hej-Lop ist eine mehrtägige alpine Wanderroute durch eine der abwechslungsreichsten Bergregionen Kroatiens.

Dieser Track ist die einzige legale Route, die durch dieses Kleinod führt und dient auch Bergsteigern als Zufahrt in diese Bergregion. Nach einigen Kilometern durch dichten Wald im feuchten Norden des Velebit öffnet sich die Landschaft und wandelt sich in hügelige Hochwiesen am Fuß des 1.259 m hohen Jadičevac. Obwohl dieses Gebiet nur wenige Kilometer von der Küste und den Durchgangsstraßen entfernt liegt, vermittelt es das Gefühl von Weite und Abgeschiedenheit. Ein Teil des Wanderweges verläuft entlang der Forststraße und besonders im Frühsommer und Herbst ist gegenseitige Rücksichtnahme angesagt.

6 Hej-Lop

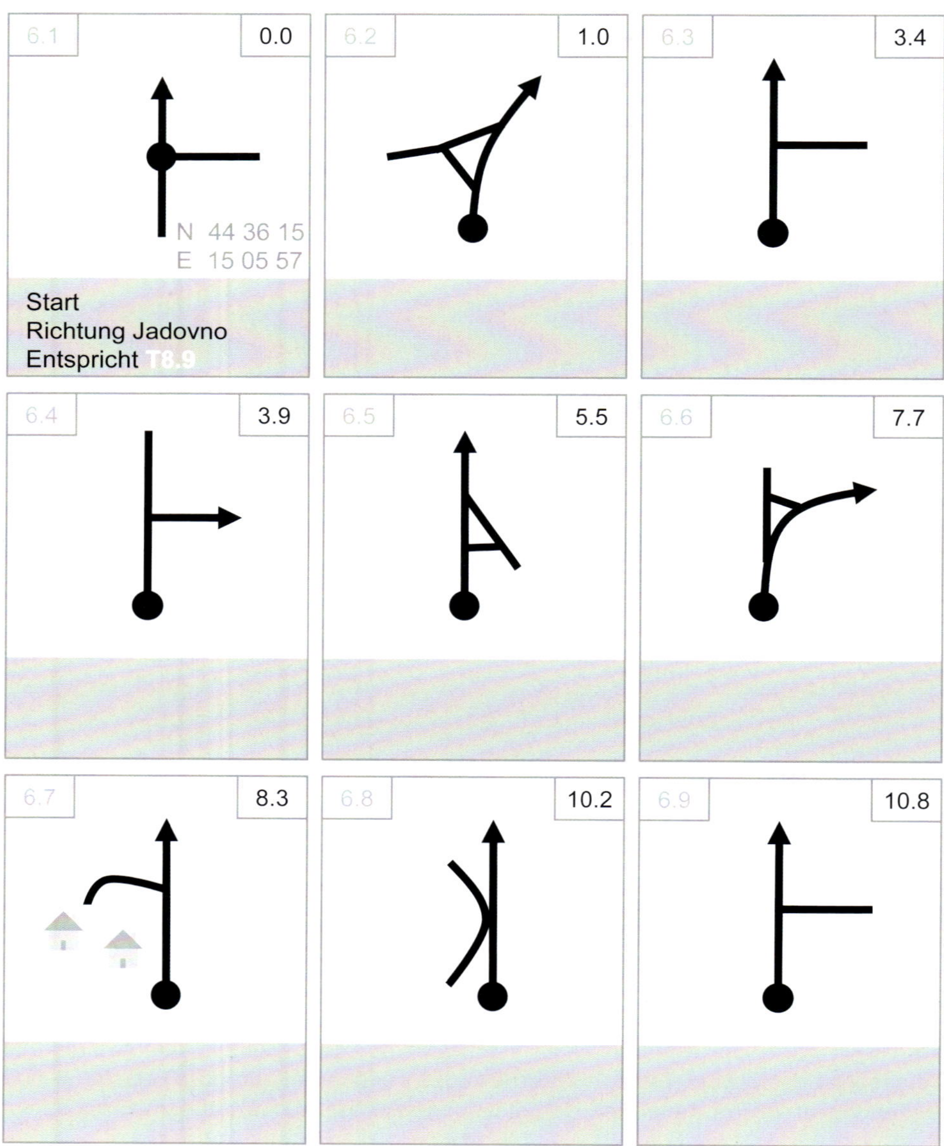

6.1
0.0
N 44 36 15
E 15 05 57
Start
Richtung Jadovno
Entspricht T8.9
6.2
1.0
6.3
3.4
6.4
3.9
6.5
5.5
6.6
7.7
6.7
8.3
6.8
10.2
6.9
10.8

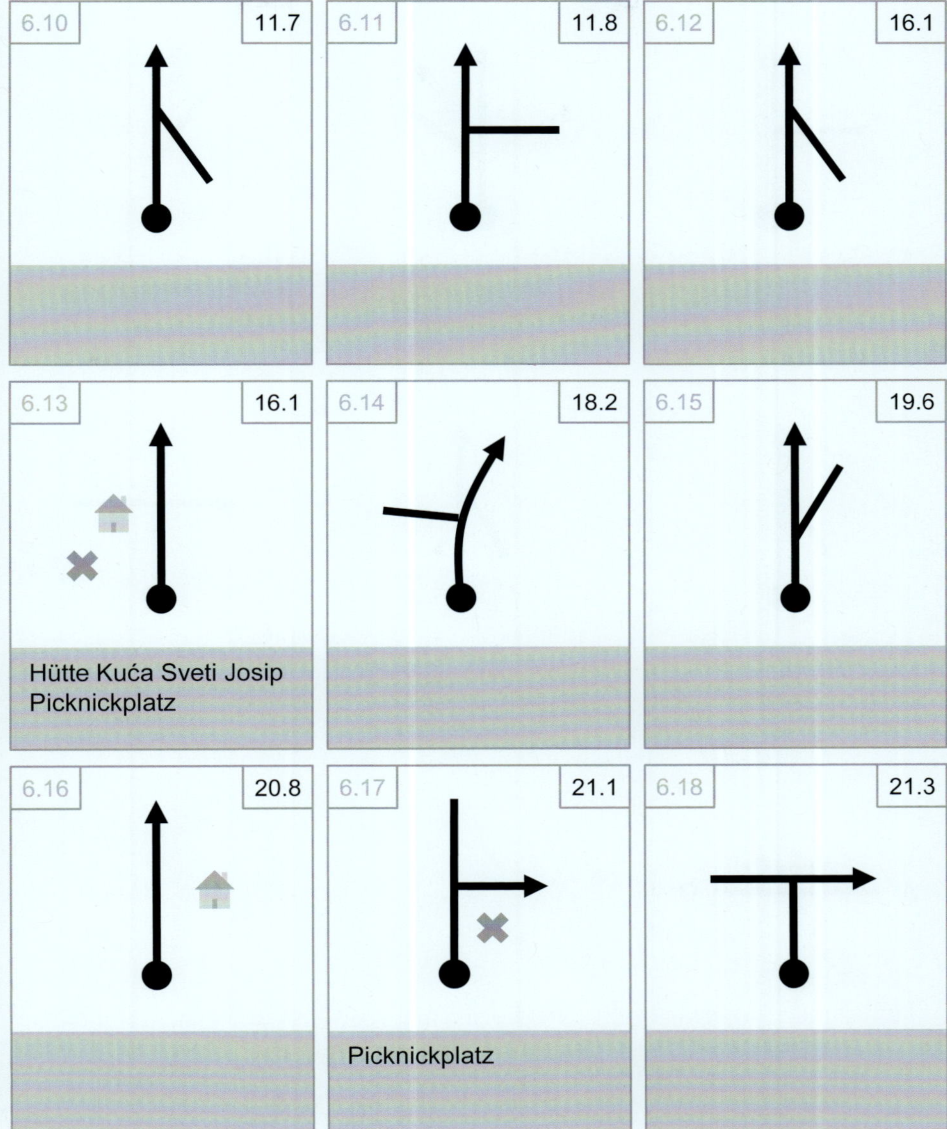
6.10
11.7
6.11
11.8
6.12
16.1
6.13
16.1
Hütte Kuća Sveti Josip
Picknickplatz
6.14
18.2
6.15
19.6
6.16
20.8
6.17
21.1
Picknickplatz
6.18
21.3

6 Hej-Lop

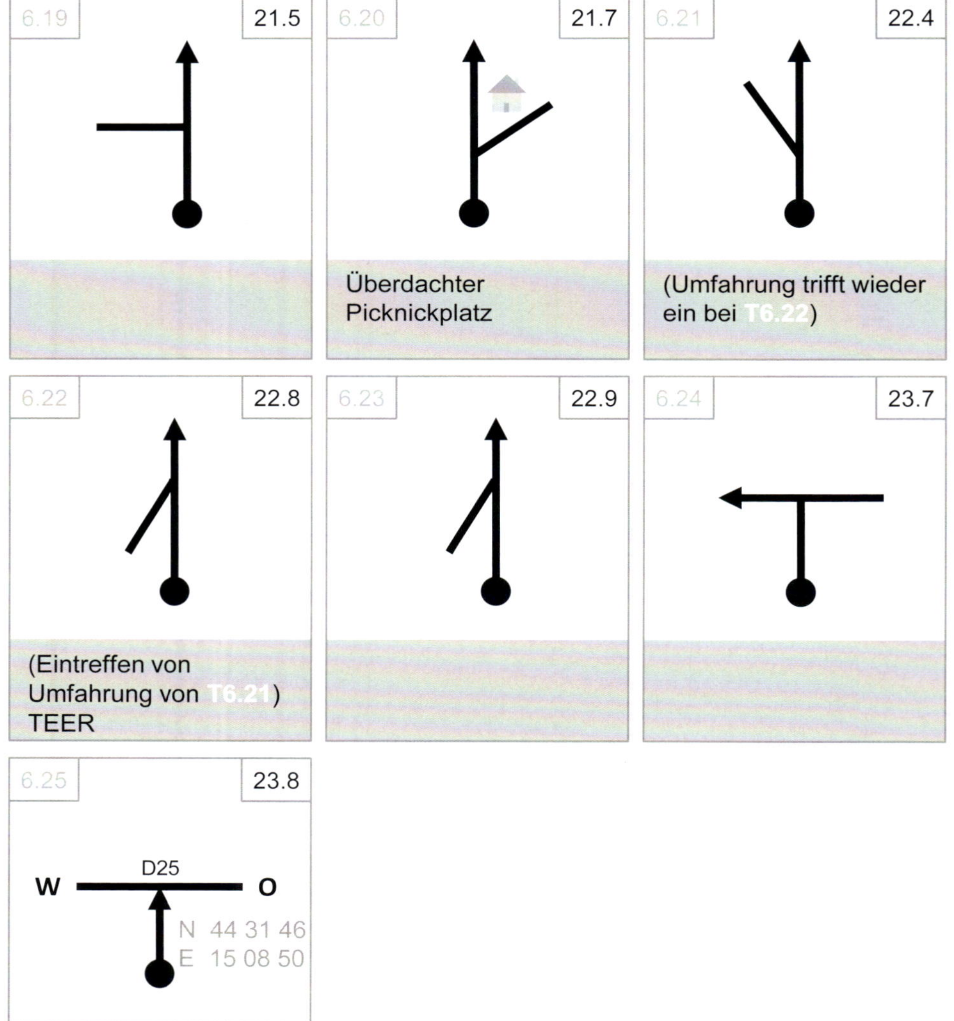
6.19
21.5
6.20
21.7
Überdachter
Picknickplatz
6.21
22.4
(Umfahrung trifft wieder
ein bei T6.22)
6.22
22.8
(Eintreffen von
Umfahrung von T6.21)
TEER
6.23
22.9
6.24
23.7
6.25
23.8
D25
W
O
N 44 31 46
E 15 08 50
Ende auf D25

25 km

7 Jadranska Magistrala

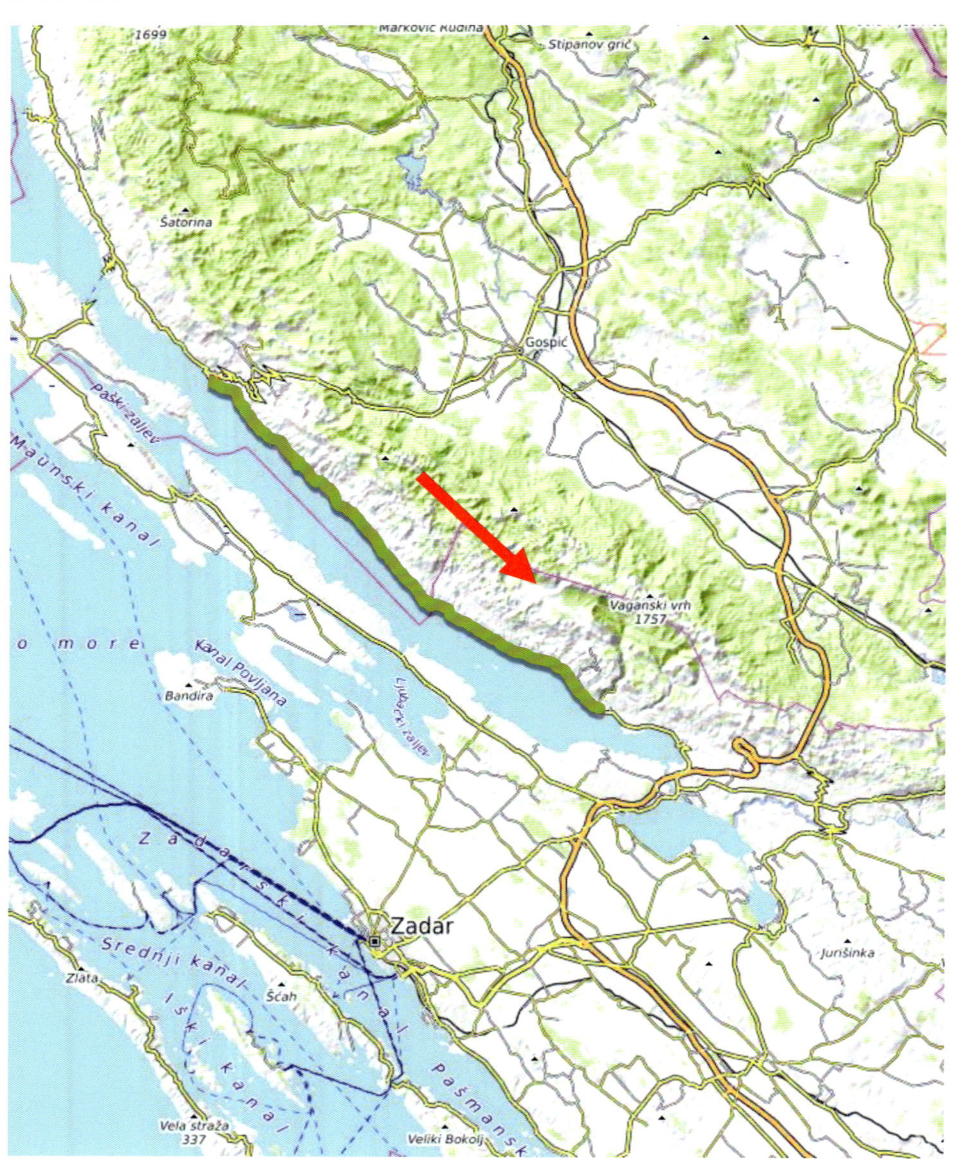

Mit ihren 600 km ist die Adria Magistrale eine der schönsten Küstenstraßen der Welt – die 50 Kilometer zwischen Karlovag und Starigrad sind davon die wildesten.

Ein Roadtrip entlang der kroatischen Küste gehört – zumindest außerhalb der Saison – zu einer der abwechslungsreichsten Touren in Europa. Tiefblaues Wasser, gleißend weiße Steilküsten, historische Ortschaften, malerische Streckenführung, jahrhundertealte Kultur, hervorragende Küche sowie stilvolle Hotels und einzigartige Camps direkt am Strand – es braucht doch gar nicht so viel für eine perfekte Reise …

Zwischen dem charmanten Häfenstädtchen Karlobag und dem quirligen Starigrad verläuft der wildeste Abschnitt dieser Traumroute. Bis auf wenige kleine Weiler und ein paar Restaurants zwängt sich die Magistrale auf einer schmalen Trasse zwischen Felswänden und Küste. Hier finden sich noch einsame Badebuchten, zu denen man in ein paar Minuten abgestiegen ist und mit etwas Geschick auch idyllische Rastplätze für die Nacht.

Lediglich in den Sommermonaten Juli und August verblasst der Reiz, wenn sich Autofahrer, Wohnmobilisten und Motorradfahrer um den zu knappen Platz auf dem sich windenden Teerband balgen.

8 Veliki Alan

8

Kratzgefahr: *
Orientierung: 1
Länge: 60.8 km
Dauer: 3 – 4 h

Der Veliki Alan ist mit 1.414 m der höchste Bergpass im Velebitgebirge. Dieser lange Track quert das Velebit durch die schroffen Felsformationen hinauf zur Nordseite des Passes.

Schon wenige Kilometer nach dem Abzweig von der Teerstraße überzeugt der Track durch seine abwechslungsreiche Trassenführung zwischen den Karstfelsen. Er quert das Waldgebiet auf der regenreichen Leeseite des Gebirgszuges – an einigen Stellen bilden sich große Pfützen und die Holztransporter verwandeln den Track zu einer vergnüglichen Schlammpartie. Die eigentliche Passhöhe wird noch auf Schotter fast unmerklich überquert.
Am Waldausgang steht ein Infocenter zum Velebit Nationalpark und es bietet sich eine weite Aussicht auf die über 1.000 m tiefer liegende Küste.

Auch für Nicht-Offroader ist die geteerte, jedoch schmale und ausgesetzte, den Felsen abgerungene Abfahrt zur Küste ein Genuss.

8 Veliki Alan

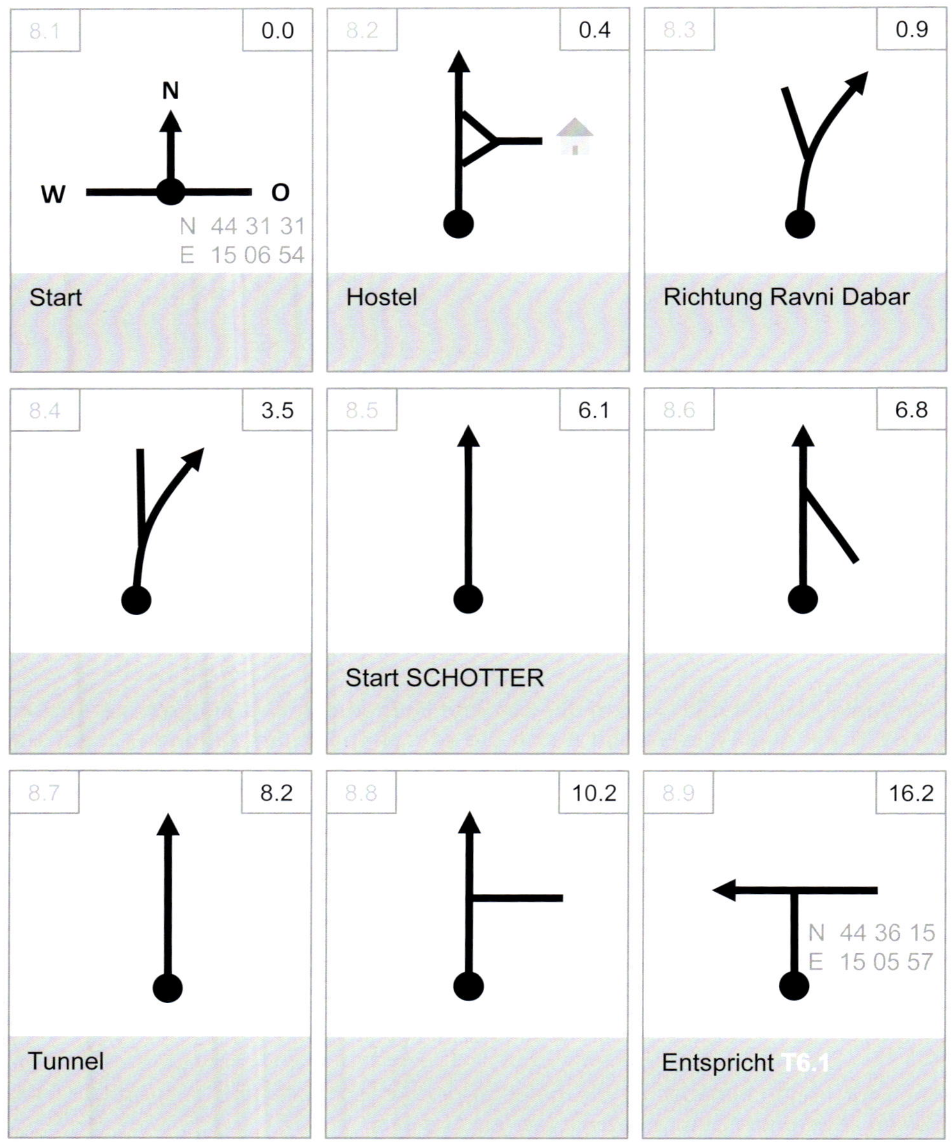

Veliki Alan

8

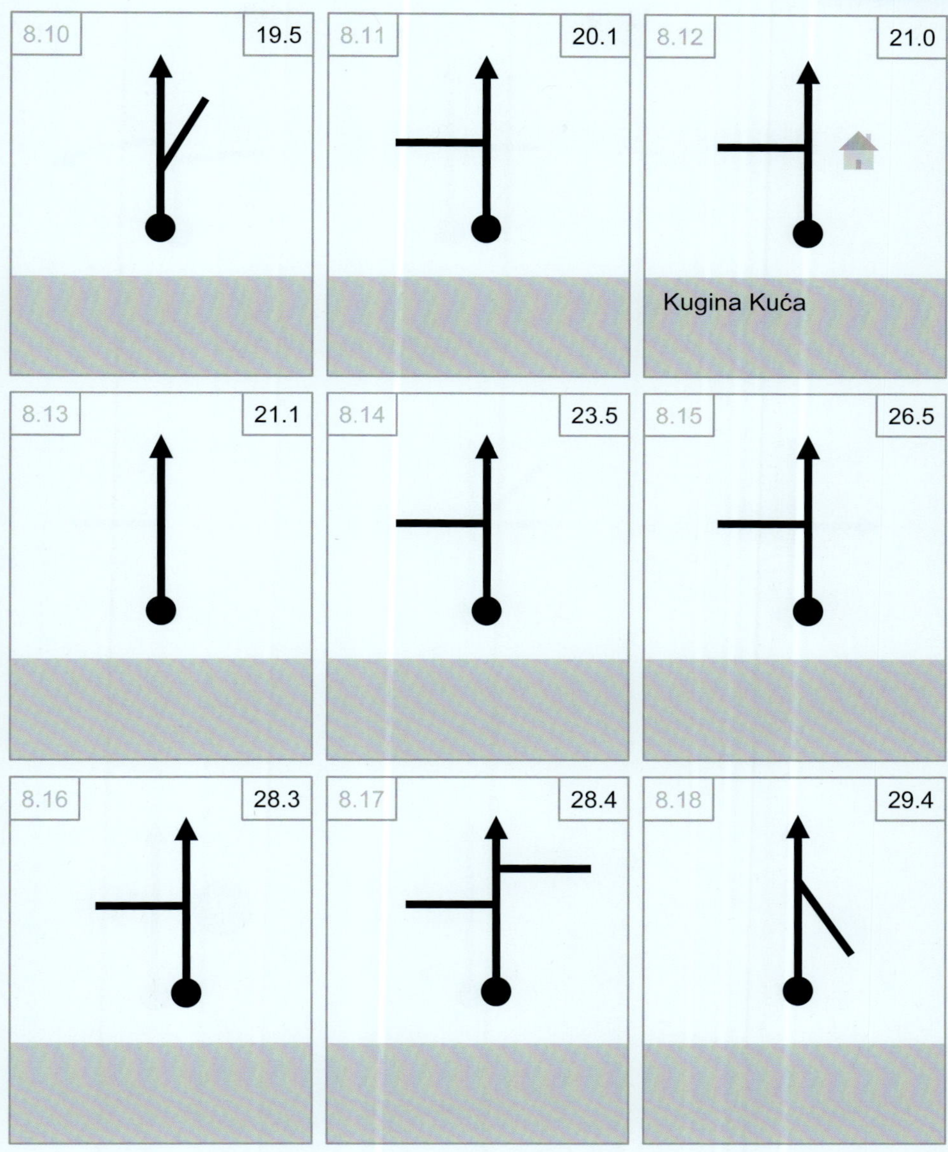

8 Veliki Alan

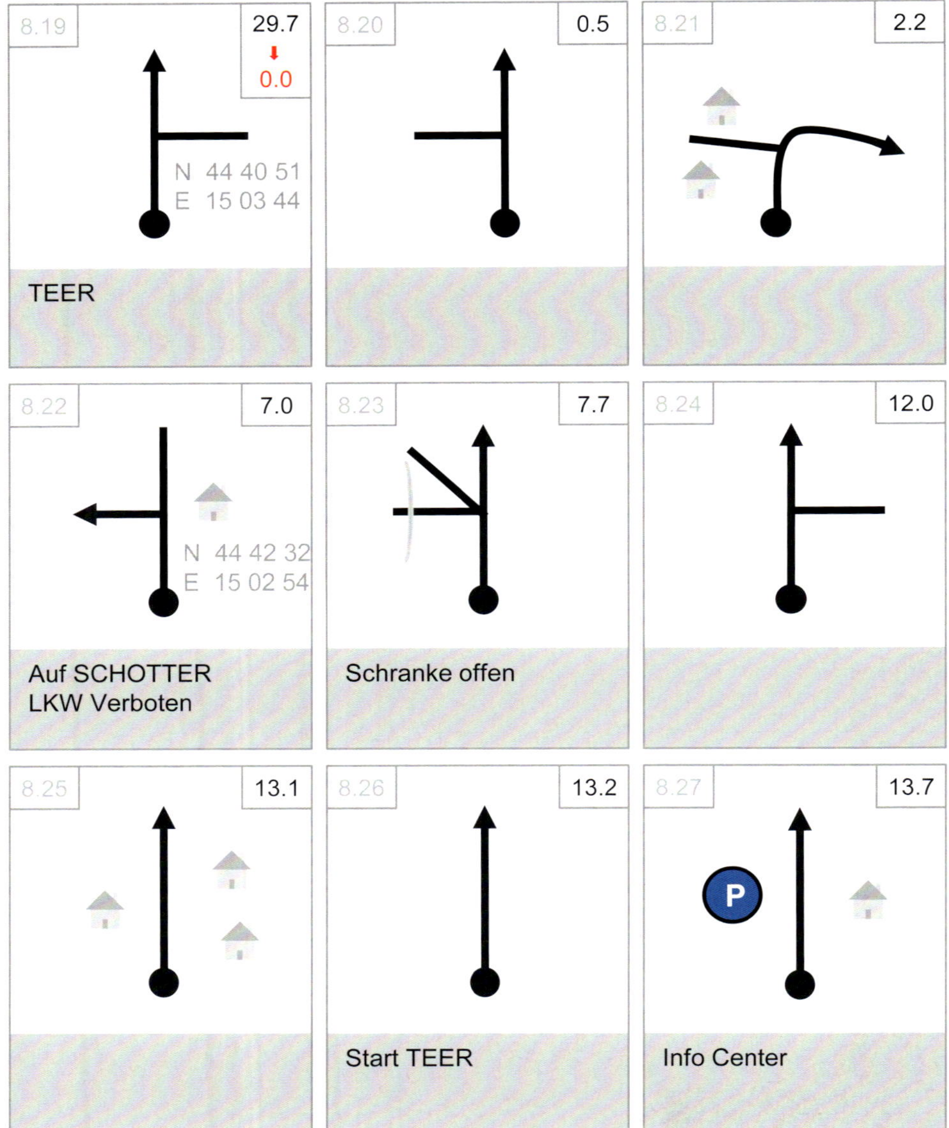

Veliki Alan 8

8.28 — 13.9	8.29 — 23.8	8.30 — 31.1
Start Serpentinen Abfahrt Ausblick auf Meer	(Links: Borovci)	Ende

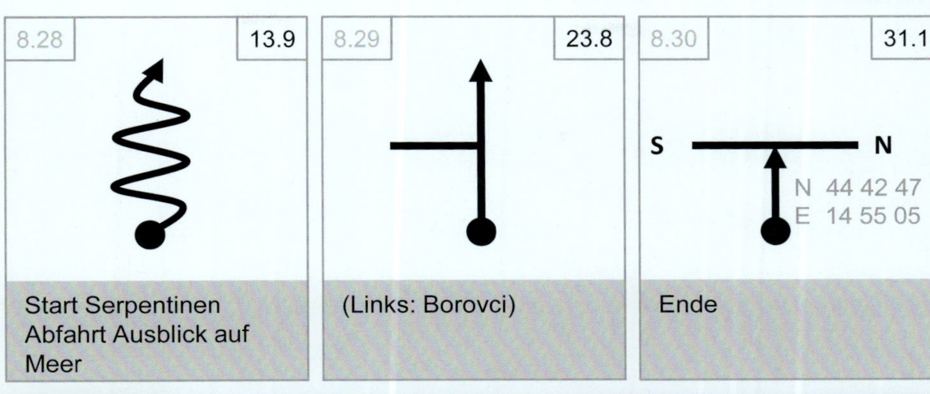

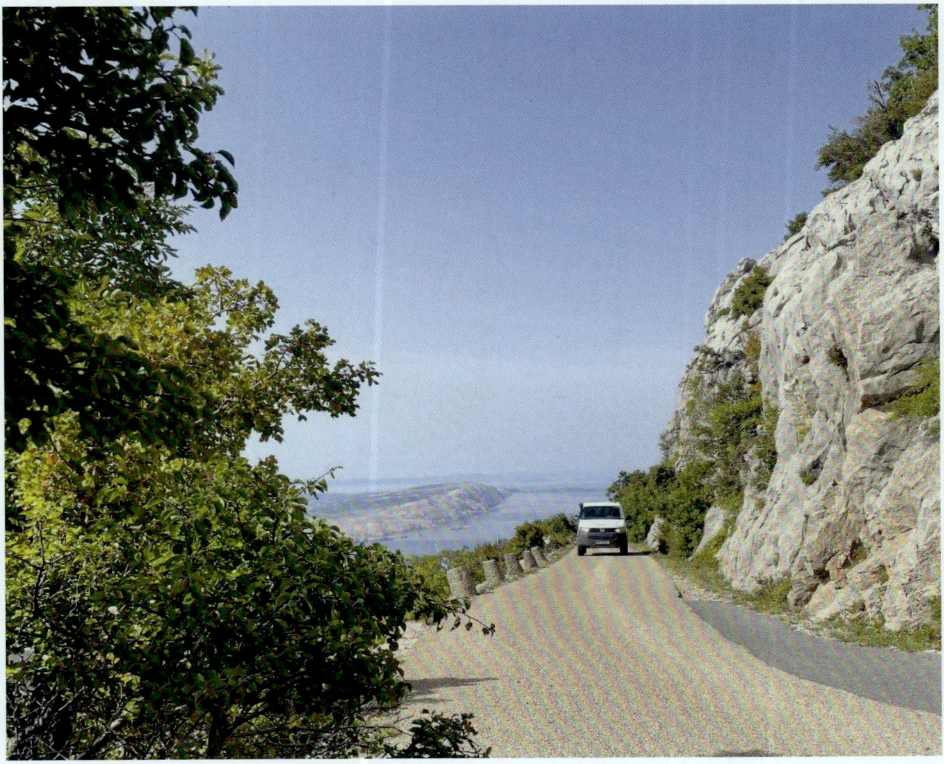

9 Tulove Grede

Kratzgefahr: *
Orientierung: 2
Länge: 25.9 km
Dauer: 1,5 - 2 h

Majestätisch und schon von Weitem sichtbar erhebt sich der Gipfel des Tulove Grede über der Karstlandschaft – die wenigsten wissen jedoch, dass an seinem Fuß das Grab von Winnetou liegt.

Dieser Track ist ein Muss für jeden Fan der Karl May Klassiker. Auch ohne cineastische Vorbildung drängt sich bei der Fahrt über die mit weißen Felsen durchsetzte Hochebene und beim Blick auf den markanten Bergstock des Tulove Grede ein spontanes Wild-West-Gefühl auf. Nicht nur große Teile der Filme Winnetou 1 bis 3, sondern auch „Unter Geiern" und weitere Derivate wurden in dieser Bergregion gedreht. Im Internet lassen sich leicht einige der Drehorte identifizieren, einige sind leicht zugänglich, jedoch ist beim Erkunden abseits der Wege Vorsicht vor Minen aus den Jugoslawienkriegen geboten.
Der Track selbst ist deutlich rauer als die historische Passstraße Mali-Alan und gleicht eher einer rauen Postkutschenstrecke.

9 Tulove Grede

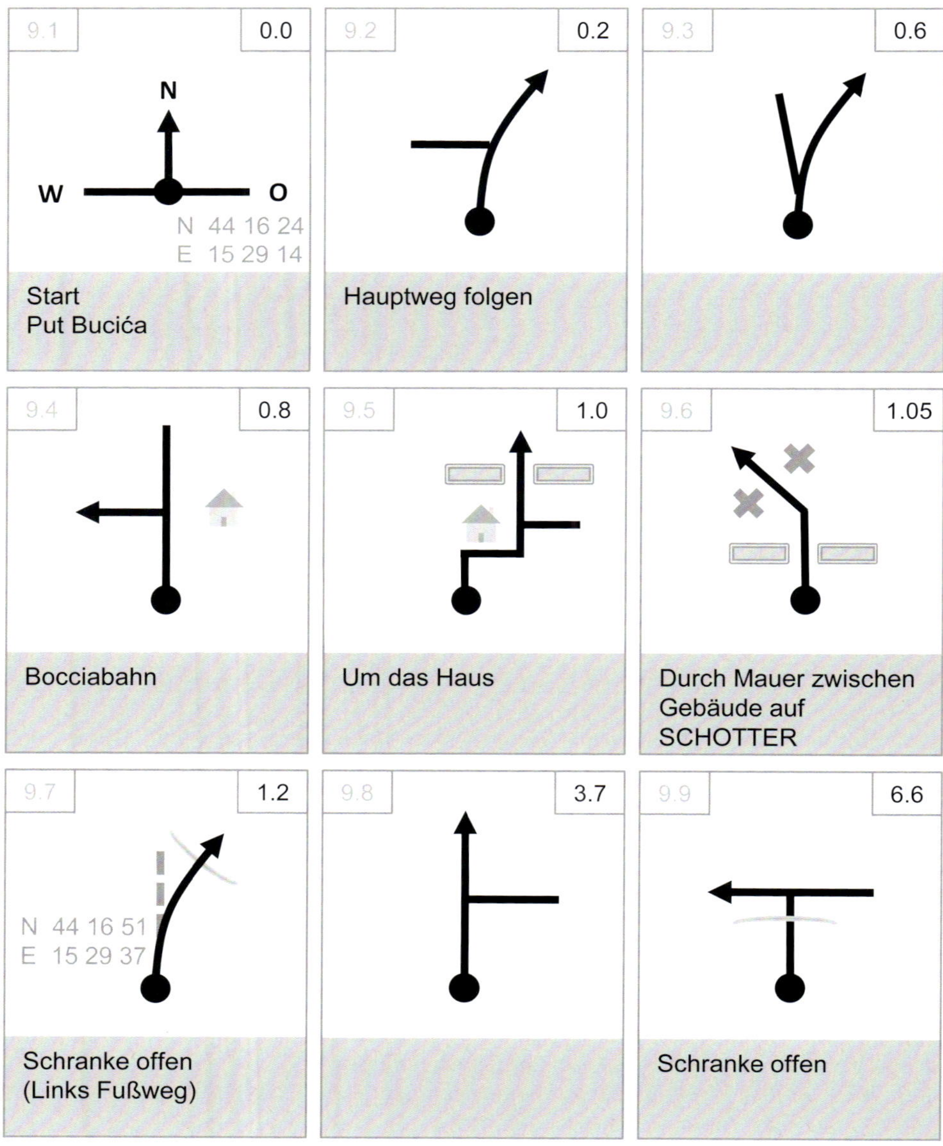

Tulove Grede 9

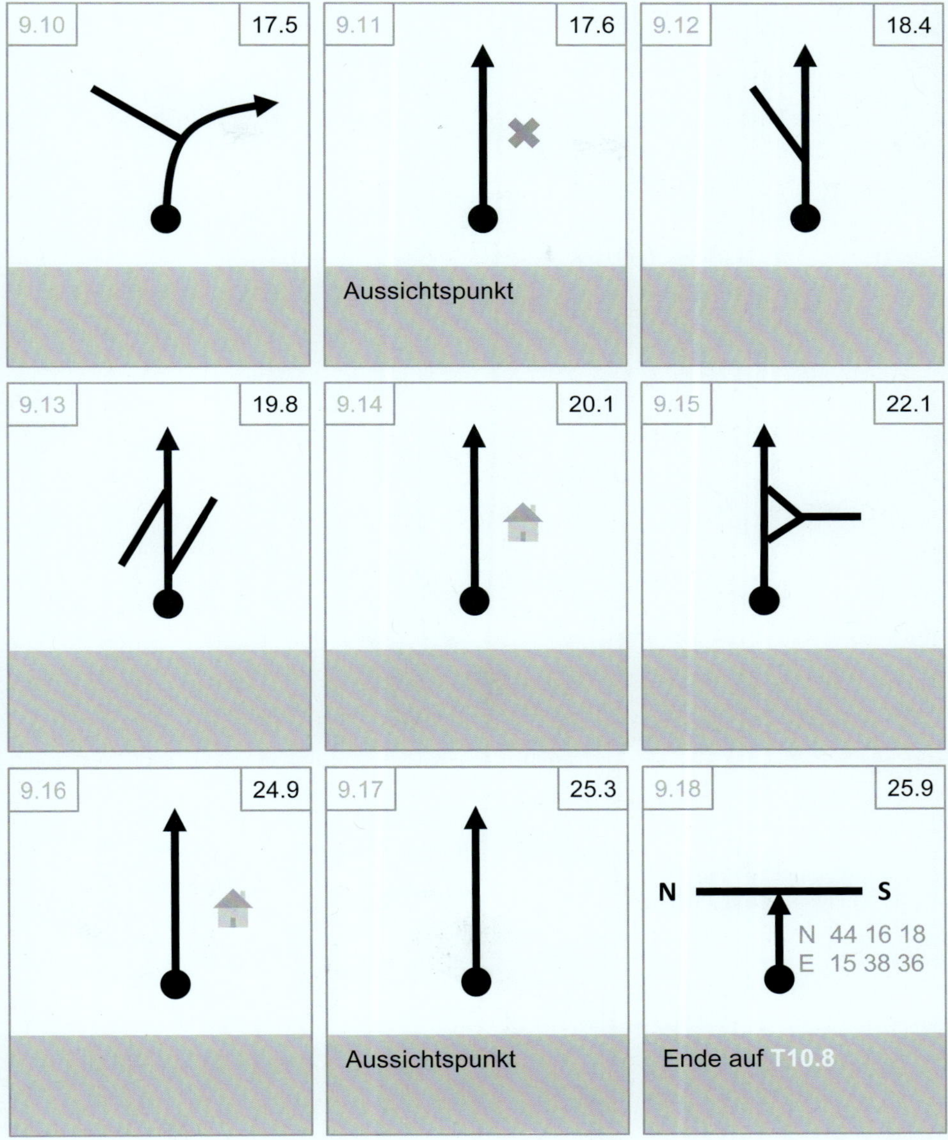

10 Mali-Alan

Medvidovača
Sveti Rok
Ličko Cerje
Vrh Matovinov
Malovan
A1
Babin Vrh
Sveto Brdo
1751
Debelo Brdo
Veliki Golić
Sopanj
Plana
Oščenica
1182
Rovanjska
Dragačevac
Jasenice
Novsko ždrilo
Maslenica
Kita
Kosa
Zaton Obrovački
Bojnik
Velika gradina
Obrovac
Novigradsko more
Novigrad
Kruševo

10

Der historische Mali-Alan-Pass im Velebitgebirge verbindet schon seit Jahrhunderten das Landesinnere mit der Küste.

Nach serpentinenreichem Anstieg verläuft die süd-ost Rampe mit aufwändigen Stützmauern über eine von Karstgipfeln umrahmte Hochebene – die ideale Szenerie für mehrere Karl-May-Filme. Hinter einer Mauer befindet sich ein kleiner „Schrein“ für Karl May Fans und Bilder von den Dreharbeiten in der Region.
Im weiteren Verlauf erinnern zahlreiche Gedenksteine an die tragischen Kämpfe um die wichtige Verkehrsverbindung über den Mali-Alan (= kleiner Alan) und an die Opfer des Jugoslawienkrieges. Die Organisation „Fearless Velebit“ engagiert sich hier für die Minenräumung und die gefahrlose Nutzung dieser Gebirgsregion.
Der Pass überschreitet nicht nur eine Gebietsgrenze, sondern auch eine Wetterscheide – im Norden der Strecke halten sich oft bis in den Nachmittag pittoreske Nebelseen in den Tälern unterhalb der Passstraße.

10 Mali-Alan

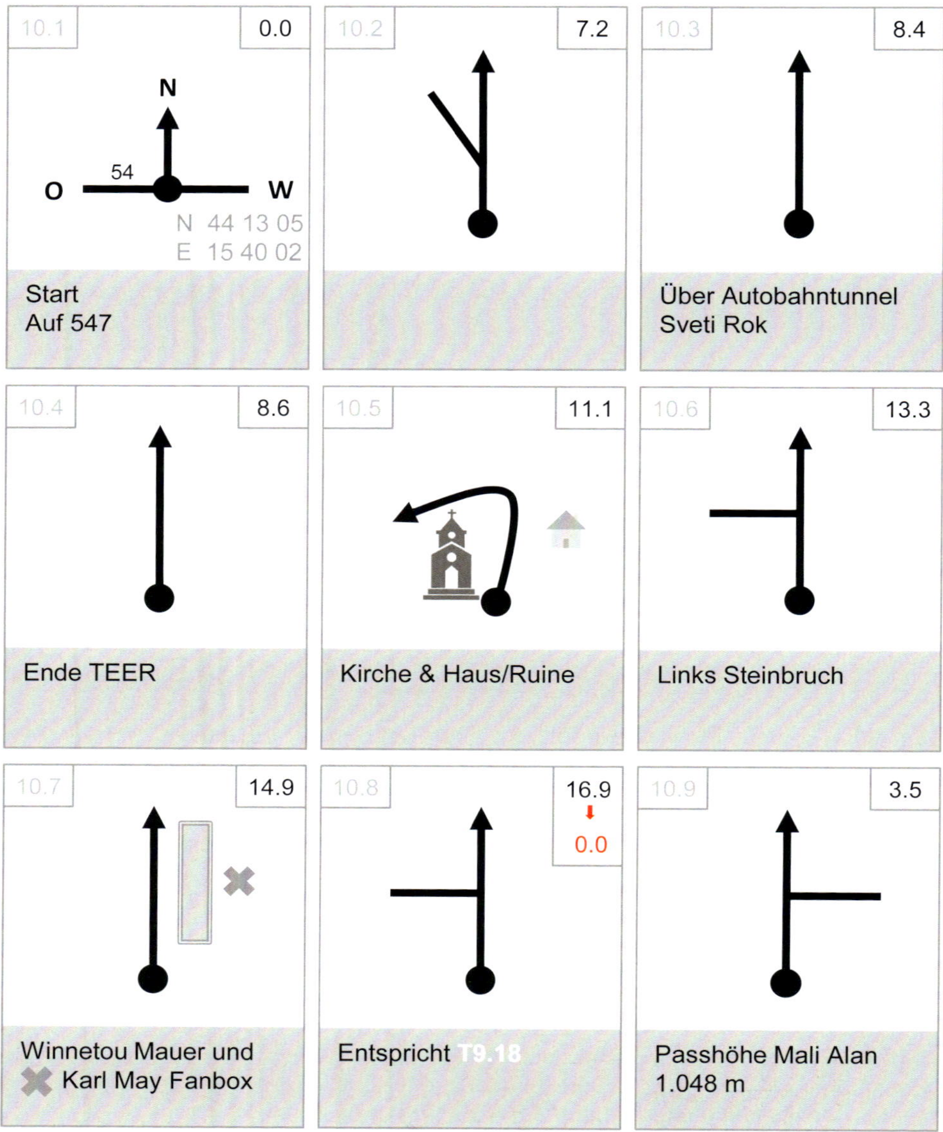

10.1
0.0
N
54
O
W
N 44 13 05
E 15 40 02
Start
Auf 547
10.2
7.2
10.3
8.4
Über Autobahntunnel
Sveti Rok
10.4
8.6
Ende TEER
10.5
11.1
Kirche & Haus/Ruine
10.6
13.3
Links Steinbruch
10.7
14.9
Winnetou Mauer und
Karl May Fanbox
10.8
16.9
0.0
Entspricht T9.18
10.9
3.5
Passhöhe Mali Alan
1.048 m

Mali-Alan

10.10 — 3.8	10.11 — 7.6	10.12 — 8.8
		Aussichtsturm
10.13 — 11.0	10.14 — 12.0	10.15 — 13.8
TEER		Ende

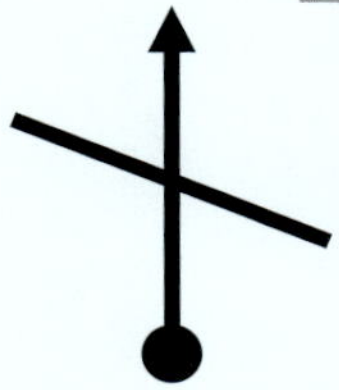

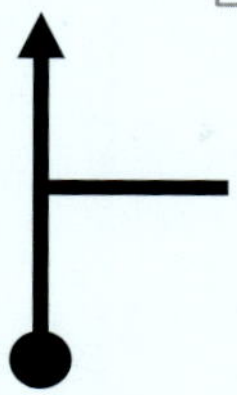

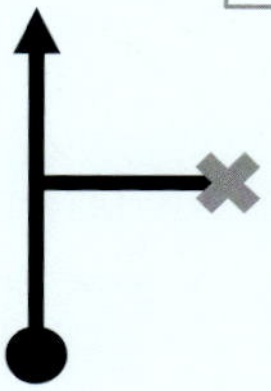

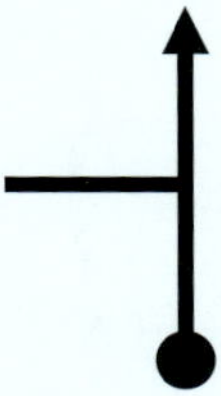

N S

N 44 20 24
E 15 38 38

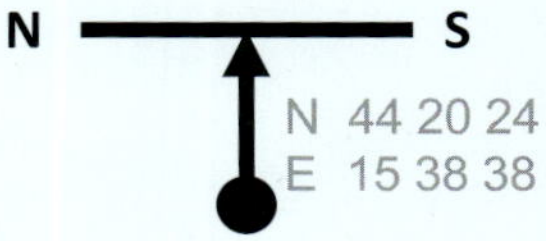

Foto: Infotafel Winnetou Mauer T10.7

11 Deringaj

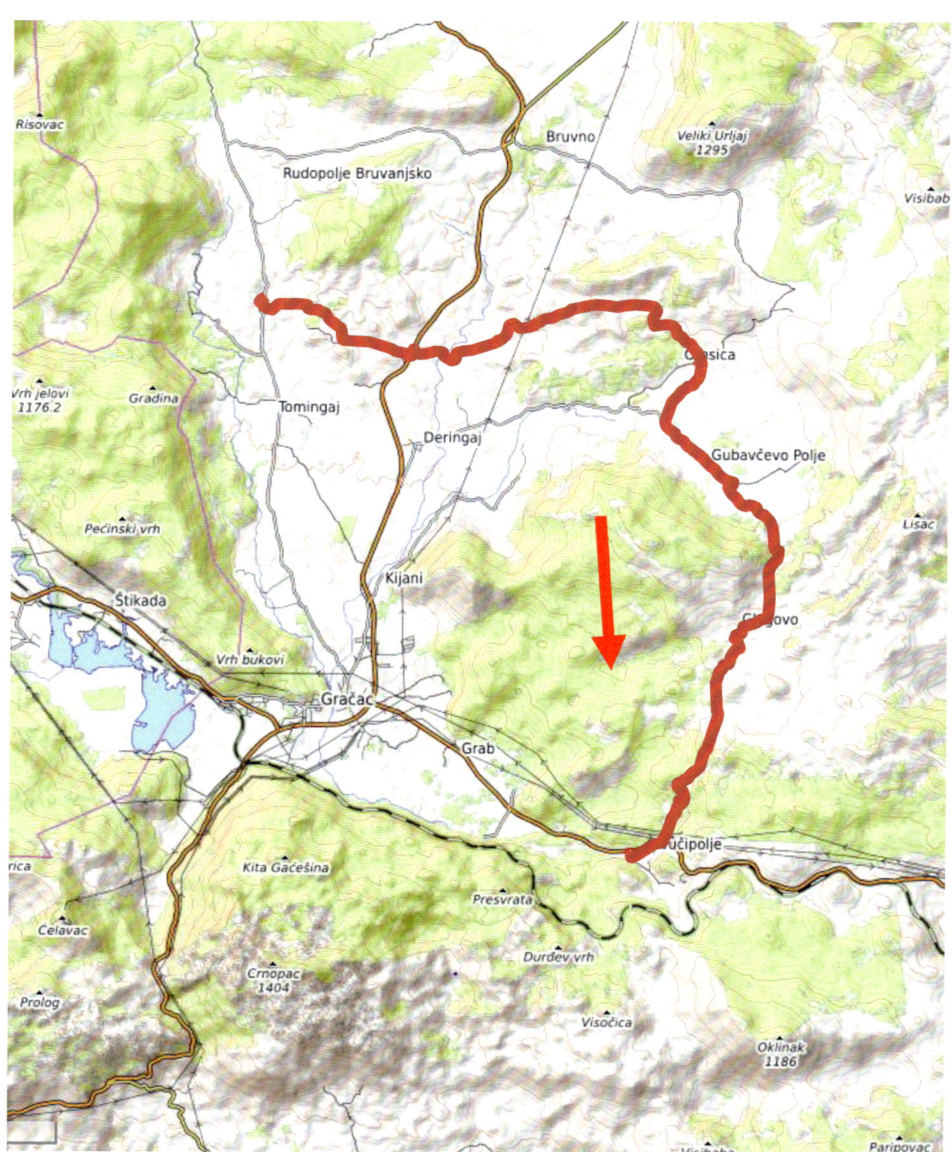
Risovac
Bruvno
Veliki Urljaj
1295
Rudopolje Bruvanjsko
Visibab
Vrh jelovi
1176.2
Gradina
Tomingaj
Deringaj
Gubavčevo Polje
Pećinski vrh
Lisac
Kijani
Štikada
Vrh bukovi
Gračac
Grab
Kita Gaćešina
Presvrata
Čelavac
Đurđev vrh
Crnopac
1404
Prolog
Visočica
Oklinak
1186
Paripovac

11

Kratzgefahr: **
Orientierung: 2
Länge: 25.1 km
Dauer: 1.5 - 2 h
Maximale Höhe 3.20 m

Sauwohl scheinen sich die neugierigen Schweinerotten auf den Lichtungen und in den kühlen Wäldern entlang dieses Tracks zu fühlen. Aber nicht nur wegen der Fauna lohnt die Befahrung dieses Tracks.

Normalerweise sind schroffe Felswände und Schluchten wichtige Zutaten für die kroatischen Tracks. Diese Strecke begeistert jedoch durch ihren Verlauf über weite und einsame Hügellandschaft, die schon fast an die Savannen Afrikas erinnert. Meist ist der Track nur eine wenig befahrene Fahrspur durch ansonsten unberührte Landschaft, erst gegen Ende des Tracks folgen ein paar schlammige Waldpassagen im Schweineparadies.

11 Deringaj

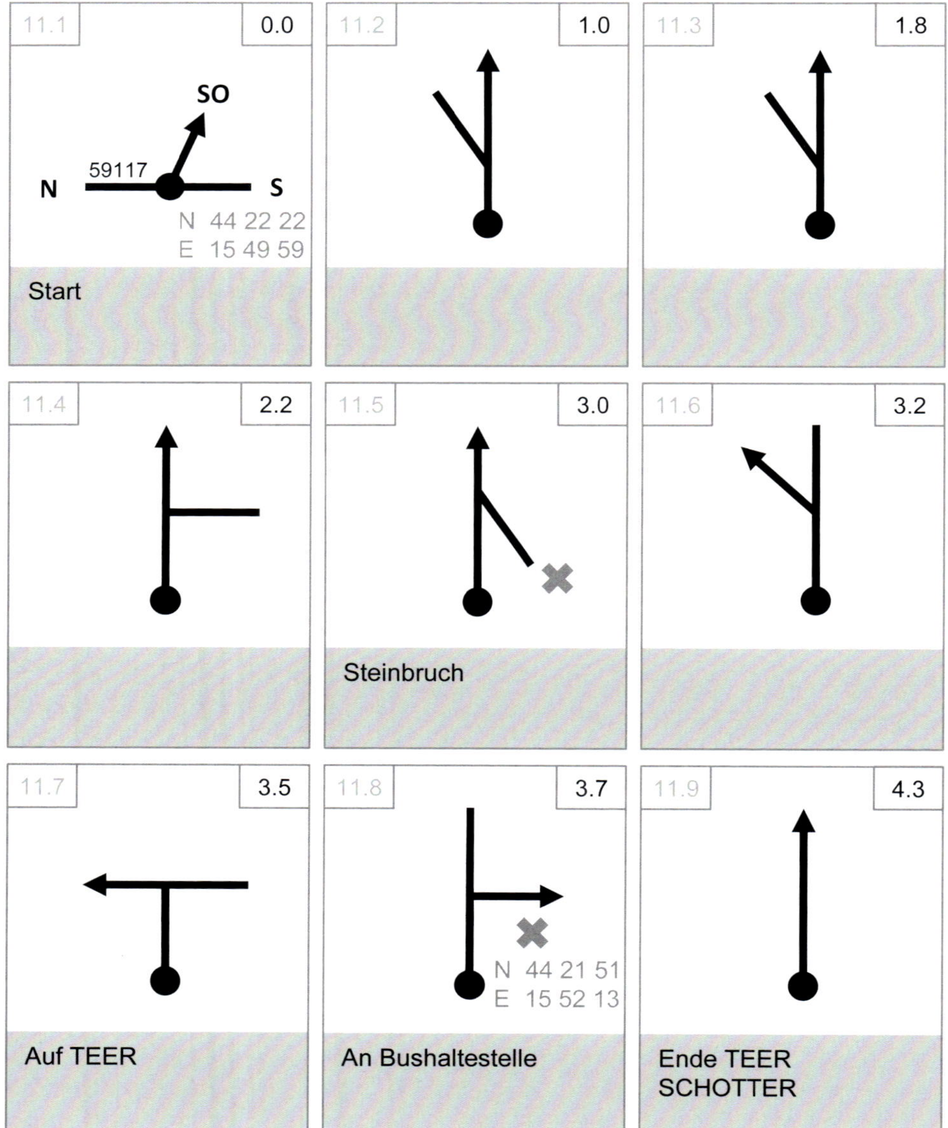

11.1
0.0
SO
59117
N
S
N 44 22 22
E 15 49 59
Start
11.2
1.0
11.3
1.8
11.4
2.2
11.5
3.0
Steinbruch
11.6
3.2
11.7
3.5
Auf TEER
11.8
3.7
N 44 21 51
E 15 52 13
An Bushaltestelle
11.9
4.3
Ende TEER
SCHOTTER

Deringaj

11.10	4.3	Furt
11.11	4.4	
11.12	4.7	Ortschaft
11.13	5.0	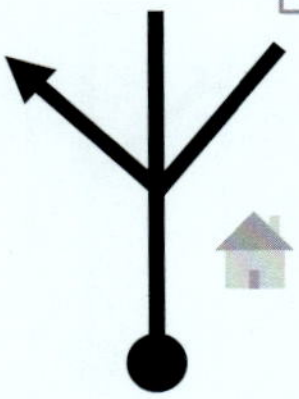
11.14	5.1	
11.15	5.9	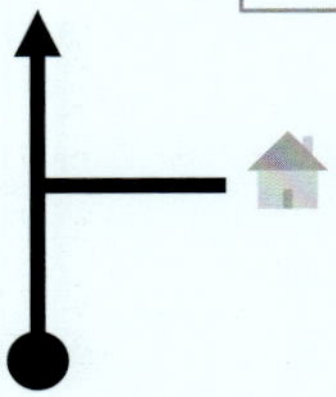
11.16	5.9	(Rechts: Tor)
11.17	6.7	
11.18	7.0	Ab hier anspruchsvoller

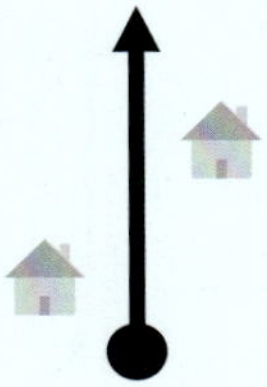

11 Deringaj

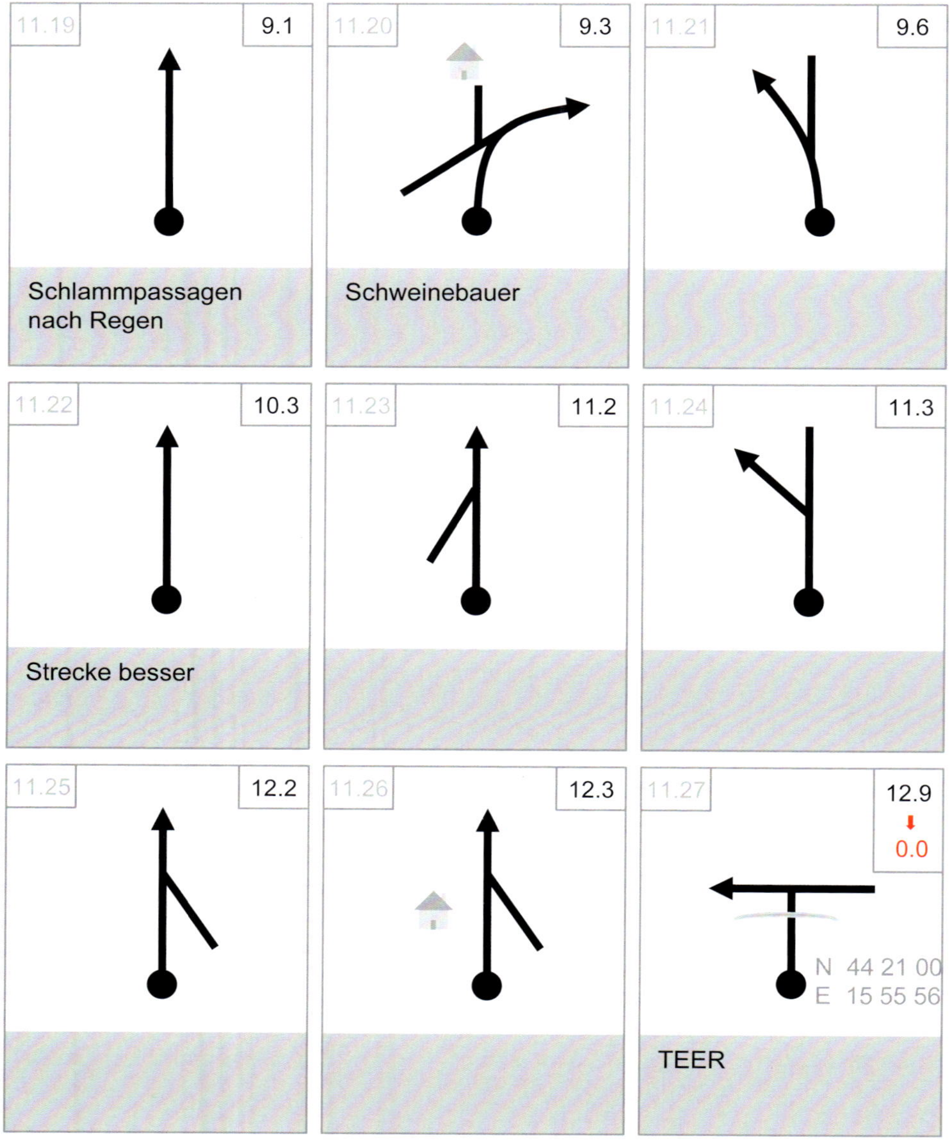
11.19
9.1
Schlammpassagen nach Regen
11.20
9.3
Schweinebauer
11.21
9.6
11.22
10.3
Strecke besser
11.23
11.2
11.24
11.3
11.25
12.2
11.26
12.3
11.27
12.9
0.0
N 44 21 00
E 15 55 56
TEER

Deringaj

11.28 — 1.8 N 44 20 23 E 15 56 56	11.29 — 4.1	11.30 — 5.5
11.31 — 5.7	11.32 — 5.8 Brunnen / Wassertrog	11.33 — 6.0
11.34 — 7.8	11.35 — 11.0 TEER	11.36 — 11.2 Unterführung

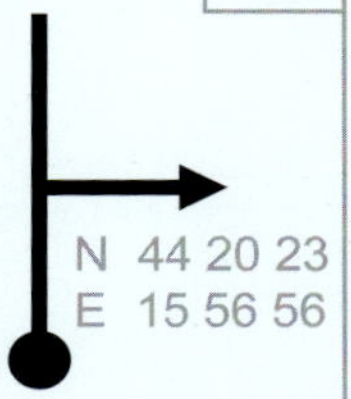

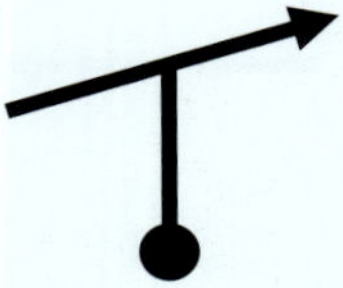

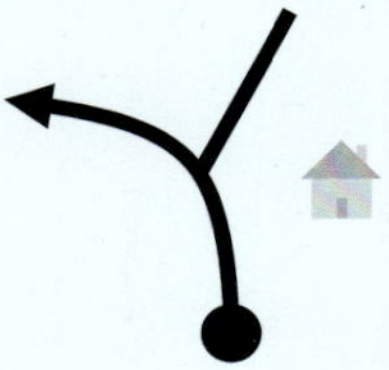

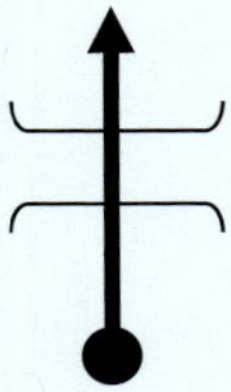

11 Deringaj

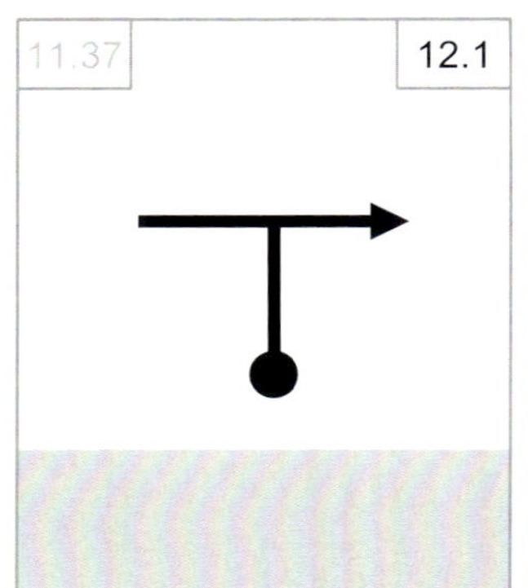

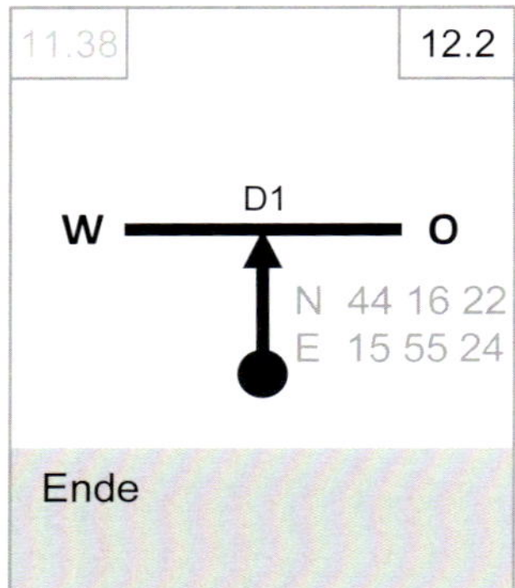

12 Lika-Bahn

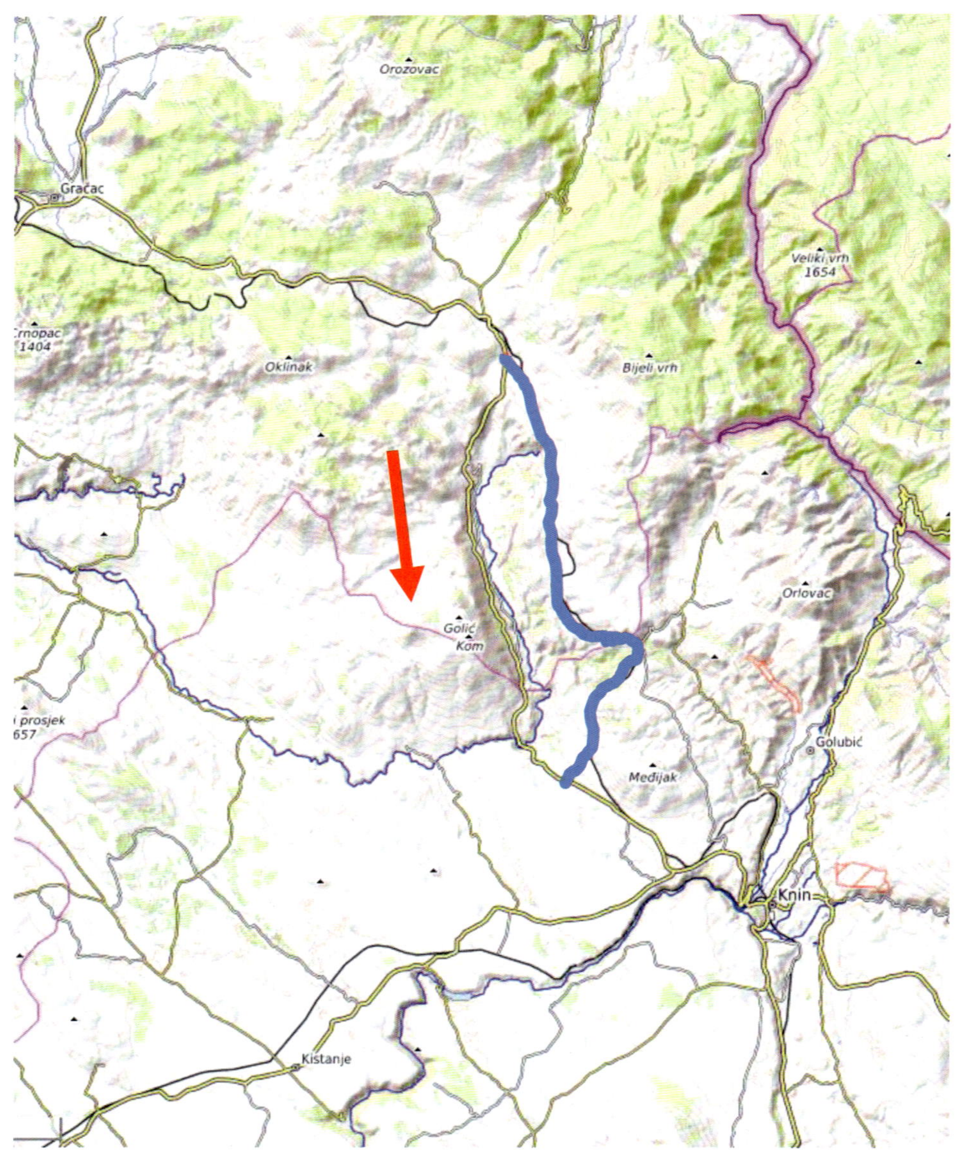

Orozovac
Gračac
Crnopac
1404
Oklinak
Bijeli vrh
Veliki vrh
1654
Orlovac
Golić
Kom
prosjek
657
Golubić
Medjak
Knin
Kistanje

12

Kratzgefahr: *
Orientierung: 1
Länge: 23.2 km
Dauer: 1 - 1.5 h

Das Čupkovići Viadukt der Lika-Bahn, das dieser Track bei 16.4 km unterquert, war in den wechselvollen letzten 100 Jahren das anfällige Herzstück dieser Bahnlinie.

Schon 1866 gab es erste Pläne zum Bau dieser Bahnlinie, jedoch führten Unstimmigkeiten in der zerfallenden Donaumonarchie dazu, dass der Bau erst fast 50 Jahre später beginnen konnte. Dann verhinderte der 1. Weltkrieg die zügige Fertigstellung und es wurde 1925, bis der erste Zug über die gesamte Strecke rollte. Das aufwändigste Bauwerk der gesamten Bahnstrecke ist das bogenförmige Viadukt. Im 2. Weltkrieg wurde es von den Partisanen zerstört, 1962 stürzte wegen starkem Wind ein Güterzug mit 13 Waggons von der Brücke und im Kroatienkrieg wurde der Verkehr auf der Strecke über Jahre komplett aufgegeben.

Der einfach zu fahrende Track quert auf einer Mischung aus leicht fahrbarem Schotter und schmalem Teerband die Likaregion und folgt dabei der Bahntrasse meist in Sichtweite.

12 Lika-Bahn

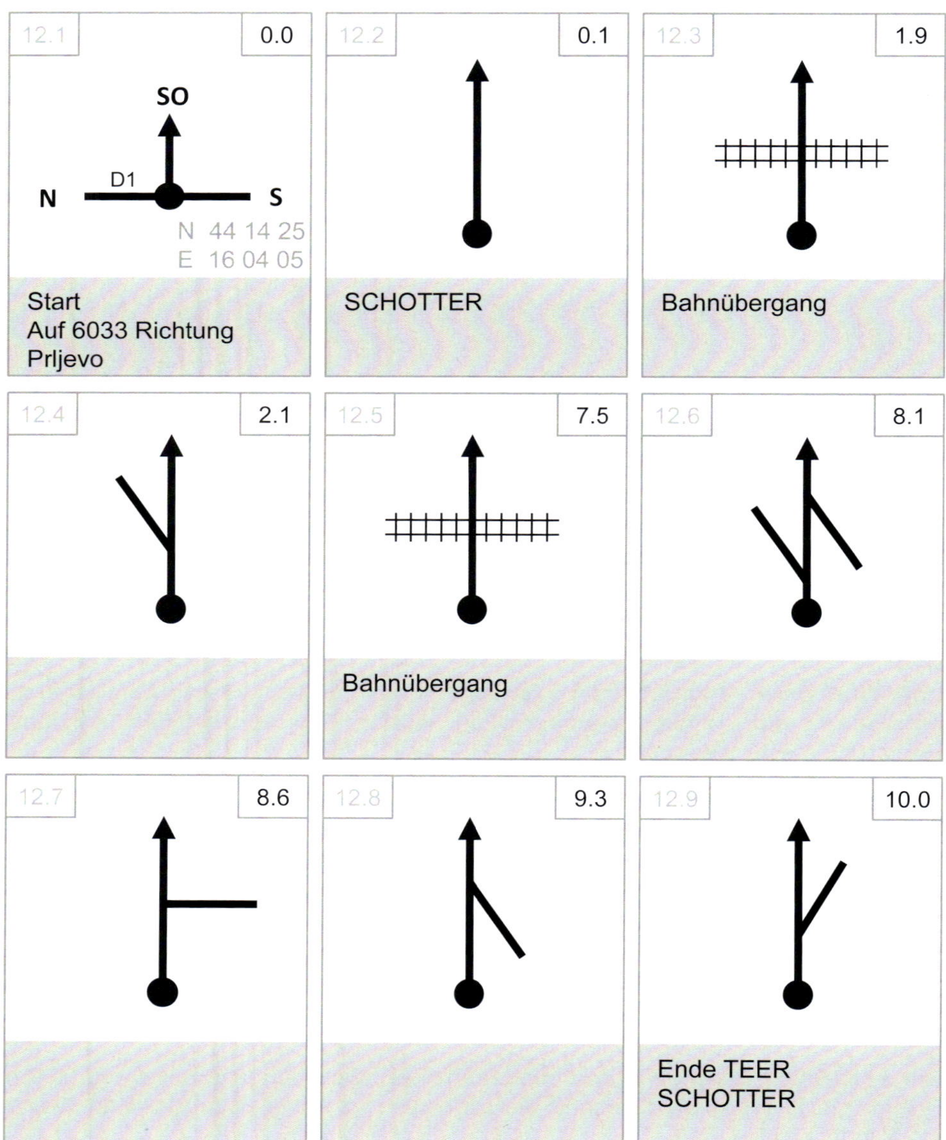

12.1
0.0
SO
D1
N
S
N 44 14 25
E 16 04 05
Start
Auf 6033 Richtung
Prljevo
12.2
0.1
SCHOTTER
12.3
1.9
Bahnübergang
12.4
2.1
12.5
7.5
Bahnübergang
12.6
8.1
12.7
8.6
12.8
9.3
12.9
10.0
Ende TEER
SCHOTTER

Lika-Bahn

12.10 — 10.1

12.11 — 10.2
Bahnübergang 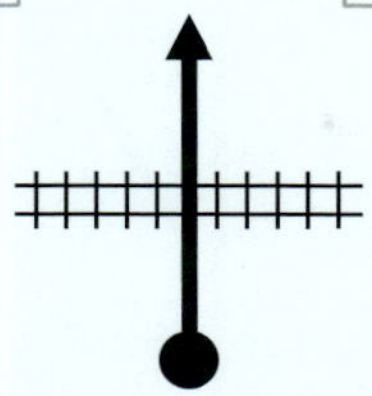

12.12 — 11.1 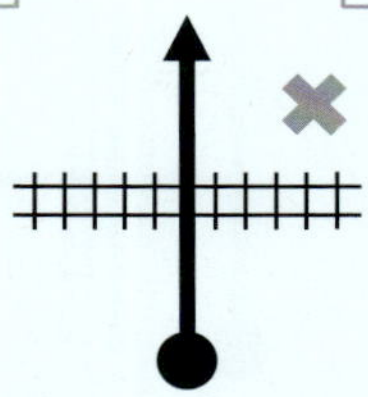
Ruine

12.13 — 12.5 
Kirche

12.14 — 13.9 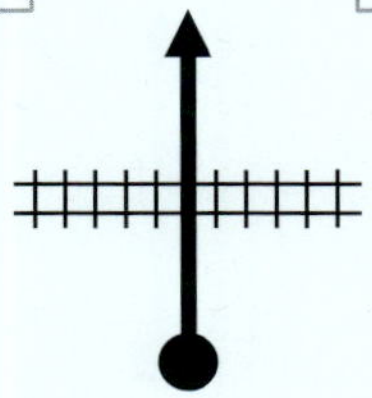
Bahnübergang

12.15 — 14.0

12.16 — 14.9

12.17 — 15.9
TEER 

12.18 — 16.3

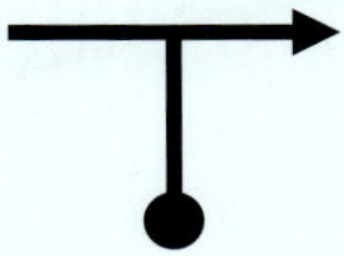

12 Lika-Bahn

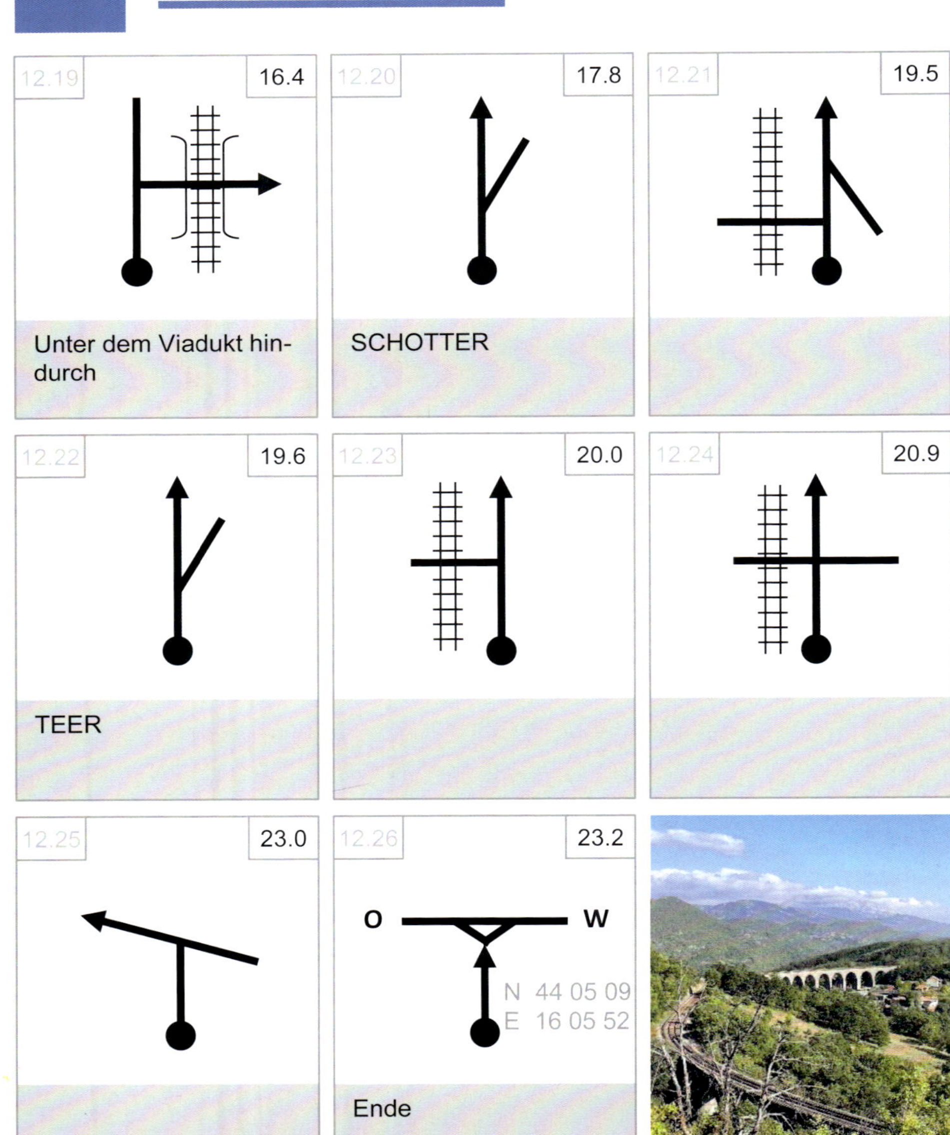
12.19
16.4
Unter dem Viadukt hin-
durch
12.20
17.8
SCHOTTER
12.21
19.5
12.22
19.6
TEER
12.23
20.0
12.24
20.9
12.25
23.0
12.26
23.2
O
W
N 44 05 09
E 16 05 52
Ende

13 Krka Quelle

13

Kratzgefahr: *
Orientierung: 1
Länge: 14.4 km
Dauer: 45 min – 1 h

Die Quelle der Krka, bekannt für ihre wunderschönen Wasserfälle im nach ihr benannten Nationalpark am Unterlauf, ist besonders im Frühjahr und nach Regenfällen ein eher unscheinbares Phänomen.

In den trockenen Sommermonaten jedoch wird ein kurioses Naturschauspiel deutlich. Während in den wasserreichen Monaten der Fluss Krčić über einen spektakulären, mehr als 20 m hohen Wasserfall in ein blaugrünes Becken stürzt, erstaunt im Sommer der nur noch spärlich sichtbare Wasserfall mit einem immer noch außerordentlich üppigen Wasserauslauf aus dem Becken. Hier entspringt, aus unterirdischen Kanälen gespeist, die Krka.

Dieser recht einfache Track folgt von der Quelle dem mit einigen Badegumpen gespickten Canyon des Krčić und führt in eine fast wüstenartige Ebene. Hier befindet sich ein aufgelassener Tagebau, der zum Erkunden einlädt.

13 Krka Quelle

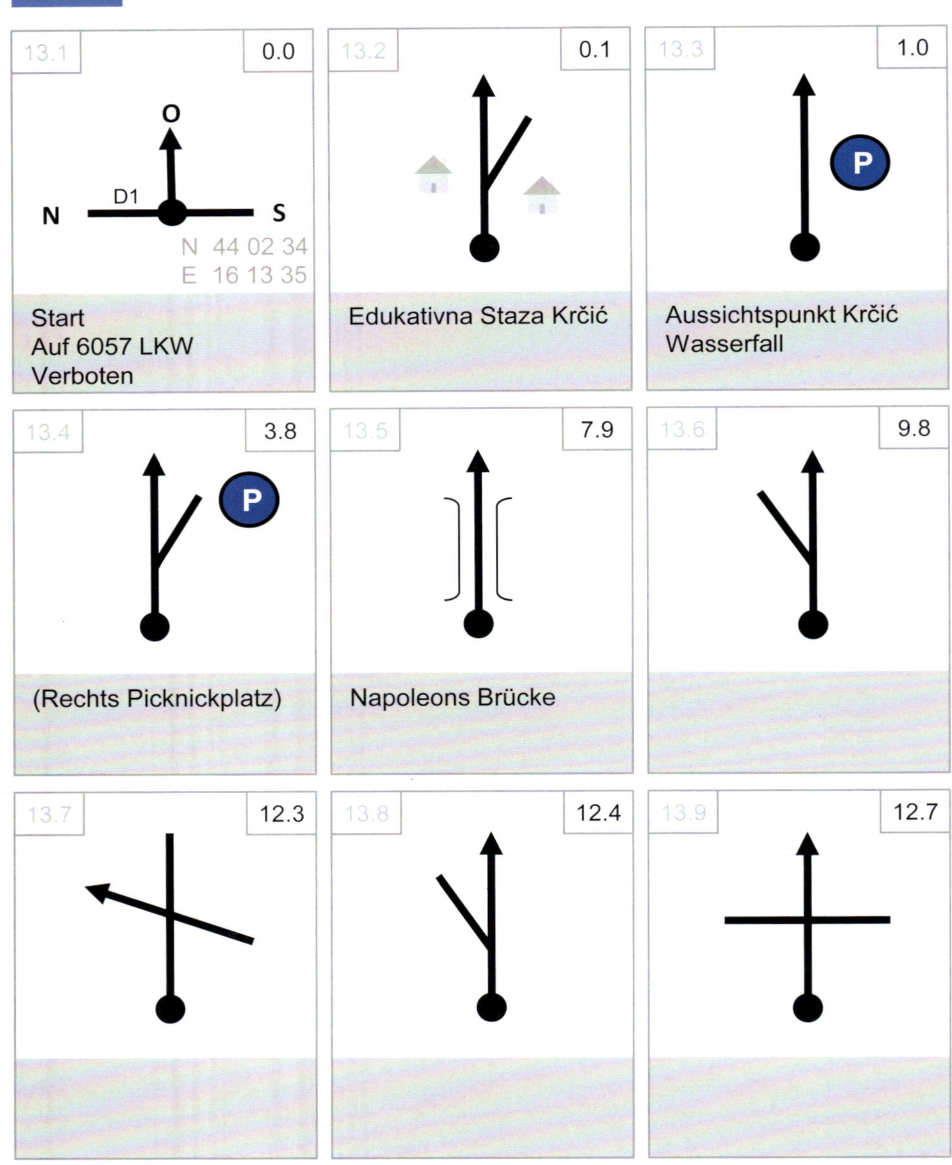

Krka Quelle

13

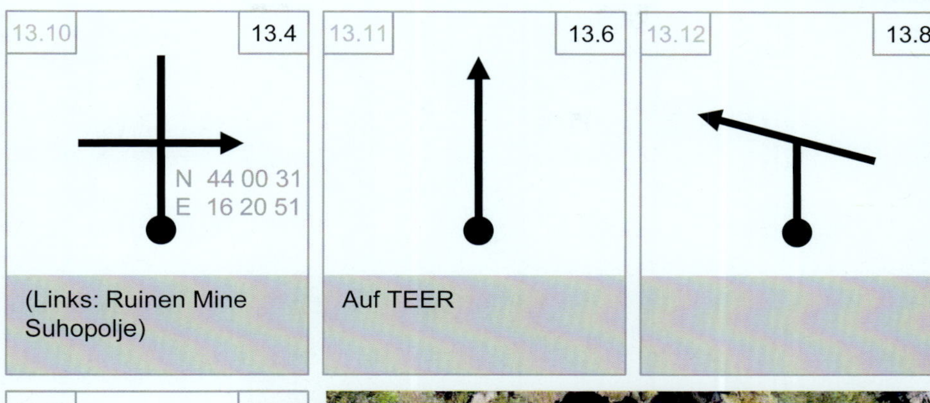
13.10
13.4
N 44 00 31
E 16 20 51
(Links: Ruinen Mine Suhopolje)
13.11
13.6
Auf TEER
13.12
13.8

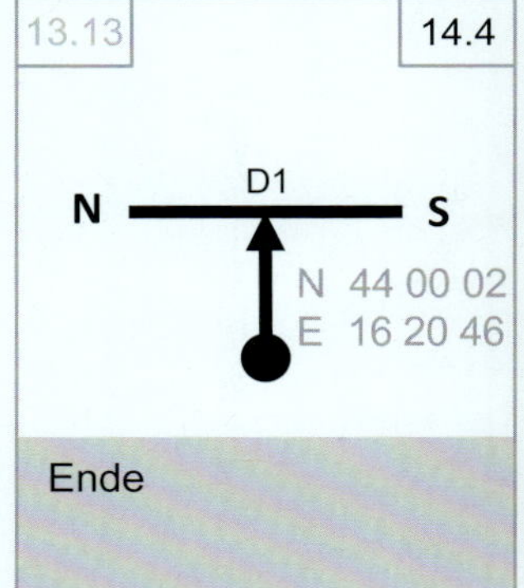
13.13
14.4
D1
N
S
N 44 00 02
E 16 20 46
Ende

14 Svilaja

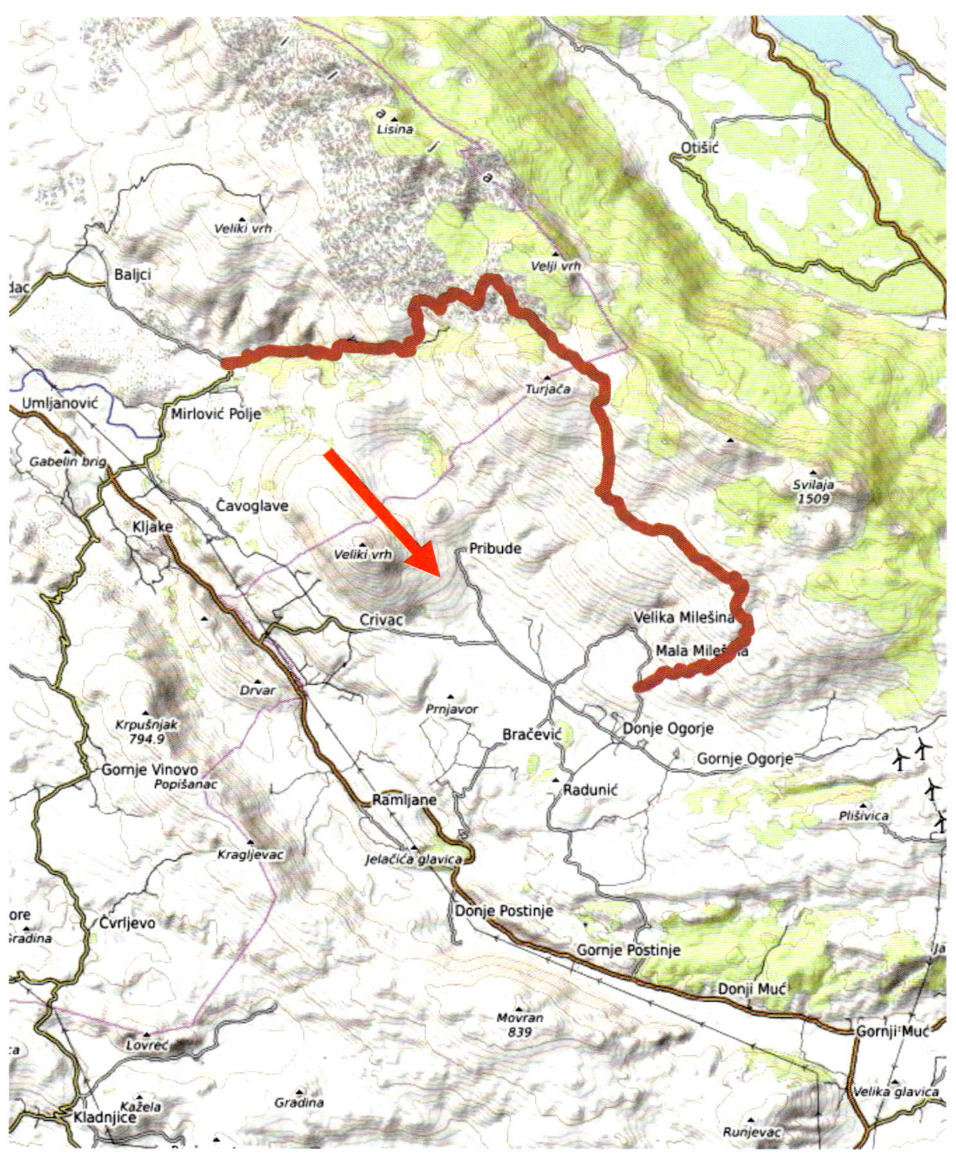

Lisina
Veliki vrh
Baljci
Velji vrh
Otišić
Turjača
Umljanović
Mirlović Polje
Gabelin brig
Svilaja
1509
Čavoglave
Kljake
Veliki vrh
Pribude
Crivac
Velika Milešina
Drvar
Prnjavor
Krpušnjak
794.9
Bračević
Donje Ogorje
Gornje Ogorje
Gornje Vinovo
Popišanac
Radunić
Ramljane
Plišivica
Kragljevac
Jelačića glavica
Donje Postinje
Čvrljevo
Gornje Postinje
Donji Muć
Movran
839
Gornji Muć
Lovreć
Velika glavica
Kažela
Gradina
Kladnjice
Runjevac

14

Dieser Track folgt einer historischen Militärstraße über die einsame Hochebene des Svilaja Gebirgszuges.

Während des Aufstiegs windet sich der Track mit teilweise befestigten Serpentinen auf gut 1.200 m hinauf in die menschenleere Karstlandschaft und quert einen Gebirgssattel westlich des Privija Gipfels. Ab hier bieten sich weite Ausblicke über die wilde Landschaft und zum nächsten Etappenziel, dem Kegel des Umac, dem sich der Track auf rauen Fahrspuren nähert.

Zu welchem Zweck und in welchem der vielen Kriege in den letzten Jahrhunderten diese abgelegene Militärpiste angelegt wurde, konnten wir nicht herausfinden – heute ist dies jedenfalls eine wunderschöne und sehr abgelegene Route im Hinterland Dalmatiens.

14 Svilaja

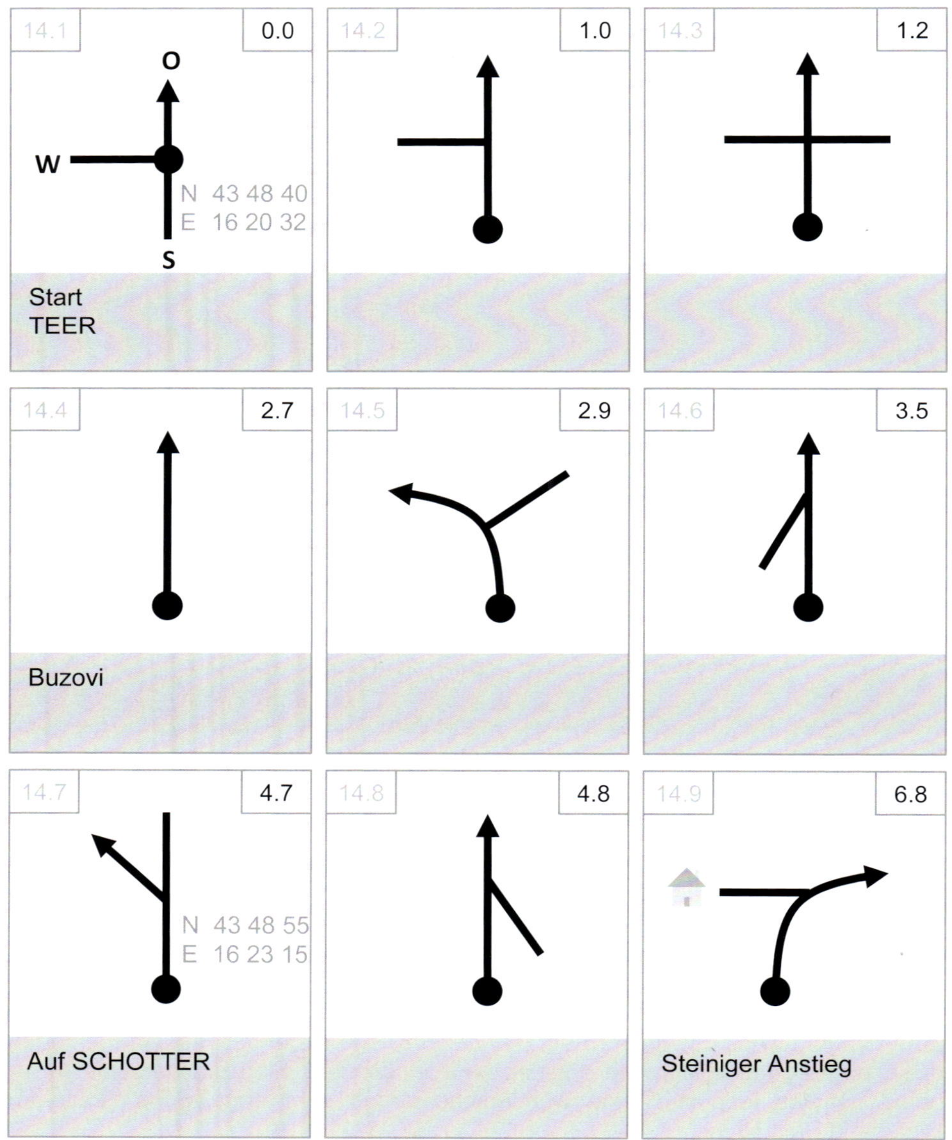

14.1
0.0
O
W
N 43 48 40
E 16 20 32
S
Start
TEER
14.2
1.0
14.3
1.2
14.4
2.7
Buzovi
14.5
2.9
14.6
3.5
14.7
4.7
N 43 48 55
E 16 23 15
Auf SCHOTTER
14.8
4.8
14.9
6.8
Steiniger Anstieg

Nr.	km	Hinweis
14.10	9.0	
14.11	10.6	
14.12	10.9	Steiniger Anstieg
14.13	12.0	Ende steiniger Anstieg Passhöhe (1.202 m)
14.14	13,5 - 14.0	Steinige Abfahrt
14.15	15.4	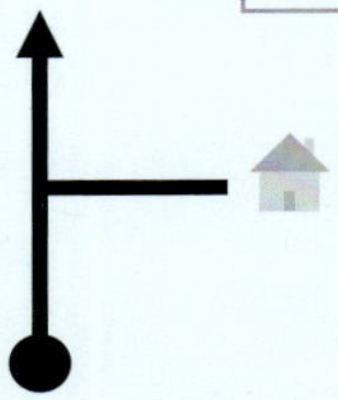
14.16	17.5	Ab hier bessere Strecke
14.17	18.9	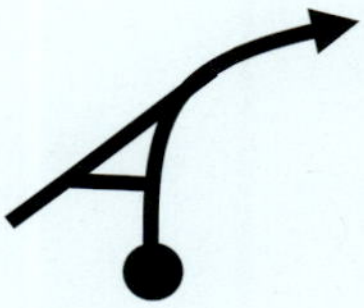
14.18	20.7	

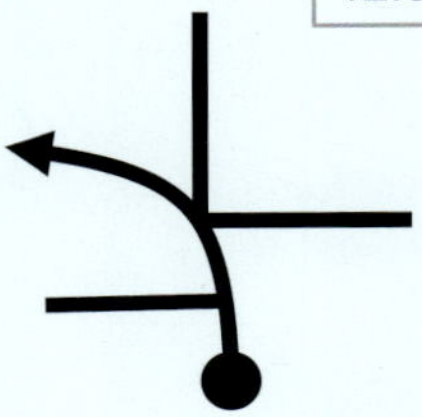

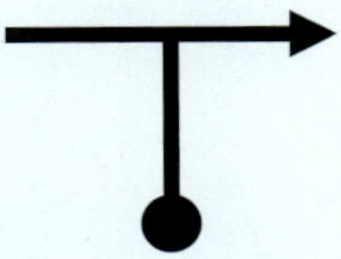

14 Svilaja

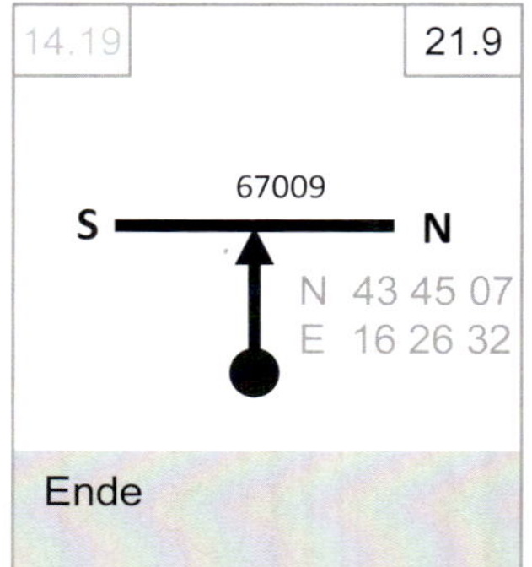

Pipi
0,5L

15 Vjetar s Dinare

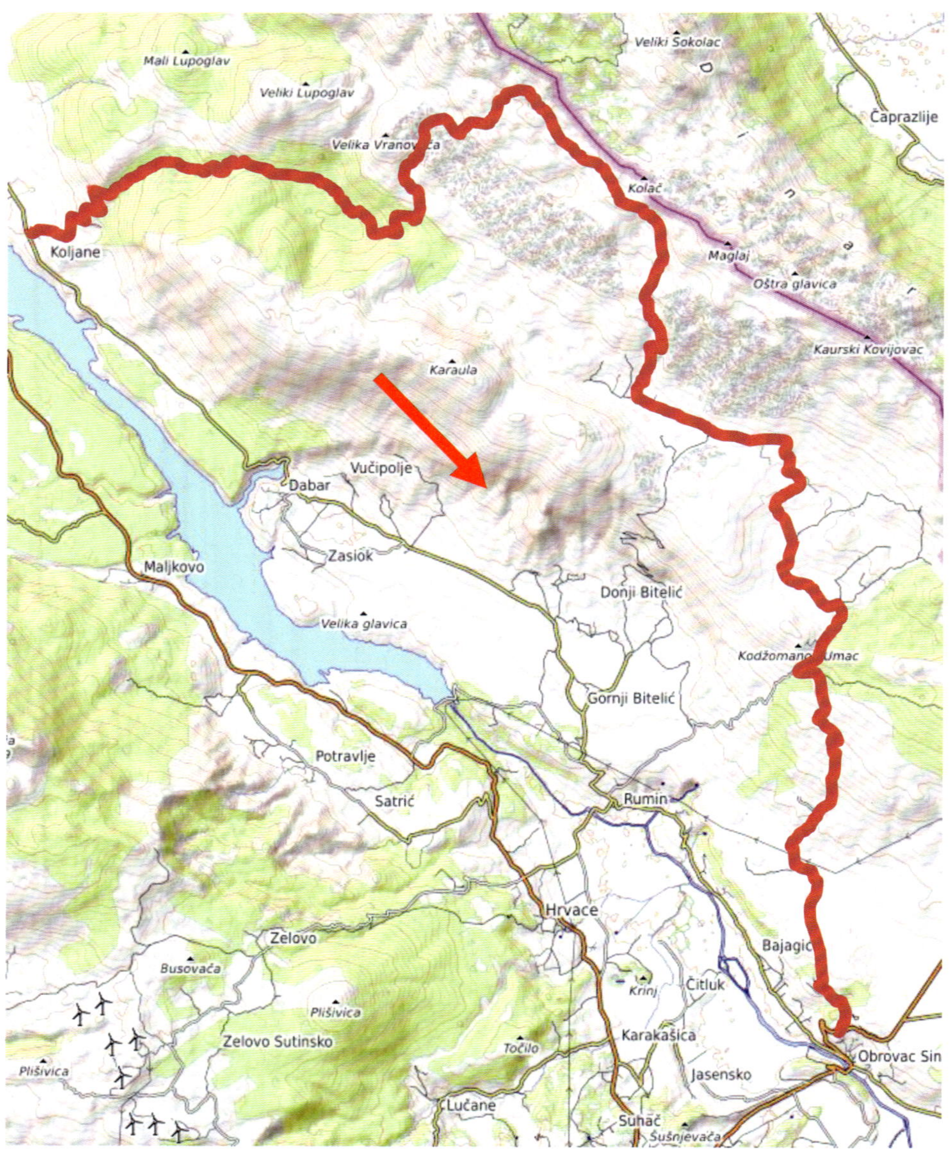

Der höchste Berg Kroatiens – die Dinara – markiert mit seinen 1.831 m die natürliche Grenze zwischen Kroatien und Bosnien und Herzegowina. Noch heute sind große Gebiete entlang dieses abenteuerlichen und wenig befahrenen Tracks vermint.

Dementsprechend kratzt auch der ein oder andere Ast am Fahrzeug, während es über den groben Karstboden und einige Steinstufen klettert. Schon bald beginnt die umfangreiche Ausschilderung des Minengebietes links und rechts des Tracks. Bei den Ruinen eines größtenteils verlassenen Weilers ist jedoch eine Pause auf den ehemaligen Weiden möglich.
Jenseits des Weilers überquert die Strecke die Baumgrenze und steigt weiter zwischen Karstskulpturen an. Kurz vor der aussichtsreich gelegenen Berghütte Vjetar s Dinare quert der Fahrweg fast hinüber nach BIH und verläuft entlang der Grenze. Besonders in direkter Grenznähe ist diese Strecke lediglich ein Erdweg als Zufahrt zur Berghütte und kann bei Nässe besonders unterhaltsam sein.

Nach wenigen hundert Metern quert der Track wieder nach Kroatien und der Zustand wandelt sich im weiteren Verlauf zu einem bequem fahrbaren Schotterweg.

15 Vjetar s Dinare

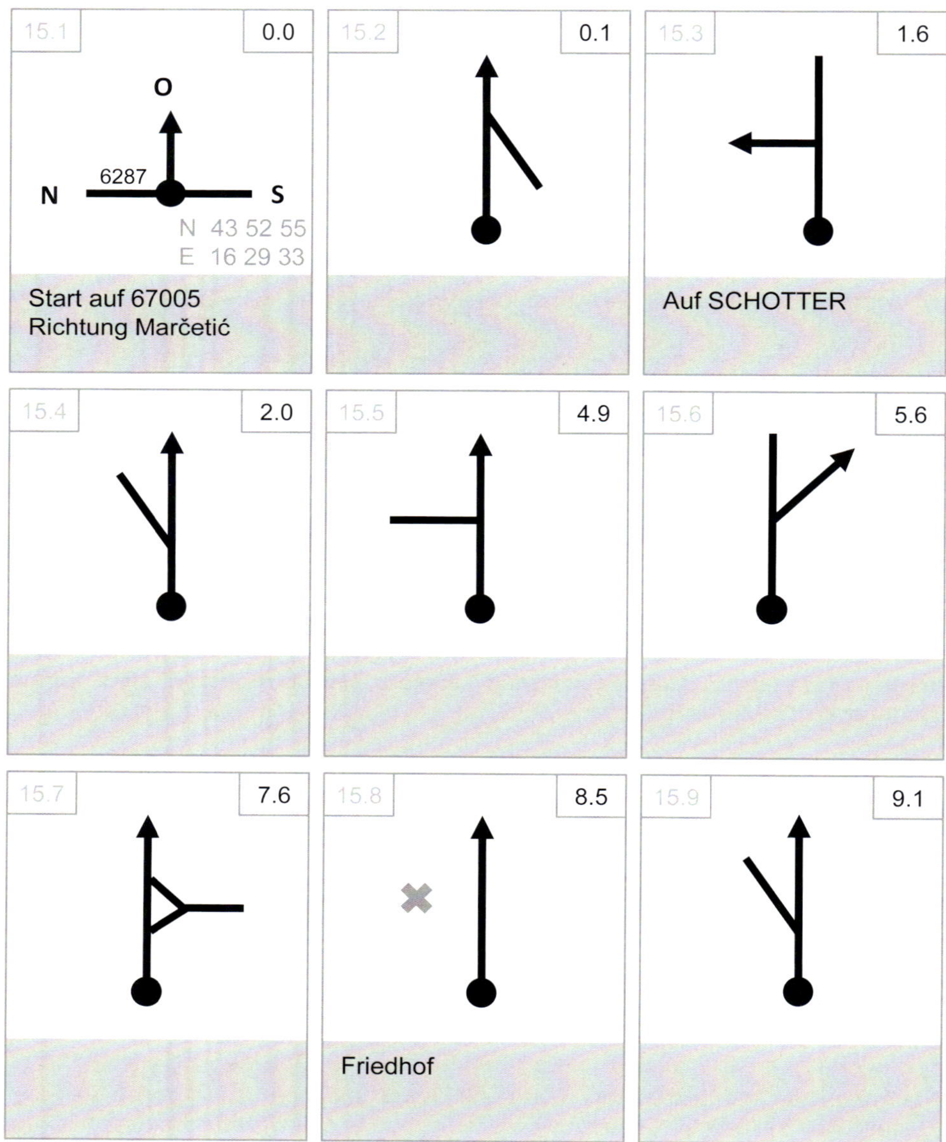

Vjetar s Dinare

Nr.	km	Beschreibung
15.10	9.4	Ruine
15.11	9.9	Ruinen
15.12	14.7	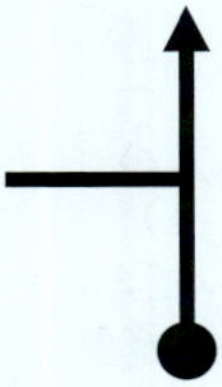
15.13	17.1	Ruine
15.14	17.5 → 0.0	Schutzhütte Vjetar s Dinare (1.330 m) N 43 54 29 E 16 36 47
15.15	3.4	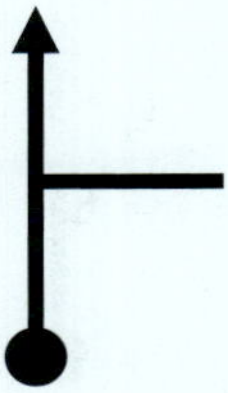
15.16	3.4	
15.17	4.2	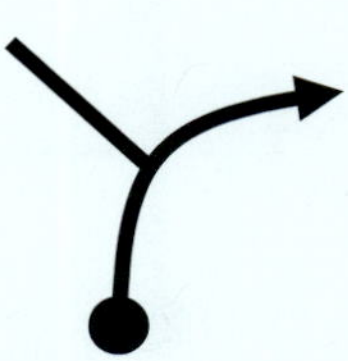
15.18	5.2	Weg besser

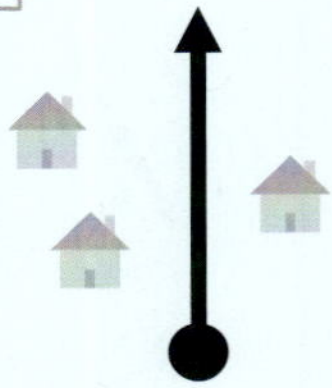

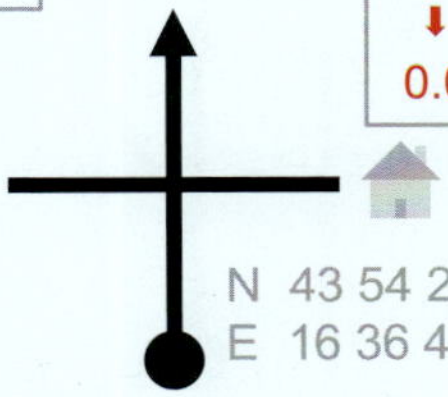

15 Vjetar s Dinare

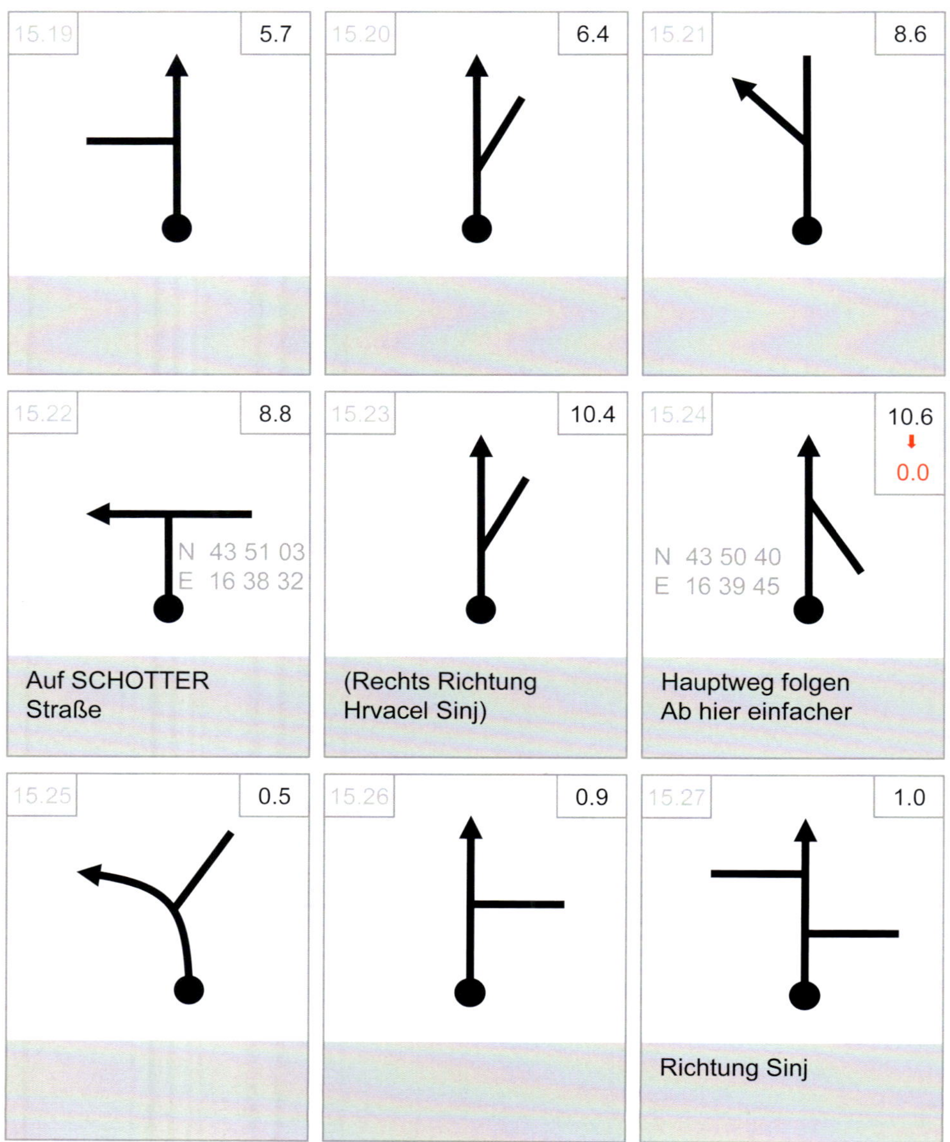

Vjetar s Dinare

Nr.	km	Hinweis
15.28	2.2	
15.29	2.7	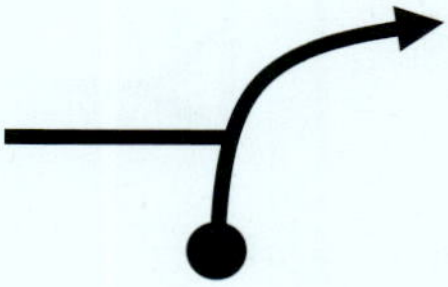
15.30	3.4	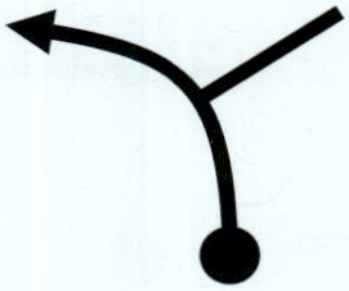
15.31	4.5	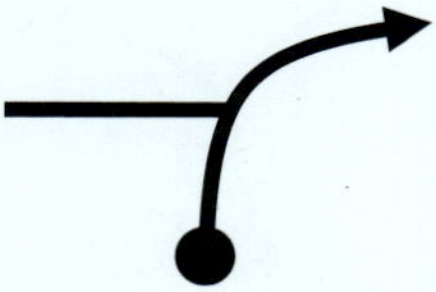
15.32	6.7	Auf TEER
15.33	8.3	Auf SCHOTTER (grober Schotter / Steinstufen)
15.34	8.7	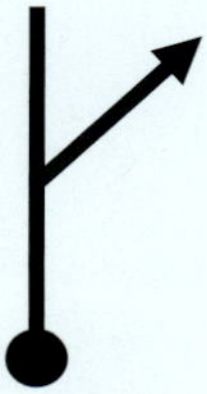
15.35	10.9	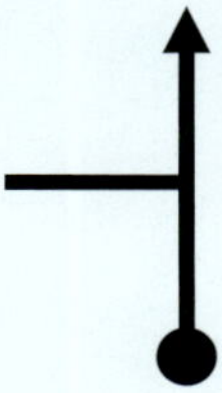
15.36	11.6	Steinbruch

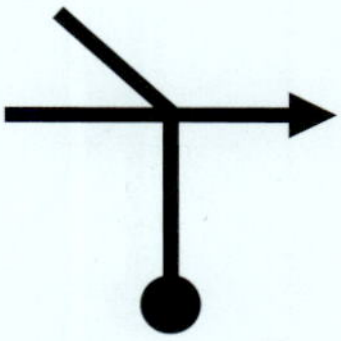

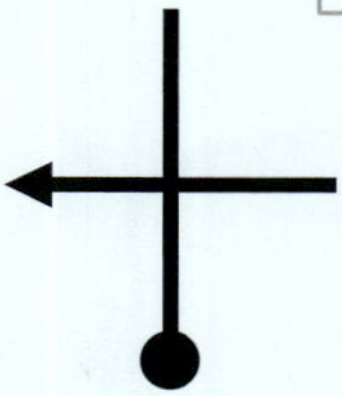

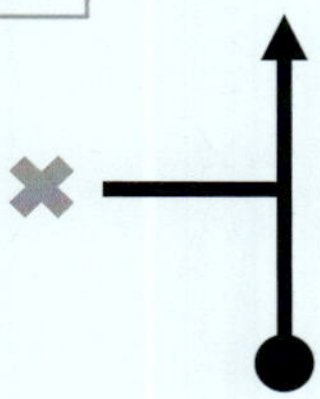

15 Vjetar s Dinare

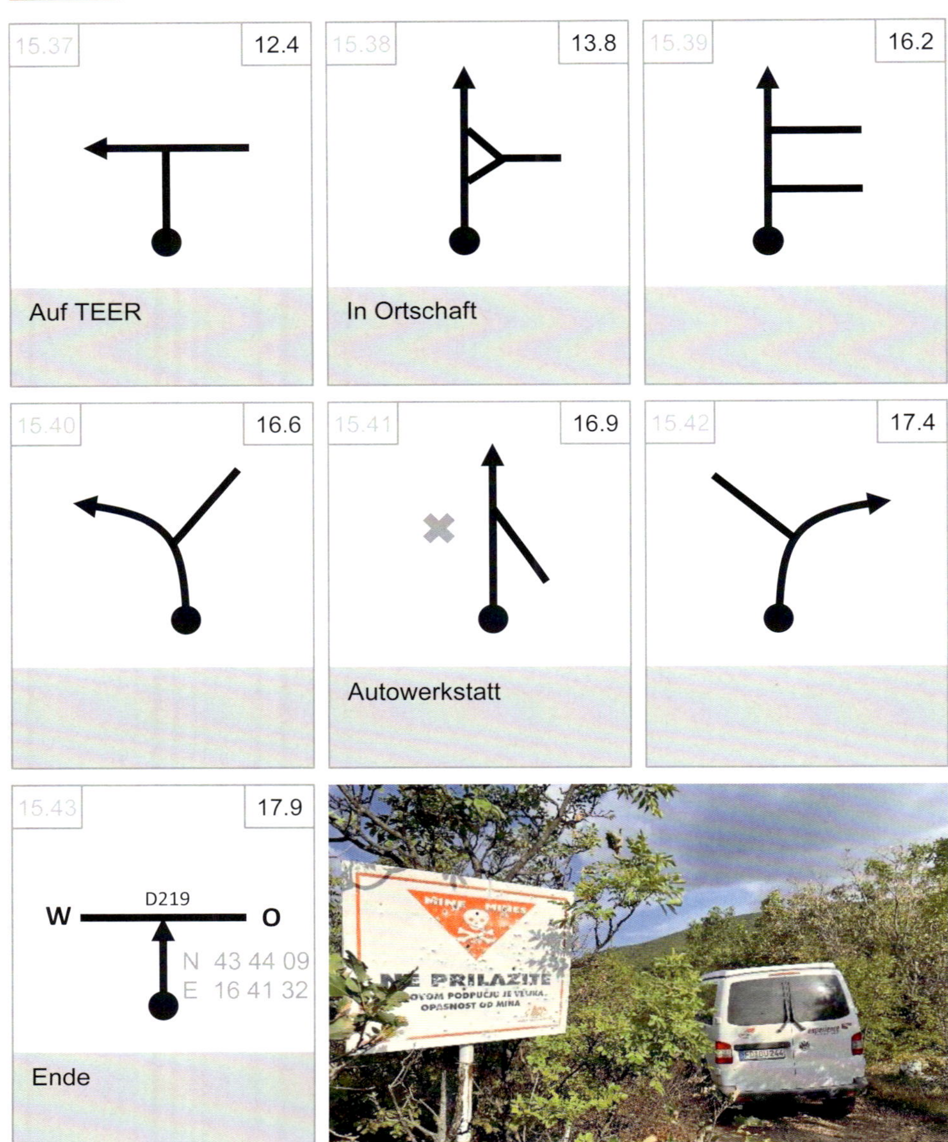

20 Grmeč

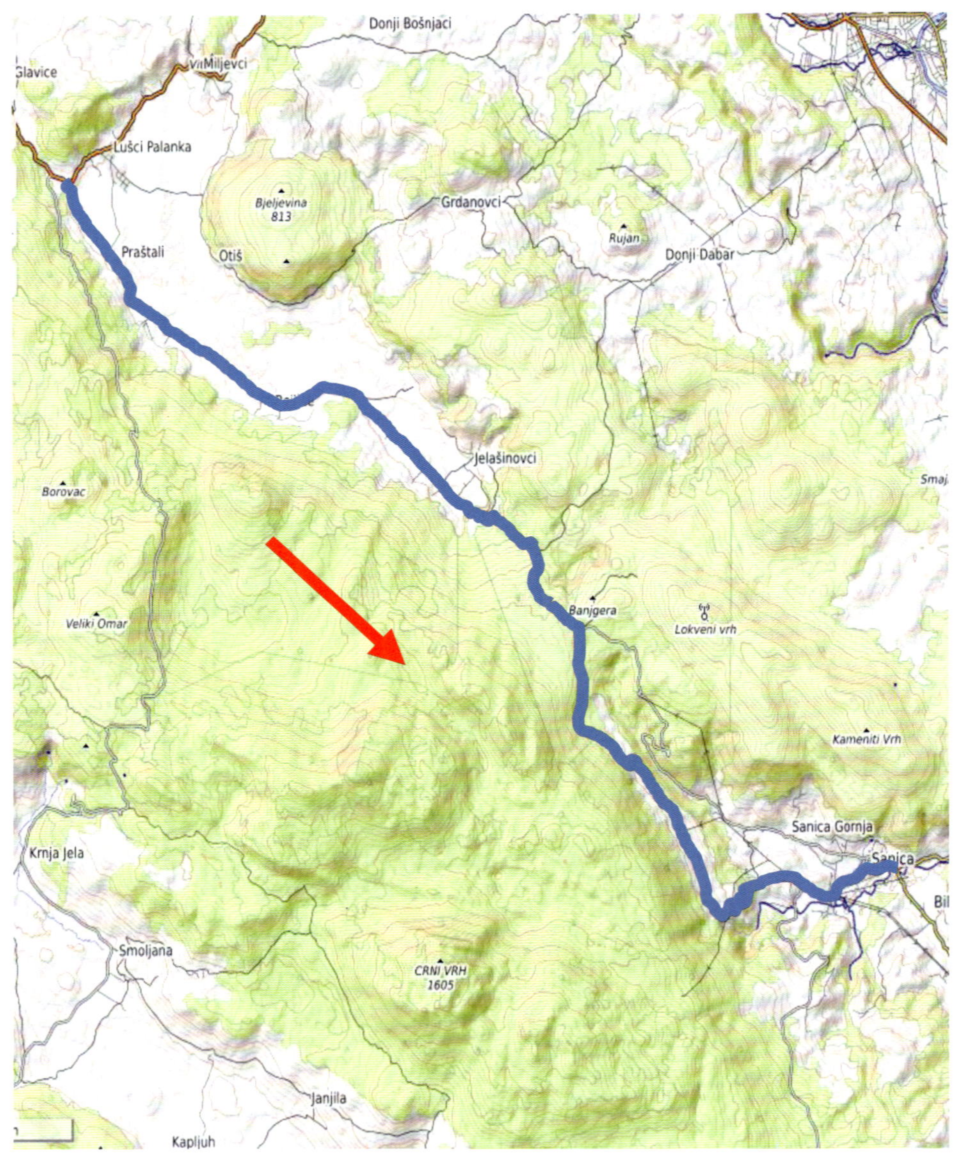
Donji Bošnjaci
Miljevci
Lušci Palanka
Bjeljevina
813
Grdanovci
Praštali
Otiš
Rujan
Donji Dabar
Jelašinovci
Borovac
Banjgera
Lokveni vrh
Veliki Omar
Kameniti Vrh
Sanica Gornja
Sanica
Krnja Jela
Smoljana
CRNI VRH
1605
Janjila
Kapljuh

20

Hunderte Karstquellen am Fuß des Donnergebirges (Grmeč) speisen das Tal, durch das dieser Track führt und machen es zu einem der fruchtbarsten Gebiete Bosnien und Herzegowinas.

Der Track ist eine historische Ortsverbindung und hat sich in seinem Verlauf durch die Felder und Hügel über weite Teile seinen ursprünglichen Charme bewahrt. Er ist eine kurzweilige und recht zügig fahrbare Verbindungsetappe hinüber zur Strecke entlang des Sana Canyons (Track 21).

Wer etwas mehr Herausforderung sucht, hält sich bei T20.11 nach schräg links und gelangt durch einen engen und ausgewaschenen Hohlweg ebenfalls hinunter nach Sanica.

20 Grmeč

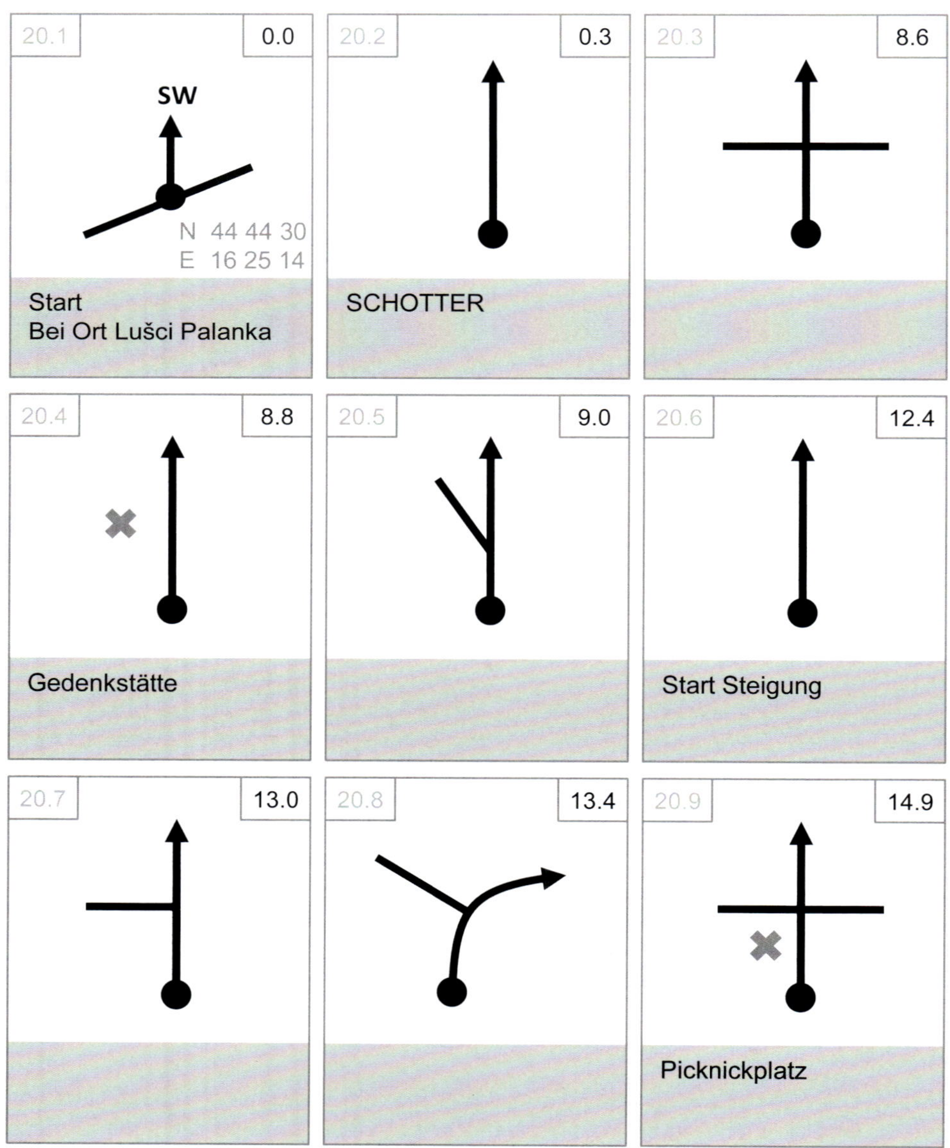

20.1
0.0
SW
N 44 44 30
E 16 25 14
Start
Bei Ort Lušci Palanka
20.2
0.3
SCHOTTER
20.3
8.6
20.4
8.8
Gedenkstätte
20.5
9.0
20.6
12.4
Start Steigung
20.7
13.0
20.8
13.4
20.9
14.9
Picknickplatz

20.10	16.0

20.11	17.1

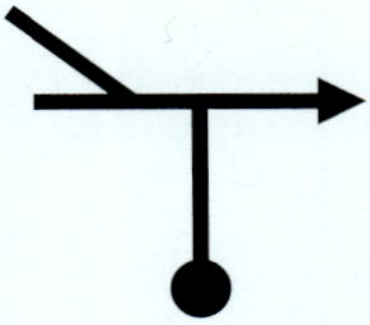

20.12	25.0
Beginn Serpentinen	

20.13	26.8

20.14	27.2

20.15	27.9
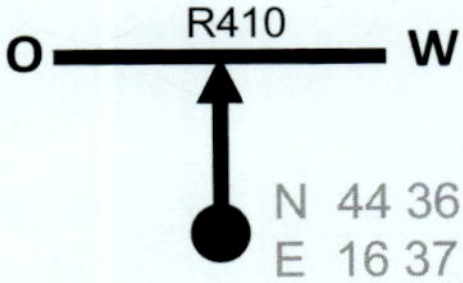 O R410 W N 44 36 49 E 16 37 56	
Ende auf R410 bei Sanica	

21 Sana Canyon

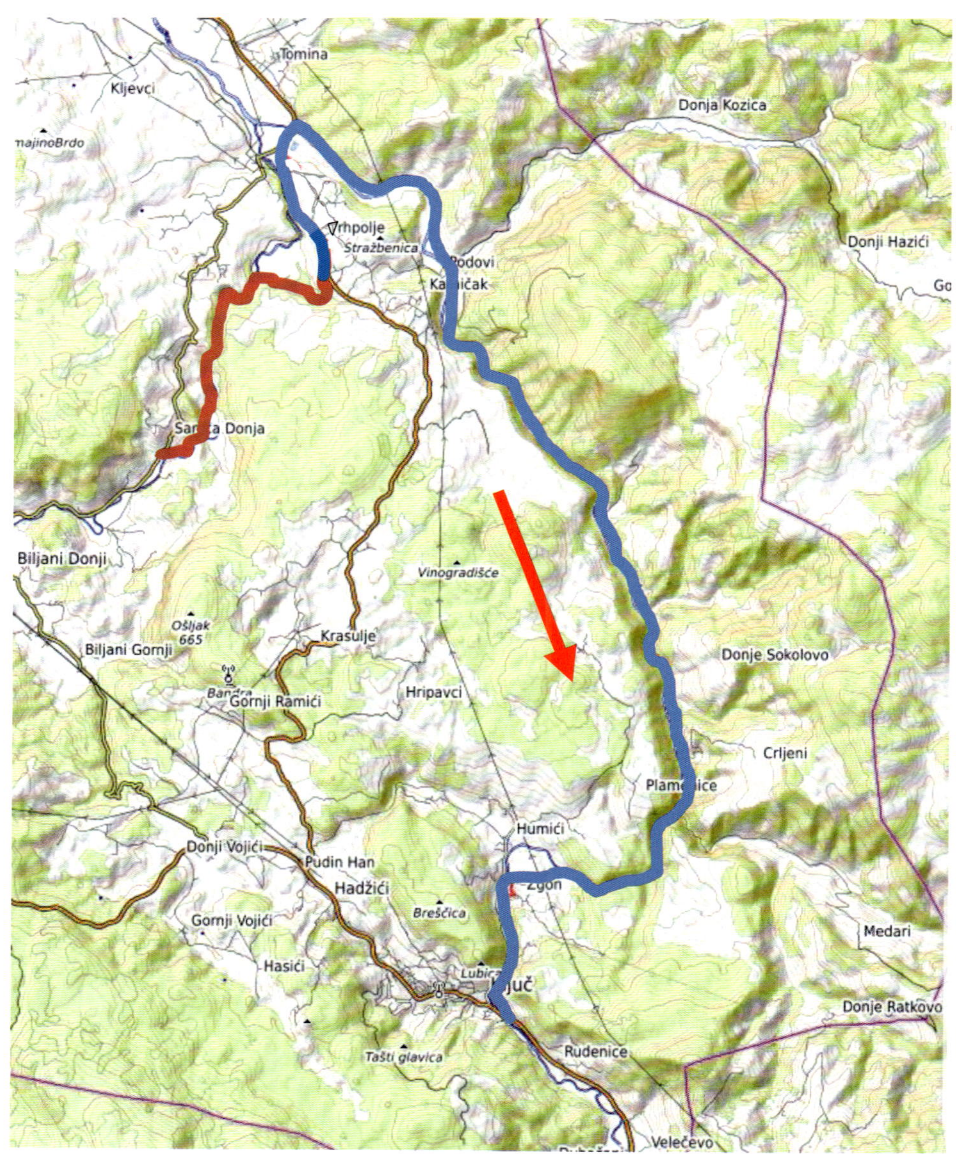

Kratzgefahr: *
Orientierung: 1
Länge: 36.7 km
Dauer: 2 h

Eine wunderschöne, ursprüngliche Route durch die Schluchten von Sanica und Sana. Obwohl am Ende des Tracks schon umfangreiche Straßenarbeiten begonnen haben, lässt sich hier auf vielen Kilometern der Charme der historischen Überlandstrecken Jugoslawiens erleben.

Entlang der Sanica führen die ersten Kilometer des Tracks durch eine enge Schlucht mit grob in den Fels gehauenen Tunnelpassagen. Je nach Wasserstand bietet sich am Ende des Canyons eine wunderschöne Furt mit Rastmöglichkeit am gegenüber liegenden Ufer an. Nach einem kurzen Teerabschnitt folgt der Track auf gut fahrbarem Schotter dem Sana Canyon. Auch hier gibt es einige schön gelegene Rastplätze. Die letzten Kilometer sind dann leider eine Mischung aus Baustelle und perfektem Teerbelag.

21 Sana Canyon

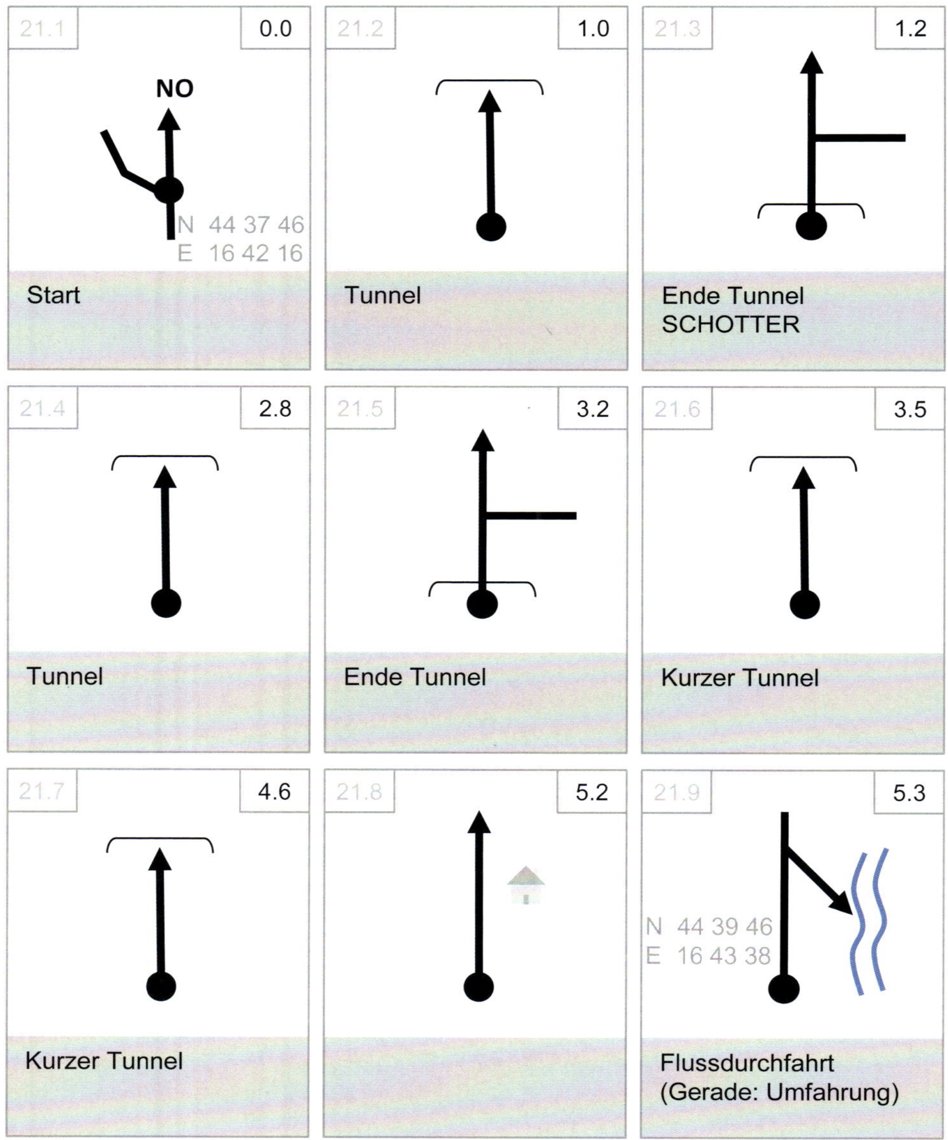

Nr.	km	Hinweis
21.10	5.4	Furt (50 cm)
21.11	7.6	TEER M15
21.12	10.2	(Links Einmündung Umfahrung Furt von T21.9)
21.13	10.6	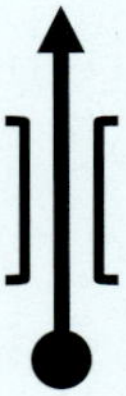
21.14	10.7 ⬇ 0.0	Richtung Kljuc N 44 41 25 E 16 44 14
21.15	4.0	SCHOTTER
21.16	11.7	
21.17	12.8	Picknickplatz
21.18	17.4	

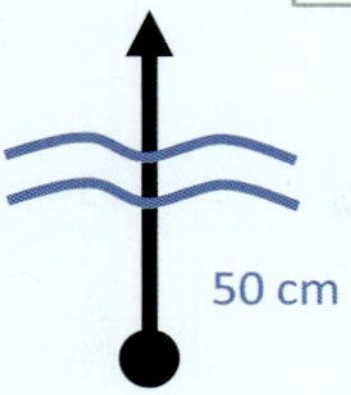

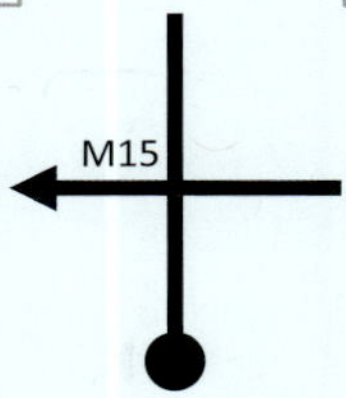

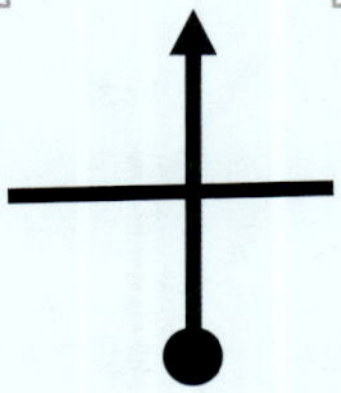

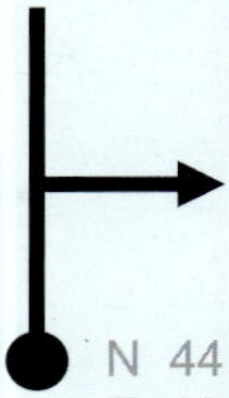

21

Sana Canyon

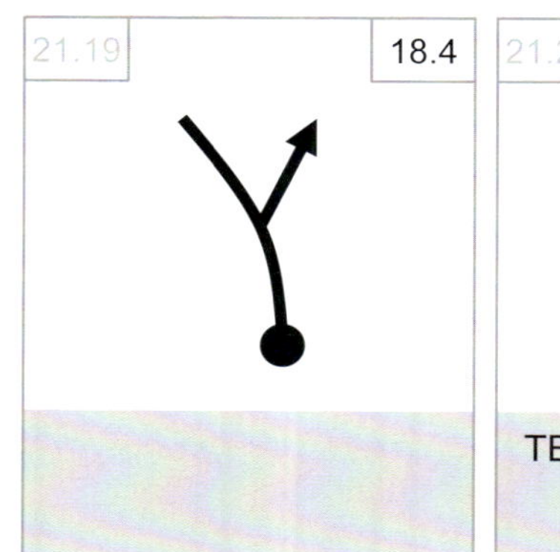
21.19
18.4

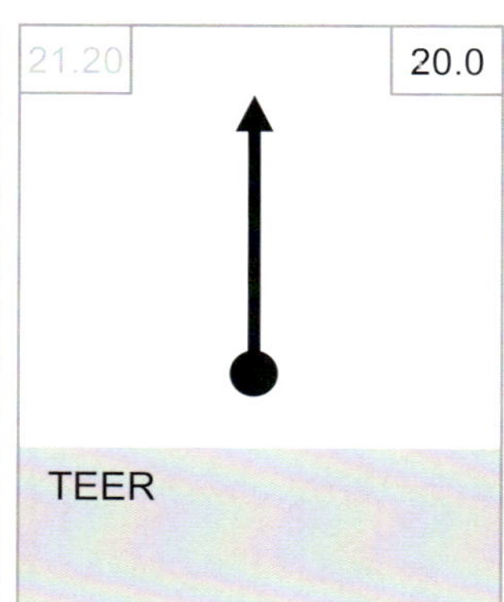
21.20
20.0
TEER

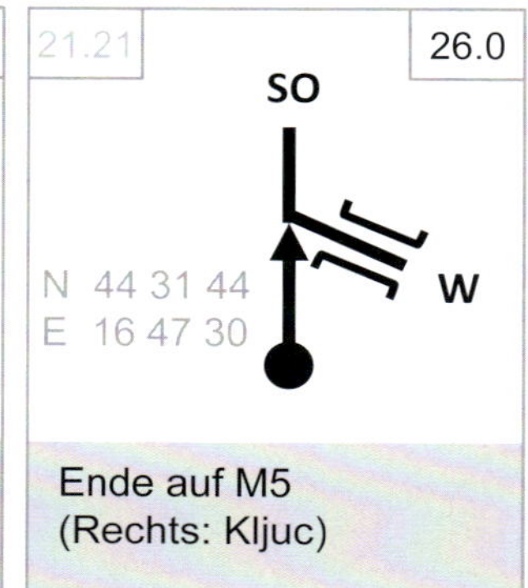
21.21
26.0
SO
W
N 44 31 44
E 16 47 30
Ende auf M5
(Rechts: Kljuc)

22 Fojnica

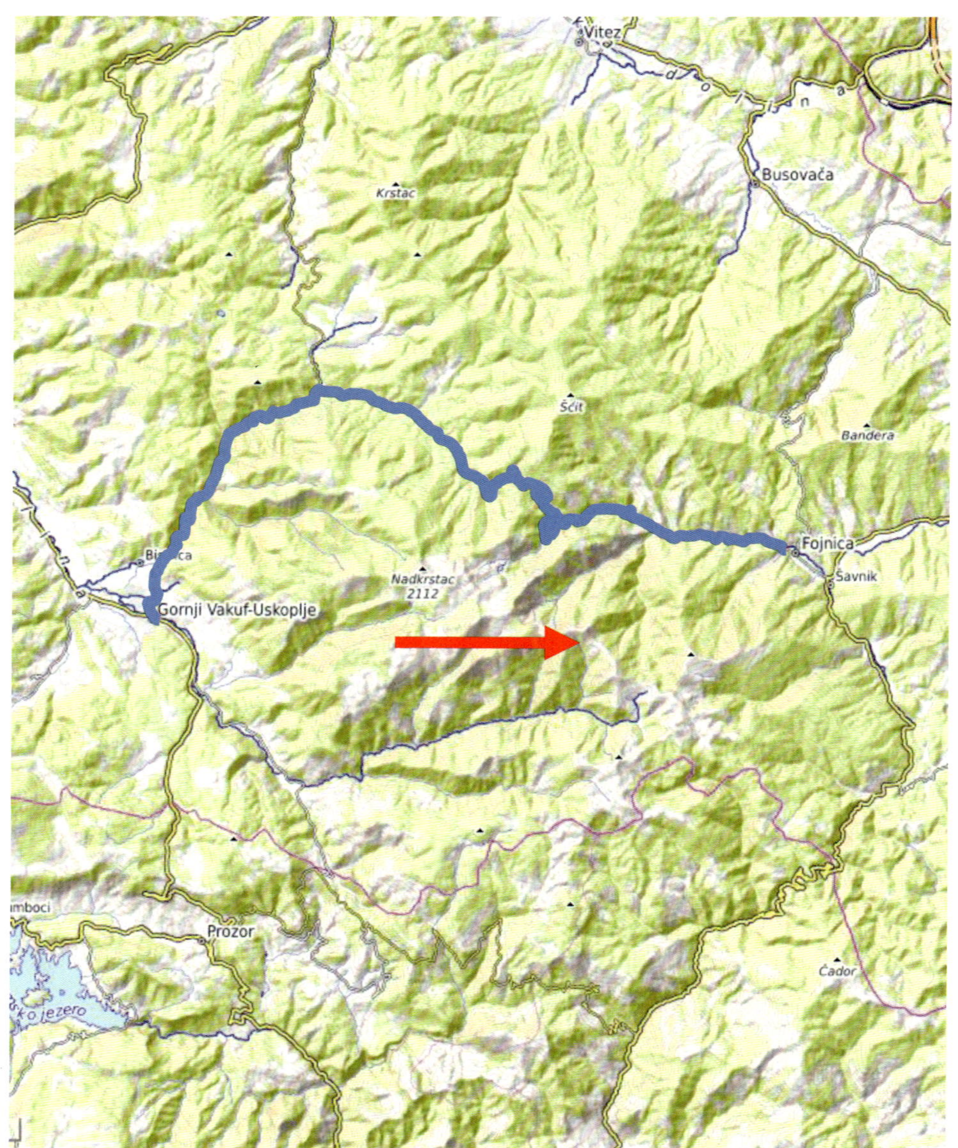
Vitez
Busovača
Krstac
Ščit
Bandera
Fojnica
Šavnik
Nadkrstac
2112
Gornji Vakuf-Uskoplje
Prozor
Čador

22

Kratzgefahr: *
Orientierung: 1
Länge: 42.7 km
Dauer: 20 - 30 min

Hinter den Sieben Bergen, bei den Sieben Zwergen, da liegt Fojnica. Jedenfalls kann man den Eindruck bekommen, wenn man sich dem Städtchen auf diesem Track nähert.

Dabei war das in einer wilden Bergregion gelegene Fojnica über viele hundert Jahre ein bedeutender Ort. Im 15. Jahrhundert war es mit seinem Bergbau sogar die größte Stadt Bosniens. Hiervon zeugen noch das prächtige Franziskanerkloster, das sogar die osmanische Zeit überdauert hat, und die auch schon seit Jahrhunderten geschätzten Thermalquellen.
Dieser Track ist die einzige Ostzufahrt nach Fojnica und führt nicht nur durch vollständig unbesiedeltes Gebiet, sondern mit Kohlemeilern und schlammigen Passagen auch irgendwie in eine vergangene Epoche zurück. Obwohl dies gerade im Winterhalbjahr eine gute Alternative zu Track 23 ist, kann auch hier Schnee zu einem ernsthaften Hindernis werden.

22 Fojnica

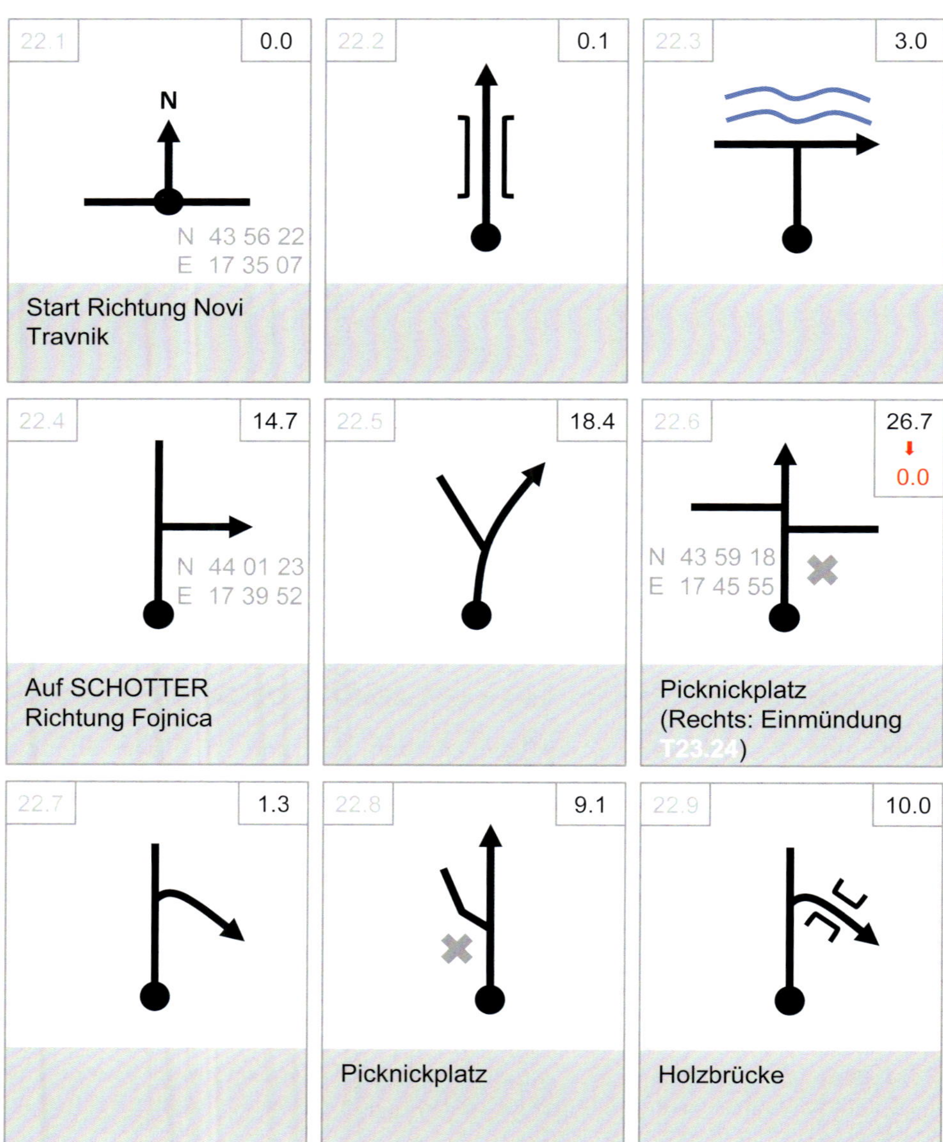

22.1
0.0
N
N 43 56 22
E 17 35 07
Start Richtung Novi Travnik
22.2
0.1
22.3
3.0
22.4
14.7
N 44 01 23
E 17 39 52
Auf SCHOTTER Richtung Fojnica
22.5
18.4
22.6
26.7
0.0
N 43 59 18
E 17 45 55
Picknickplatz (Rechts: Einmündung T23.24)
22.7
1.3
22.8
9.1
Picknickplatz
22.9
10.0
Holzbrücke

Fojnica 22

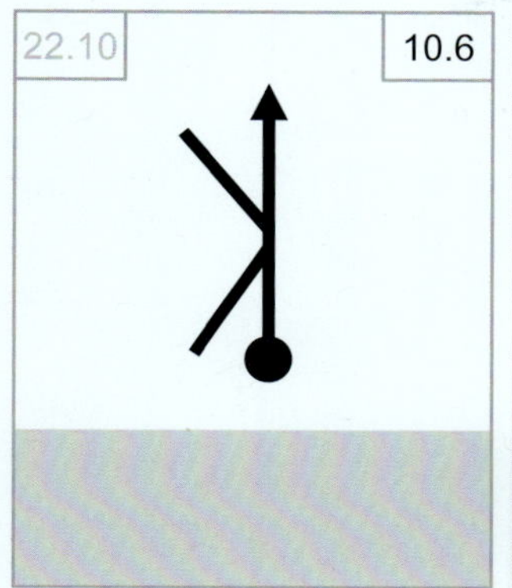
22.10
10.6

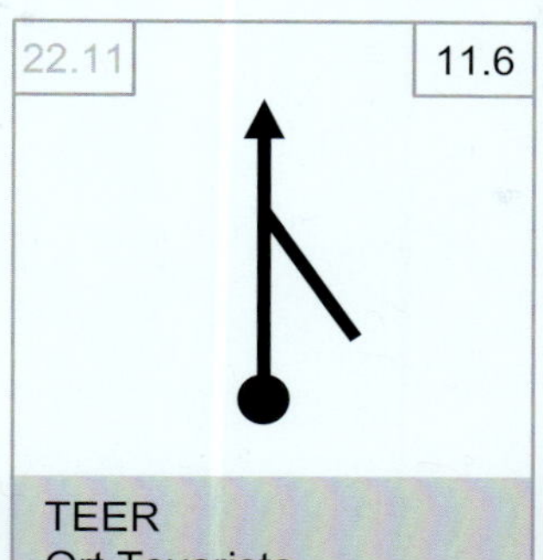
22.11
11.6
TEER
Ort Tovariste

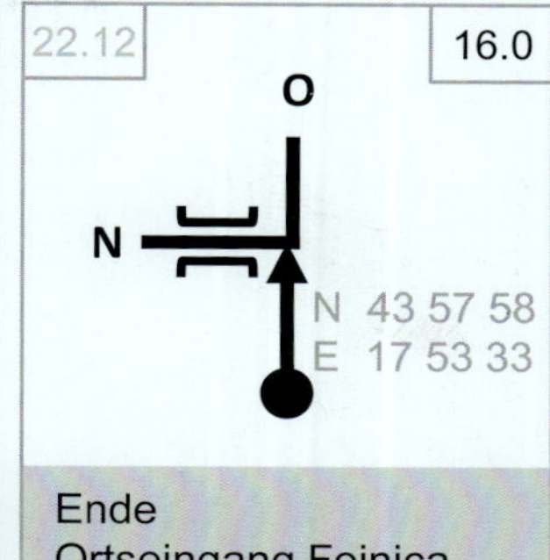
22.12
16.0
O
N
N 43 57 58
E 17 53 33
Ende
Ortseingang Fojnica

23 Vranica

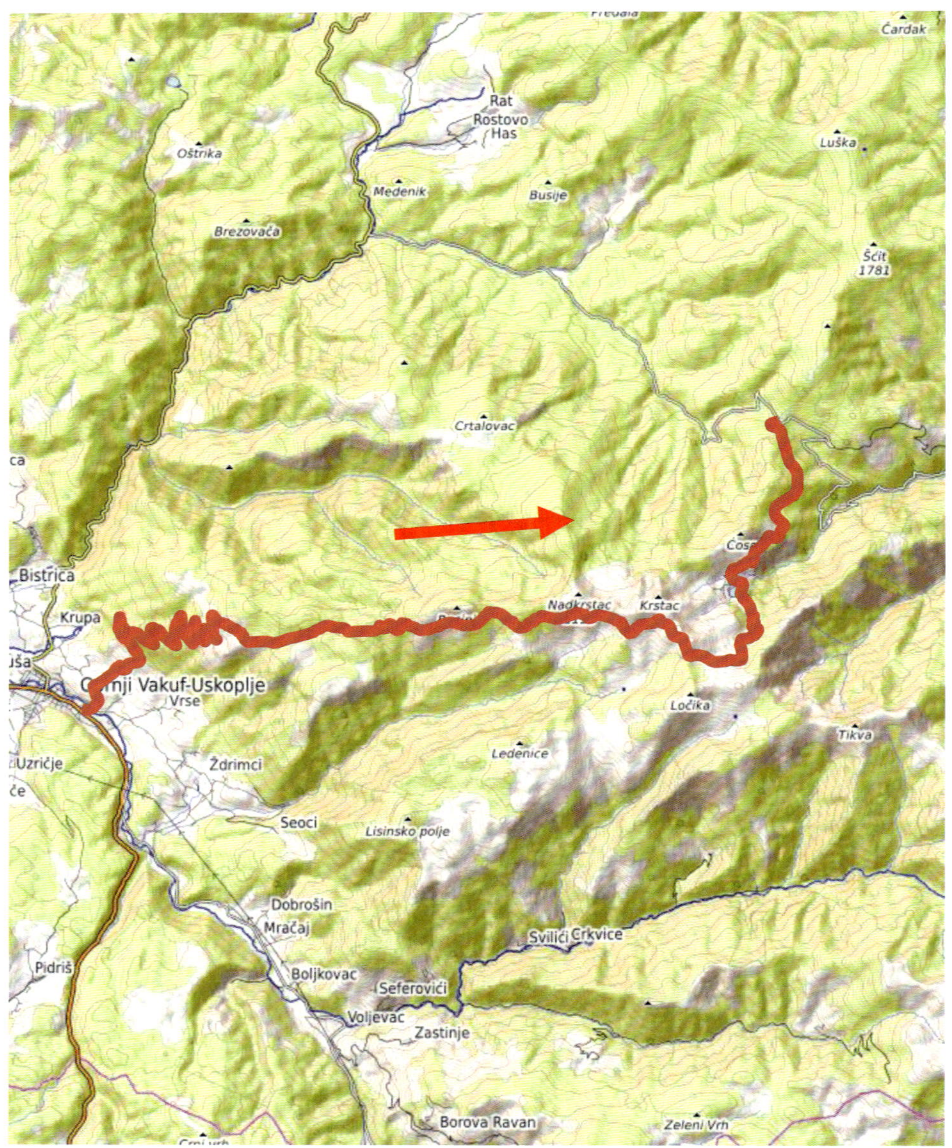

Čardak
Rat
Rostovo
Has
Oštrika
Luška
Medenik
Busije
Brezovača
Ščit
1781
Crtalovac
Bistrica
Krupa
Nadkrstac
Krstac
Gornji Vakuf-Uskoplje
Vrse
Uzričje
Ločika
Tikva
Ledenice
Ždrimci
Seoci
Lisinsko polje
Dobrošin
Mračaj
Svilići
Crkvice
Pidriš
Boljkovac
Seferovići
Voljevac
Zastinje
Borova Ravan
Zeleni Vrh

Kratzgefahr: **
Orientierung: 2
Länge: 28.8 km
Dauer: 3 h
Maximale Höhe: 2.70 m

Die 2.012 m hohe Vranica ragt als von Weitem sichtbarer, kahler Gebirgszug aus der Ebene. Dieser Track ist eine wilde Traverse über diesen Höhenzug und eine abenteuerliche Alternative zur Hauptstrecke durch die Täler.

Nachdem die letzten Gehöfte zurückbleiben, gewinnt der Track ohne viel Zögern in aussichtsreichen Serpentinen an Höhe. Dieses Gebirge zählt zu den ältesten und mineralreichsten in Bosnien und Herzegowina und schon seit der Römerzeit wurde in den Minen sogar Gold abgebaut. Bevor es jedoch endgültig entlang der Berghänge hinüber auf in die östlichen Täler geht, wird ein kurzes Waldstück gequert. In den schattigen Passagen hält sich der Schnee des Winters besonders lange. Selbst noch im Frühsommer kann die Weiterfahrt durch lange und harschige Altschneefelder deutlich erschwert werden, schließlich ist dies eine der höchstgelegenen Durchgangsstrecken Bosnien und Herzegowinas. Im weiteren Verlauf folgen mehrere durch Schmelzwasser ausgeschwemmte Passagen, die eine gute Spurwahl und Bodenfreiheit erfordern. Ab dem Feriendorf am Prokoško See (Achtung: Höhenbegrenzung auf ca. 2,80 m am Ortsausgang) wird die Befahrung einfacher.

23 Vranica

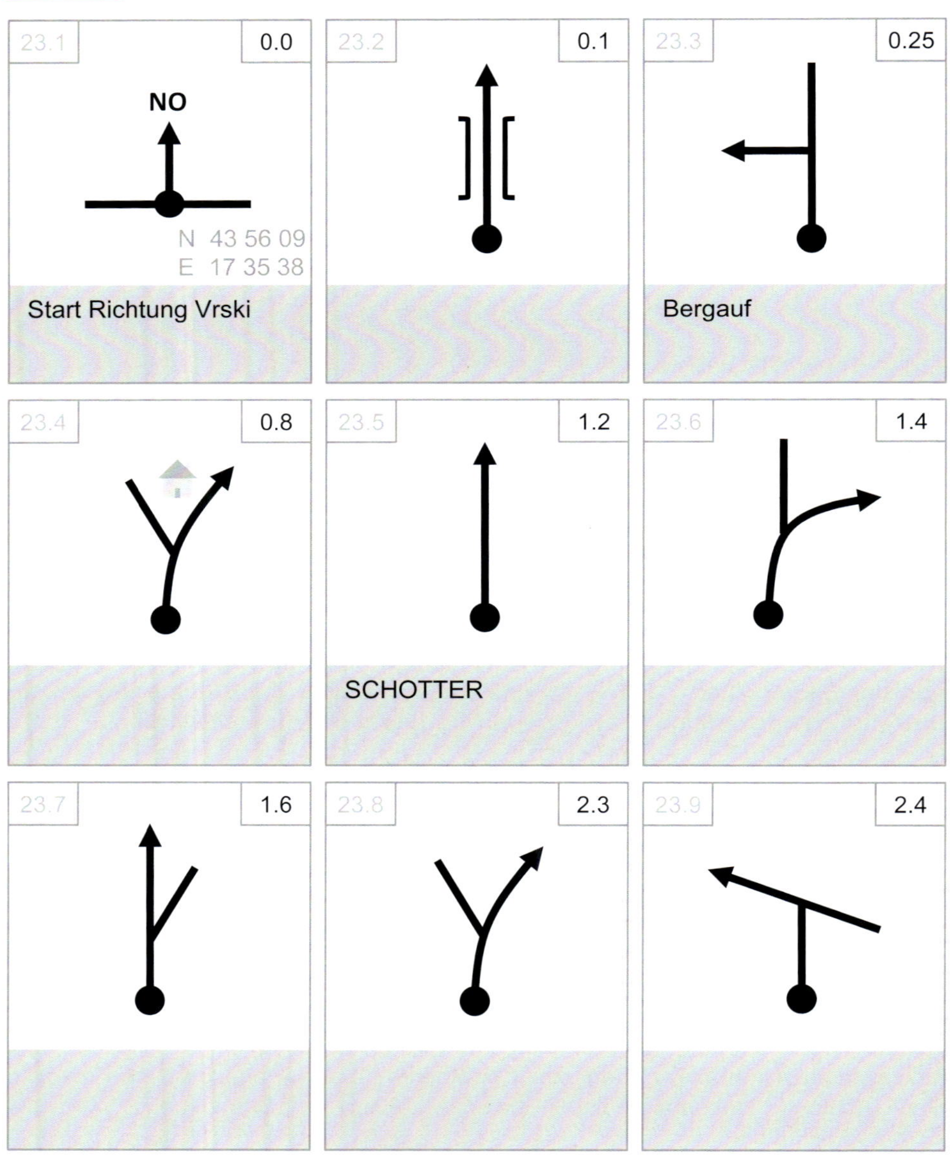

23.1
0.0
NO
N 43 56 09
E 17 35 38
Start Richtung Vrski
23.2
0.1
23.3
0.25
Bergauf
23.4
0.8
23.5
1.2
SCHOTTER
23.6
1.4
23.7
1.6
23.8
2.3
23.9
2.4

Vranica 

Nr.	km	Hinweis
23.10	3.0	Start Serpentinen
23.11	10.2	Ende Serpentinen
23.12	11.8 ⬇ 0.0	Lichtung und Rastplatz N 43 57 04 E 17 39 25
23.13	0.8	
23.14	7.5	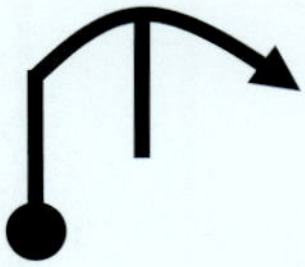
23.15	8.6	Mehrere Spuren
23.16	9.6	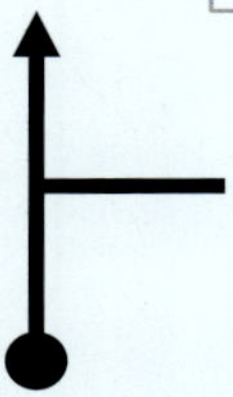
23.17	10.0	Hauptspur sehr ausgefahren
23.18	10.3	Einmündung in Hauptspur

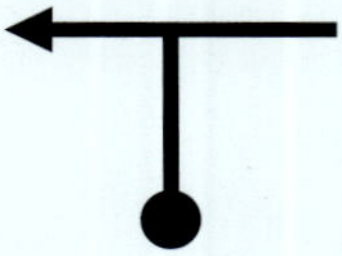

23 Vranica

23.19	12.2	23.20	12.4	23.21	12.5
See Prokosko Jezero		Start Feriendorf N 43 57 32 E 17 45 25			

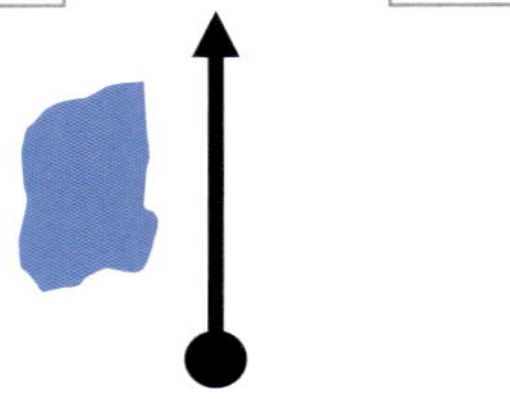

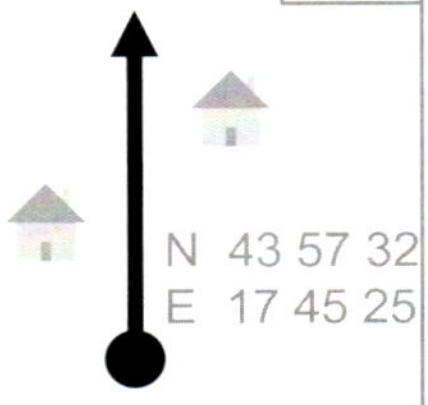

23.22	12.8	23.23	13.0	23.24	17.0
		Höhenbegrenzung ca. 2.7 m Ende Feriendorf		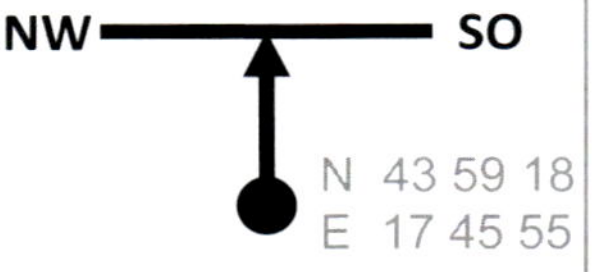 NW – SO N 43 59 18 E 17 45 55 Ende auf T22.6	

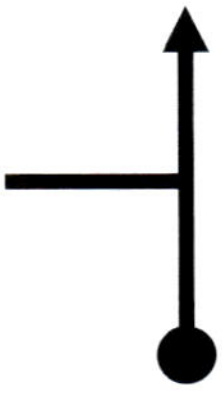

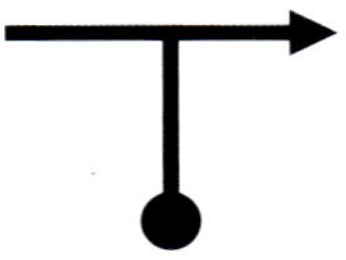

#geseikelt
Gerüstet für Abenteuer
www.seikel.de
seikel_official
Youtube, Motomovie
SEIKEL®

24 Hajdučka Republika

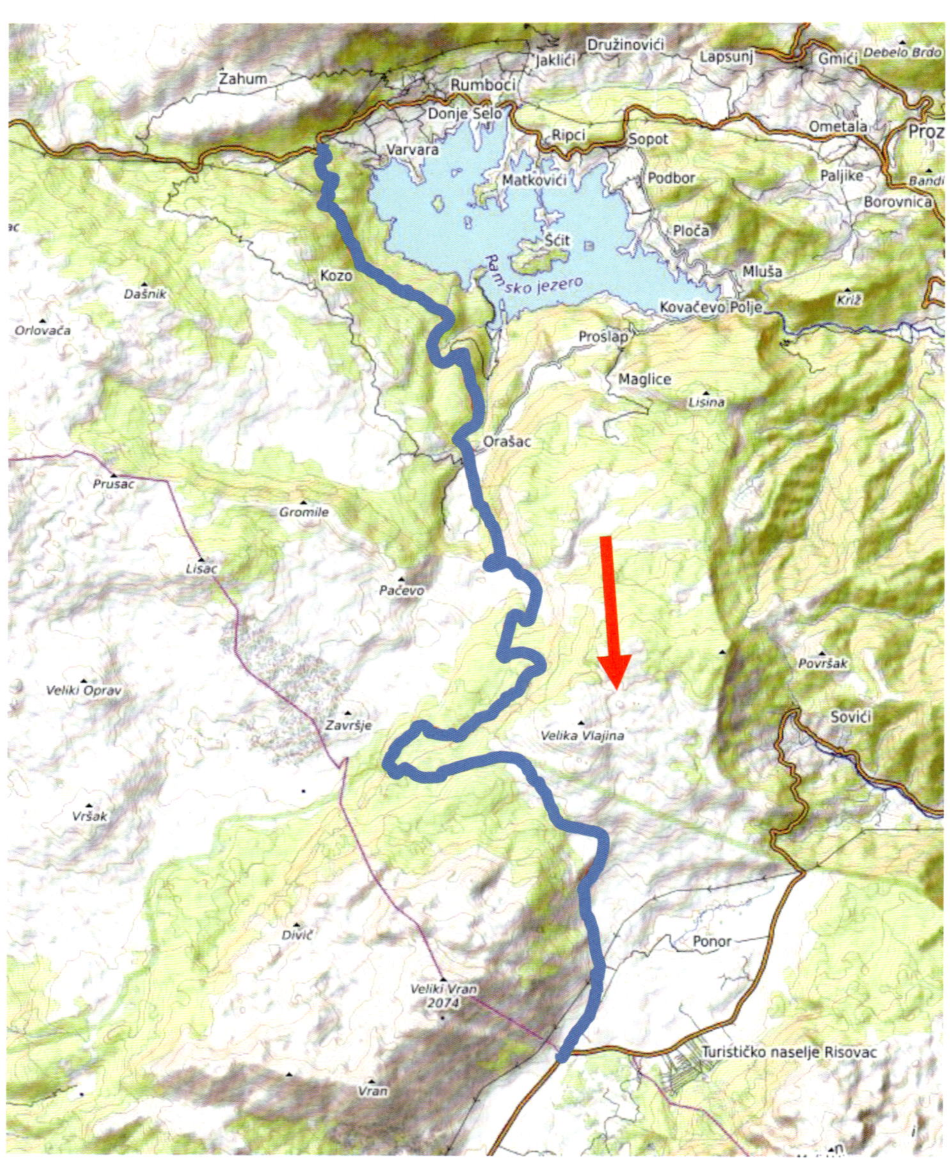

24

Kratzgefahr: *
Orientierung: 1
Länge: 32.1 km
Dauer: 1.5 - 2 h

Willkommen in Bosnien und Herzegowina – einem Land mit einer sehr großen ethnischen und politischen Komplexität. Brauchte es da, neben den bekannten Teilgebieten, noch einen weiteren unabhängigen Kleinstaat?

Dieser Track führt vom Aussichtspunkt über den Ramsko Stausee durch Waldgebiete mit vereinzelten Ausblicken über die Karstlandschaft zur Heidukischen Mikrorepublik Mijata Tomica (Heiduken sind im Balkan Gesetzlose, die ähnlich wie Robin Hood verehrt werden). 2002 wurde sie von ihrem ersten Herrscher Vinko Vukoja-Lastvić mit Flaggen, Pass, Währung, und allem was sonst so dazu gehört, aus Frustration über die desolate Verwaltungssituation ins Leben gerufen. Die Bildung von Parteien und jeglicher Umgang mit Politik ist verboten, da dies der menschlichen Gesundheit nicht zuträglich sei. Seit 2009 – nachdem der erste Herrscher durch einen „Autounfall“ ums Leben kam, regiert seine Tochter Marija als Harambaša (Häuptlingin) in dem beliebten Motel am Ende des Tracks. Dieser hat aber zusätzlich zu seinem abwechslungsreichen Verlauf auch noch die mittelalterliche Nekropole Dugo Polie zu bieten, die als UNESCO-Kulturerbe geschützt ist.

24 Hajdučka Republika

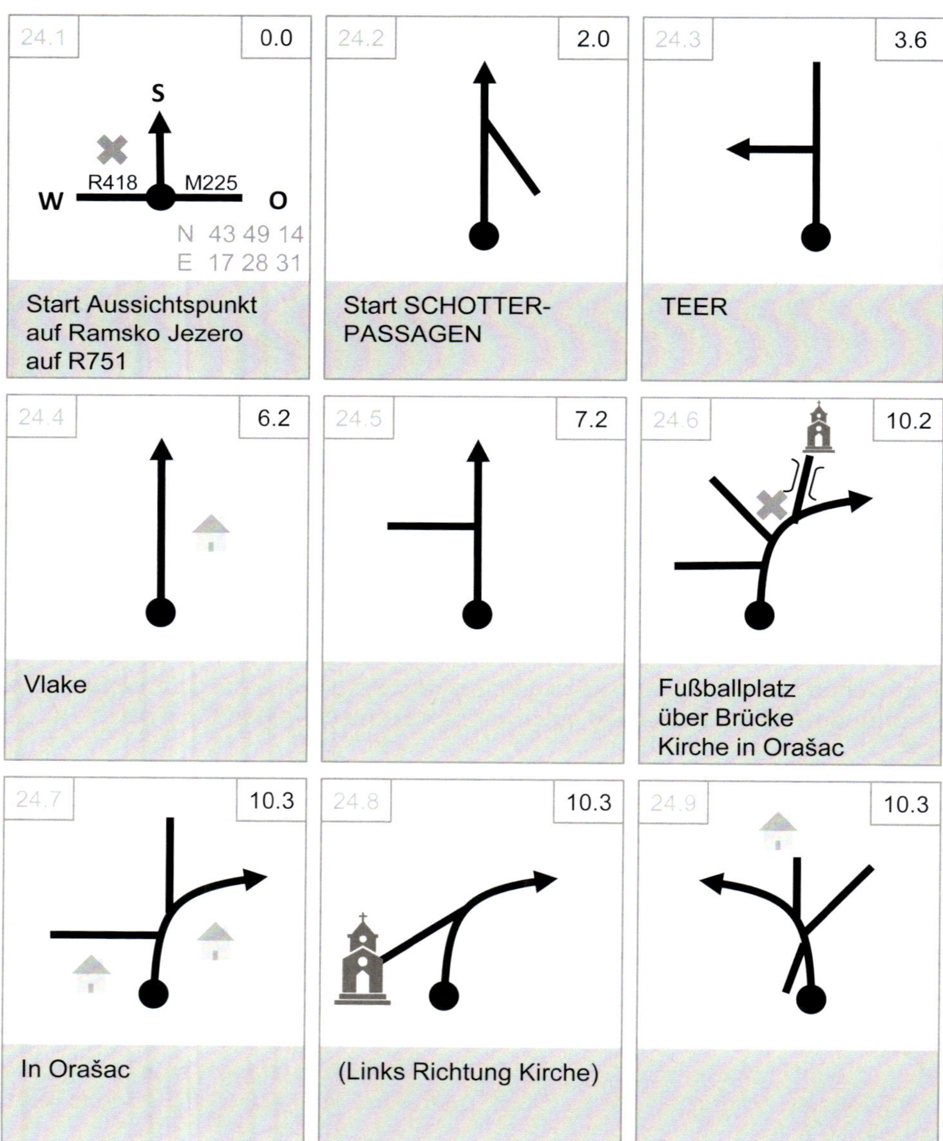

Hajdučka Republika

24.10	11.3	24.11	11.4	24.12	13.7
Auf SCHOTTER				(Rechts Bauernhof)	
24.13	**15.3**	**24.14**	**15.7**	**24.15**	**17.7**
				Richtung Pasije Stijene (1.400 m)	
24.16	**21.7**	**24.17**	**25.0**	**24.18**	**26.2**
(Rechts Richtung Trebisevo)		100 m weiter höchster Punkt der Strecke 1.515 m		Picknickplatz und Gedenkstätte Grob Dive Grabovčeve	

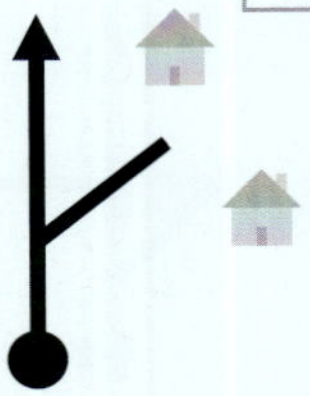

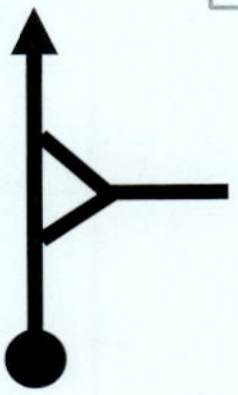

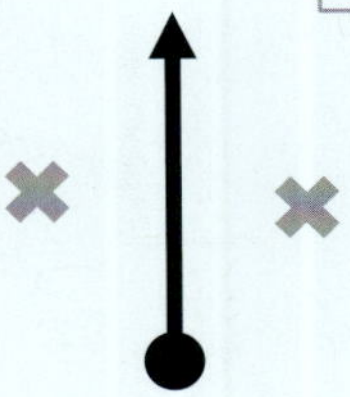

24 Hajdučka Republika

24.19	27.0

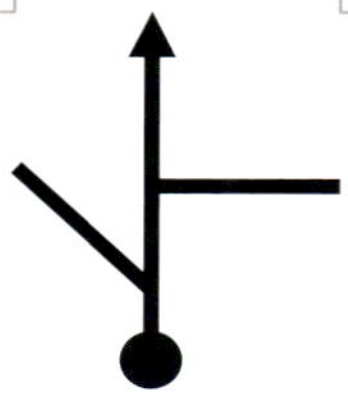

24.20	28.4

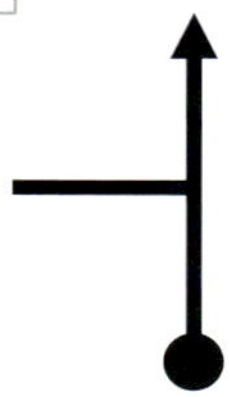

24.21	30.0

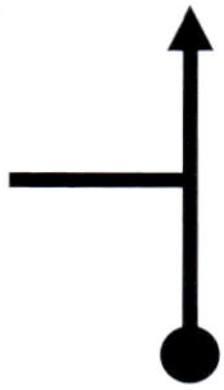

24.22	30.8
N 43 39 49 E 17 32 34	
Nekropole	

24.23	31.9

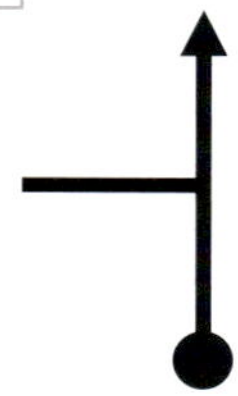

24.24	32.1
 N S	
N 43 39 14 E 17 32 04	
Ende: Motel & Regierungssitz Hajdučka Mijata Tomica	

25 Blidinje

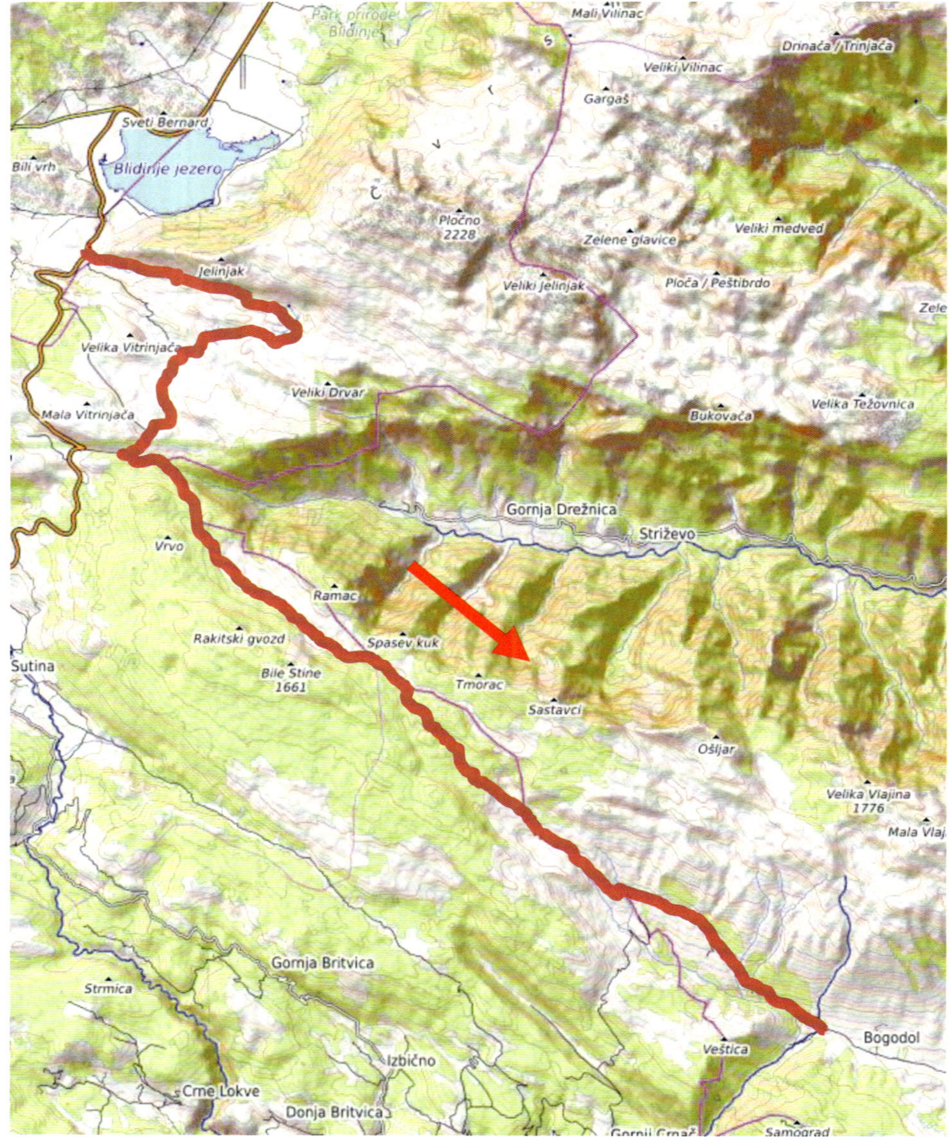

Park prirode Blidinje
Mali Vilinac
Drinača / Trinjača
Veliki Vilinac
Gargaš
Sveti Bernard
Blidinje jezero
Bili vrh
Pločno
2228
Zelene glavice
Veliki medved
Jelinjak
Veliki Jelinjak
Ploča / Peštibrdo
Velika Vitrinjača
Veliki Drvar
Mala Vitrinjača
Bukovača
Velika Težovnica
Gornja Drežnica
Striževo
Vrvo
Ramac
Rakitski gvozd
Spasev kuk
Sutina
Bile Stine
1661
Tmorac
Sastavci
Ošljar
Velika Vlajina
1776
Gornja Britvica
Strmica
Veštica
Bogodol
Izbično
Crne Lokve
Donja Britvica

25

Kratzgefahr: *
Orientierung: 1
Länge: 31.1 km
Dauer: 1,5 - 2 h

Dieser Track führt durch den Blidinje Nationalpark und über viele hundert Höhenmeter hinunter Richtung Mostar – einem Symbol für die Schrecken des Bosnienkrieges.

Kurz hinter dem durch die Gletscher der letzten Eiszeit entstandenen Blidinjesee quert dieser in kurzen Abschnitten zwar etwas raue, aber insgesamt problemlos befahrbare Track die Karstlandschaft des Hochplateaus. Für Experimentierfreudige gibt es hier noch eine Vielzahl von Alternativrouten zu erkunden. Unser Track führt jedoch bald konsequent ins Tal und endet ein paar Kilometer vor der sehenswerten Stadt Mostar. Hier stehen noch immer zerschossene Ruinen als Mahnmale für die Schrecken des Krieges. Doch sowohl die historische Altstadt, als auch die wieder erbaute, weltberühmte Stari Most – besonders aber die unternehmungslustigen, weltoffenen Einwohner – lassen die Hoffnung auf eine gute Zukunft trotz vieler Hemmnisse berechtigt erscheinen. Wir empfehlen den Besuch des „Craft Beer Gardens“ am Rand der Altstadt.

25 Blidinje

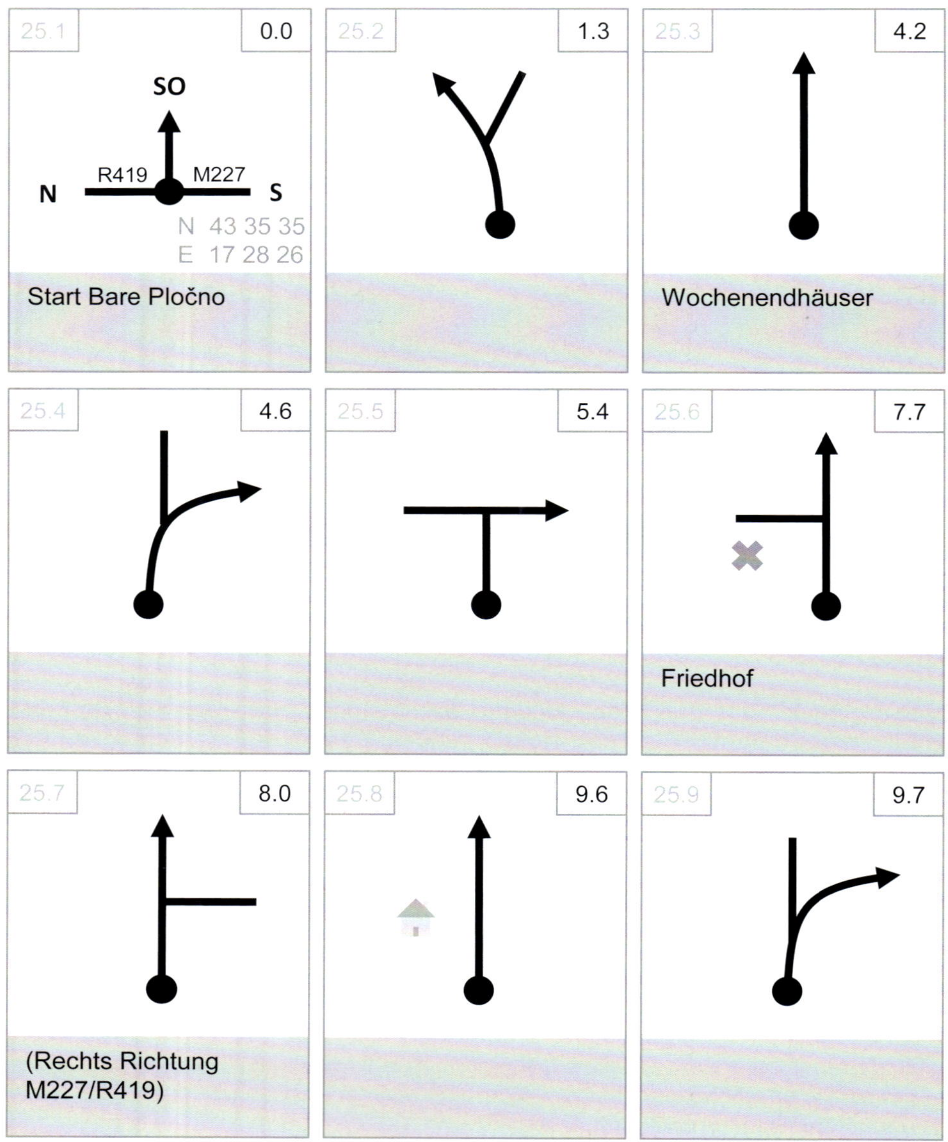
25.1
0.0
SO
R419
M227
N
S
N 43 35 35
E 17 28 26
Start Bare Pločno
25.2
1.3
25.3
4.2
Wochenendhäuser
25.4
4.6
25.5
5.4
25.6
7.7
Friedhof
25.7
8.0
(Rechts Richtung
M227/R419)
25.8
9.6
25.9
9.7

Blidinje 25

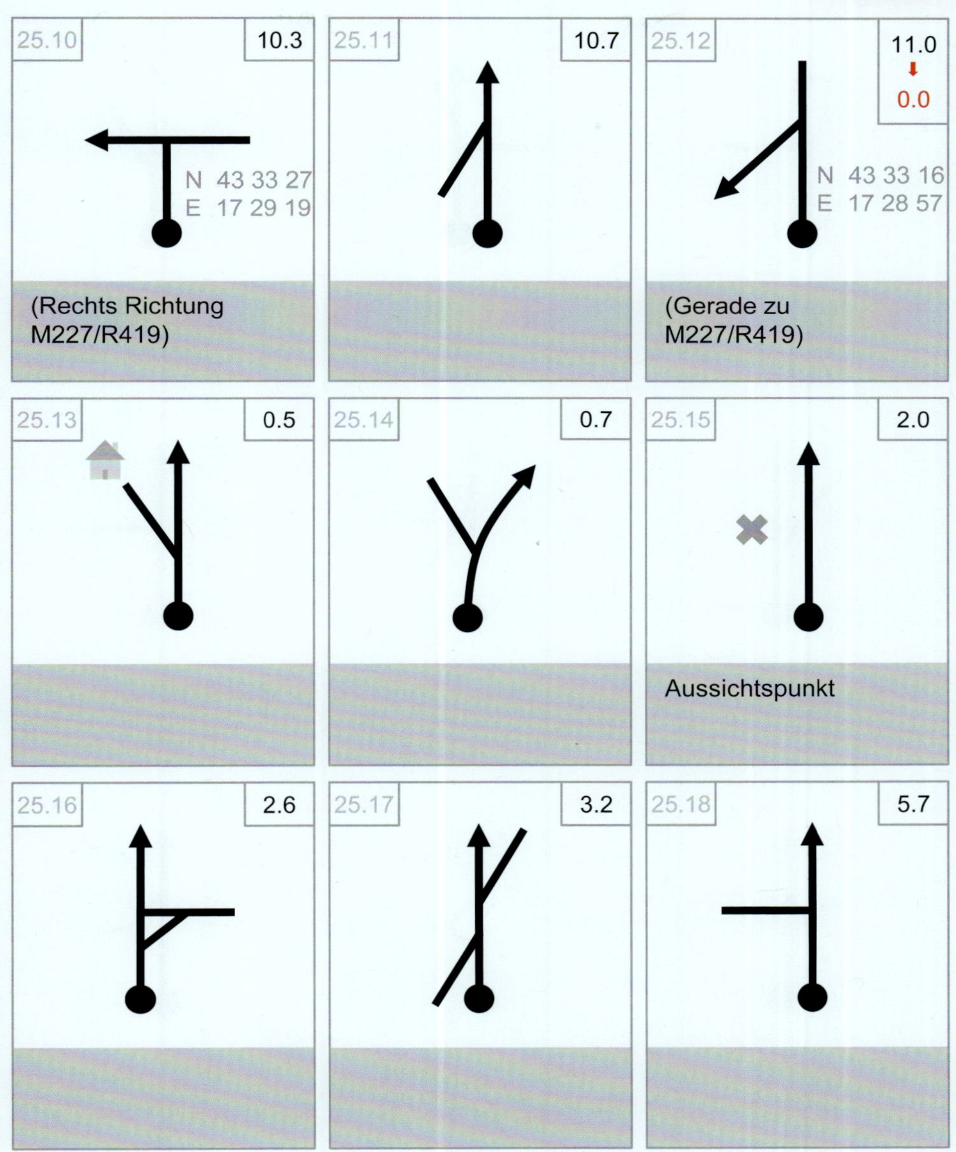

25.10
10.3
N 43 33 27
E 17 29 19
(Rechts Richtung M227/R419)
25.11
10.7
25.12
11.0
0.0
N 43 33 16
E 17 28 57
(Gerade zu M227/R419)
25.13
0.5
25.14
0.7
25.15
2.0
Aussichtspunkt
25.16
2.6
25.17
3.2
25.18
5.7

25 Blidinje

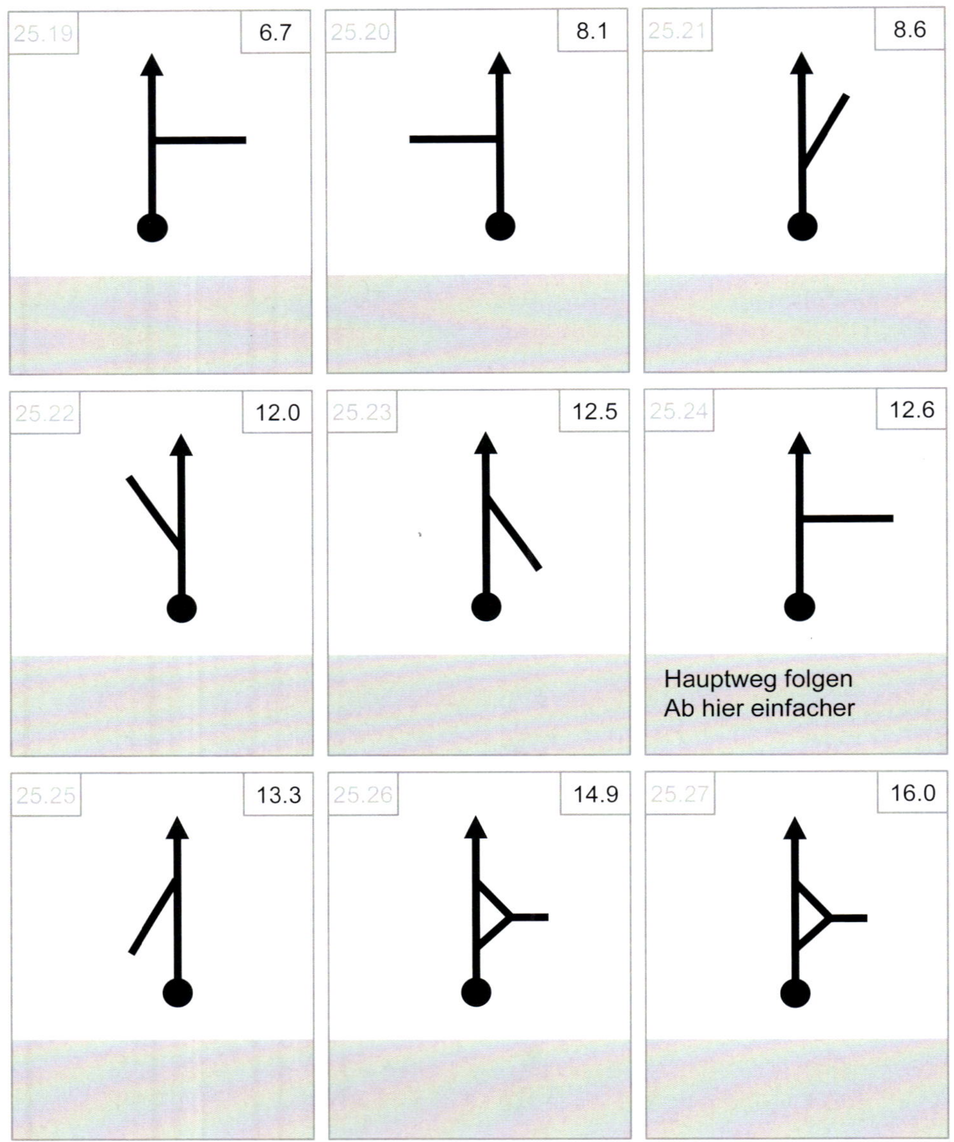
25.19
6.7
25.20
8.1
25.21
8.6
25.22
12.0
25.23
12.5
25.24
12.6
Hauptweg folgen
Ab hier einfacher
25.25
13.3
25.26
14.9
25.27
16.0

Blidinje 25

25.28
16.5
Auf TEER
TEER folgen

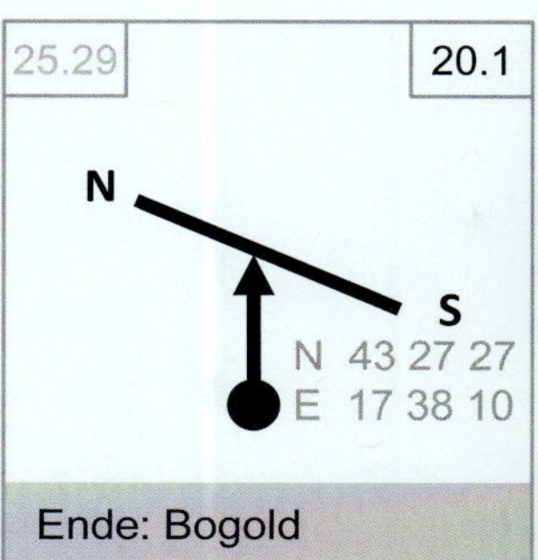
25.29
20.1
N
S
N 43 27 27
E 17 38 10
Ende: Bogold

26 Sarajevo 1984

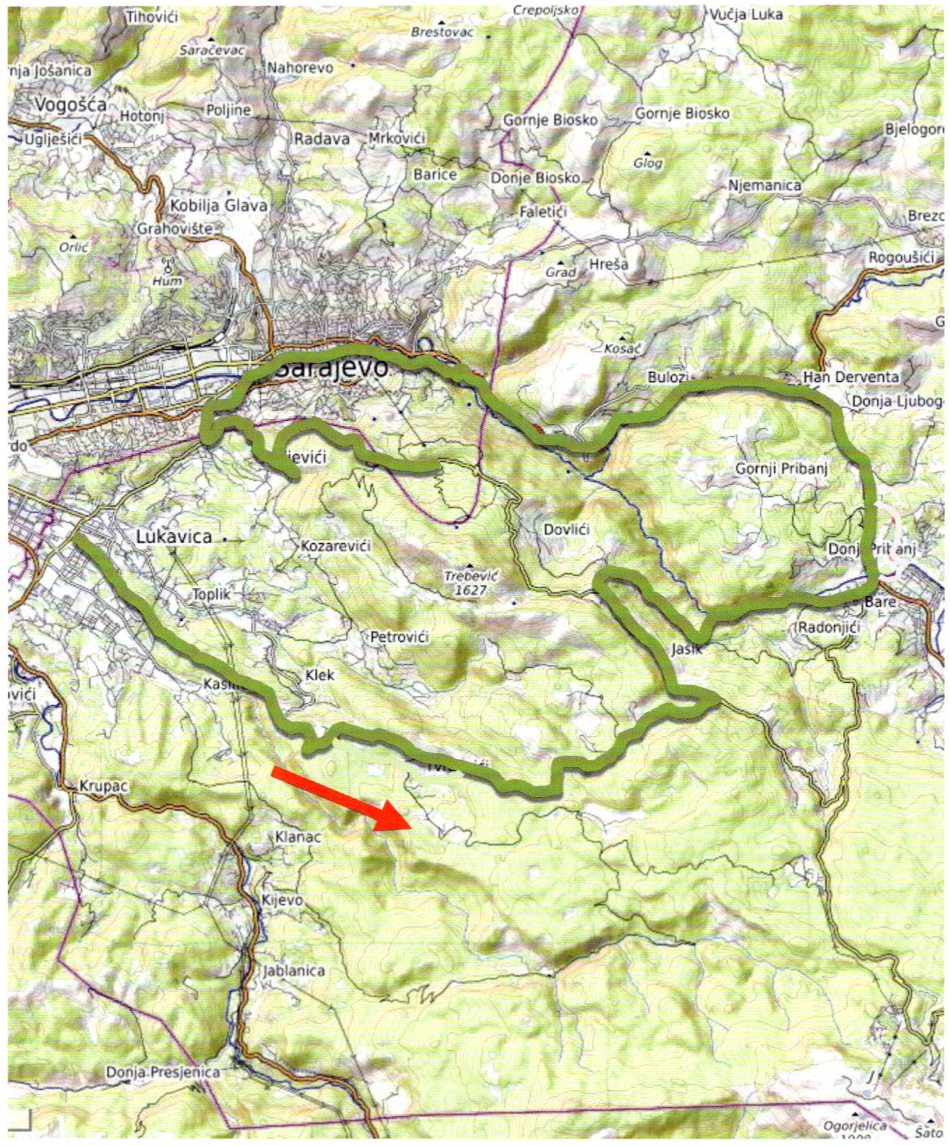

26

Die Olympischen Winterspiele 1984 in Sarajevo sehen viele als eine Zäsur. Die mit viel Aufwand ausgerichteten Spiele waren zugleich ein internationales Aushängeschild und Signal der Völkerverständigung über die Blockgrenzen hinweg, aber auch das Final einer Ära, die in einen schrecklichen Bürgerkrieg mündete.

Vier Jahre nach dem Tod des ebenso gefürchteten wie geachteten, diktatorisch regierenden Titos hatten die Unabhängigkeitsbestrebungen der jugoslawischen Teilrepubliken schon begonnen. Die wirtschaftliche Lage verschlechterte sich, auch die massiven Investitionen in die Olympischen Spiele trugen ihren Teil dazu bei. Als wenige Jahre später der Bosnienkrieg ausbrach, waren die Anlagen Schauplätze der vierjährigen Belagerung Sarajevos.
Heutzutage können die Ruinen der Spielstätte auf diesem Track als Lost Places in den Gebirgszügen südlich von Sarajevo besichtigt werden. Wegen der teilweise immer noch vorhandenen Minen sollte jedoch nur auf gut sichtbaren Wegen gegangen werden.
Dieser leicht fahrbare Track führt zu den Skisprungschanzen, der Ruine des VIP Hotels und endet an den Überresten der Bobbahn mit Aussicht auf die Stadt.

26 Sarajevo 1984

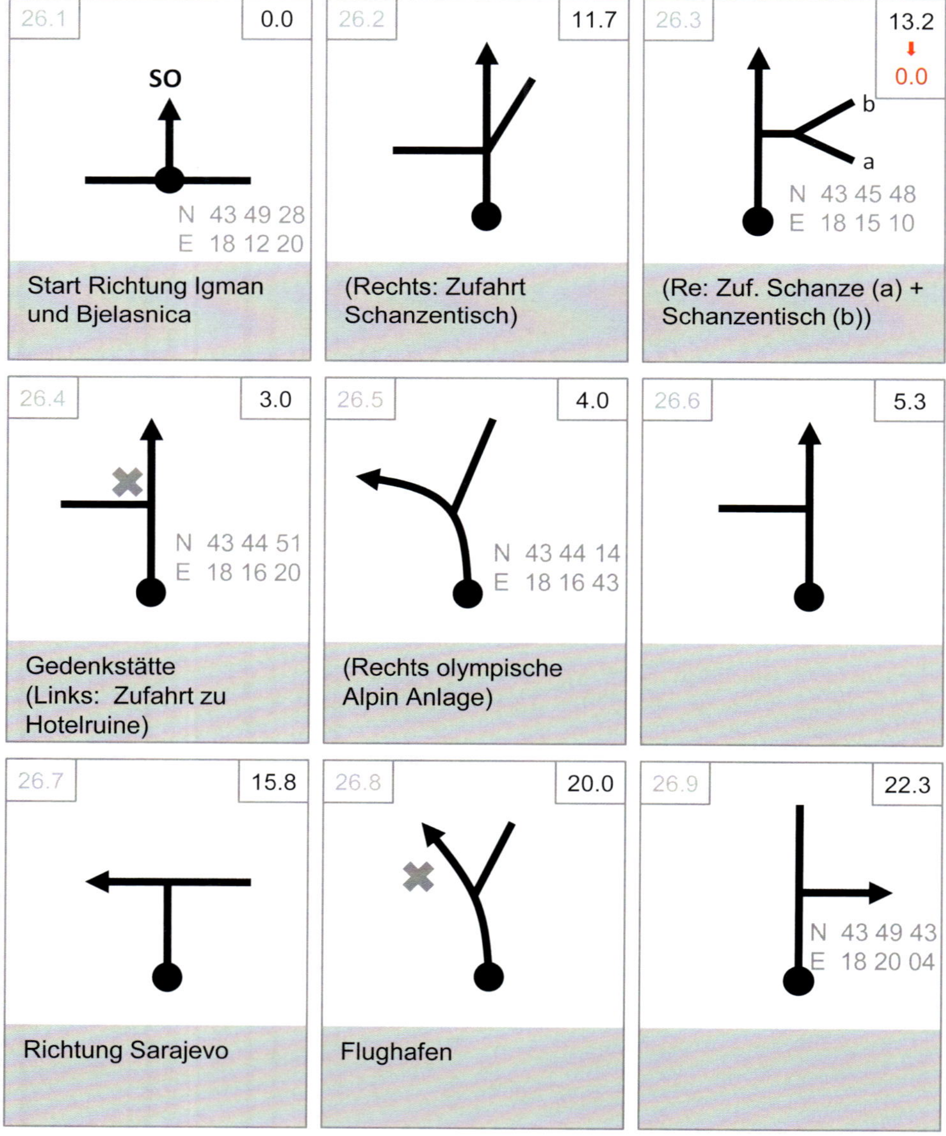

Sarajevo 1984

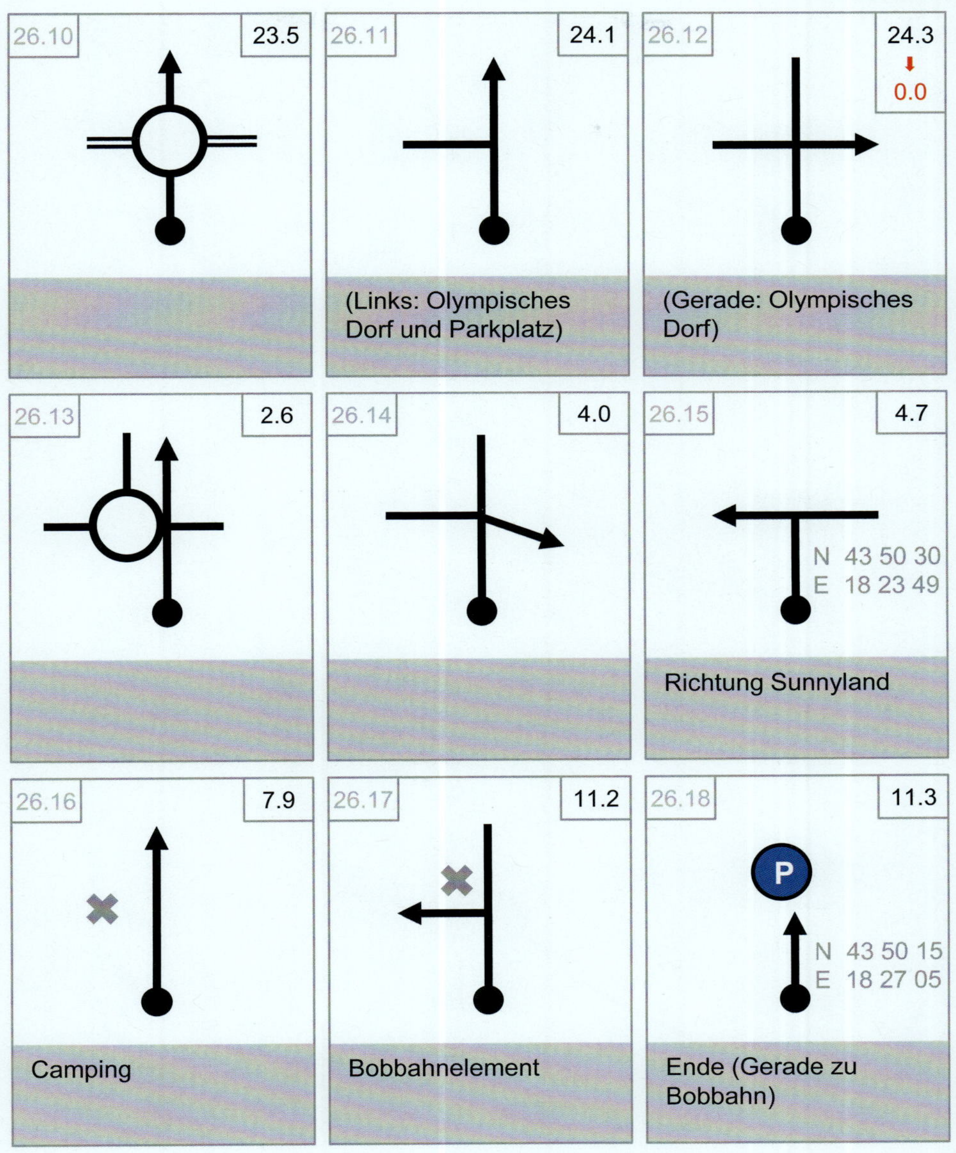

27 Morine Plateau

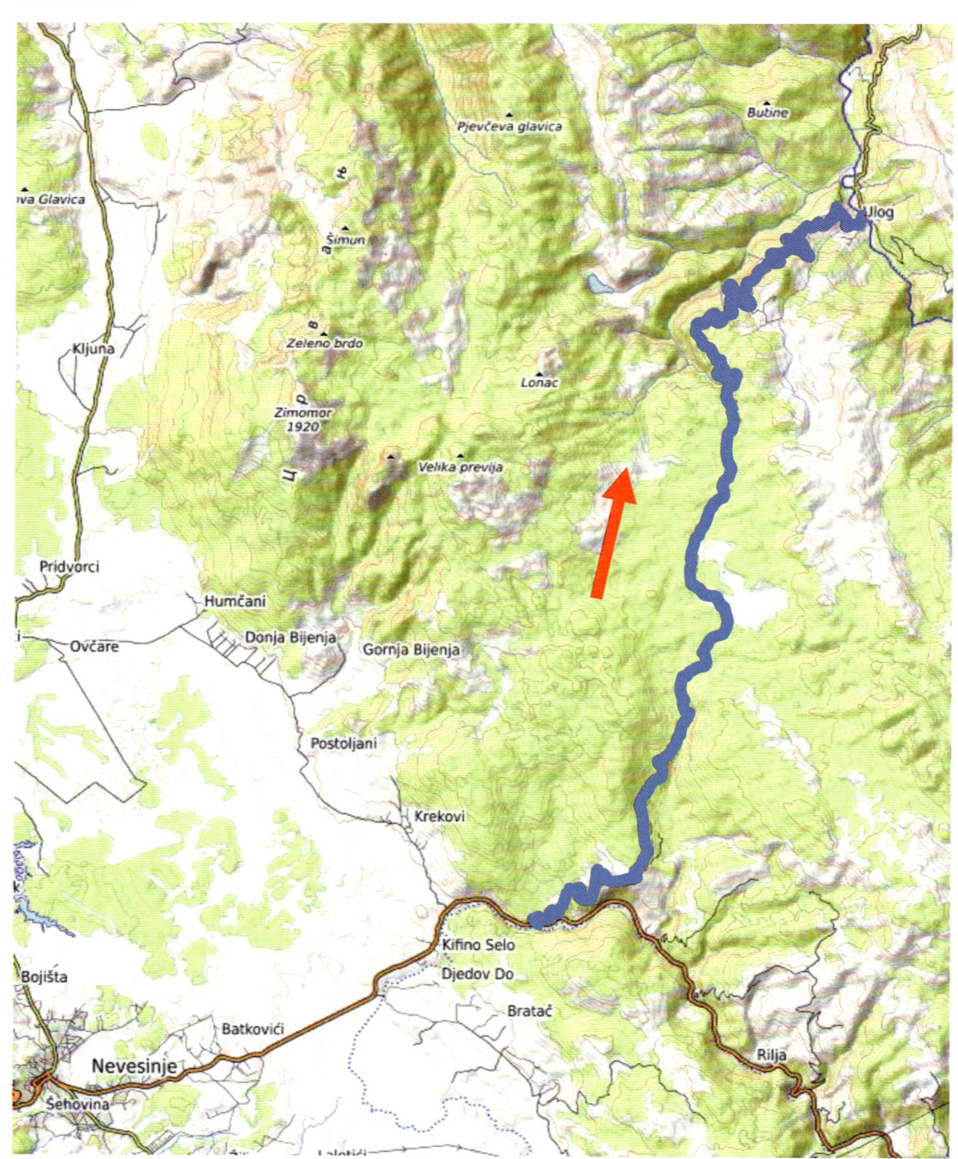

27

Das einsame Morine Plateau wird wegen der geografischen und klimatischen Bedingungen von manchen das europäische Tibet genannt.

Die R433 ist eine der, für das Jugoslawien in den 1960er-Jahren typischen, ungeteerten Überlandstrecken – ihre Ursprünge gehen jedoch viele Jahrhunderte zurück. Sie führt aus dem Tal hinauf auf das sagenumwobene Morine Plateau, das seinen Namen von der alten slawischen Göttin Morana ableitet: Herrscherin der Unterwelt und als solche zuständig für Dunkelheit und Tod. Neben der – leider durch den Bau von Stromleitungen teilweise beeinträchtigten – Naturlandschaft ist das Stećak Feld mit seinen umher liegenden Grabsteinen ein Höhepunkt dieses Tracks. Für die Ursprünge dieser mittelalterlichen Nekropole gibt es verschiedene Theorien. Der Legende nach ist dies der „Hochzeitsfriedhof", hier soll eine ganze Hochzeitsgesellschaft bei einem überraschenden Wintereinbruch mitten im Sommer erfroren sein.

Der Track windet sich nach der Überquerung des Plateaus hinunter ins Neretvatal und in der Fortsetzung beginnt, nach einer etwas ausgesetzten Passage in einer Felswand, der Teer.

27 Morine Plateau

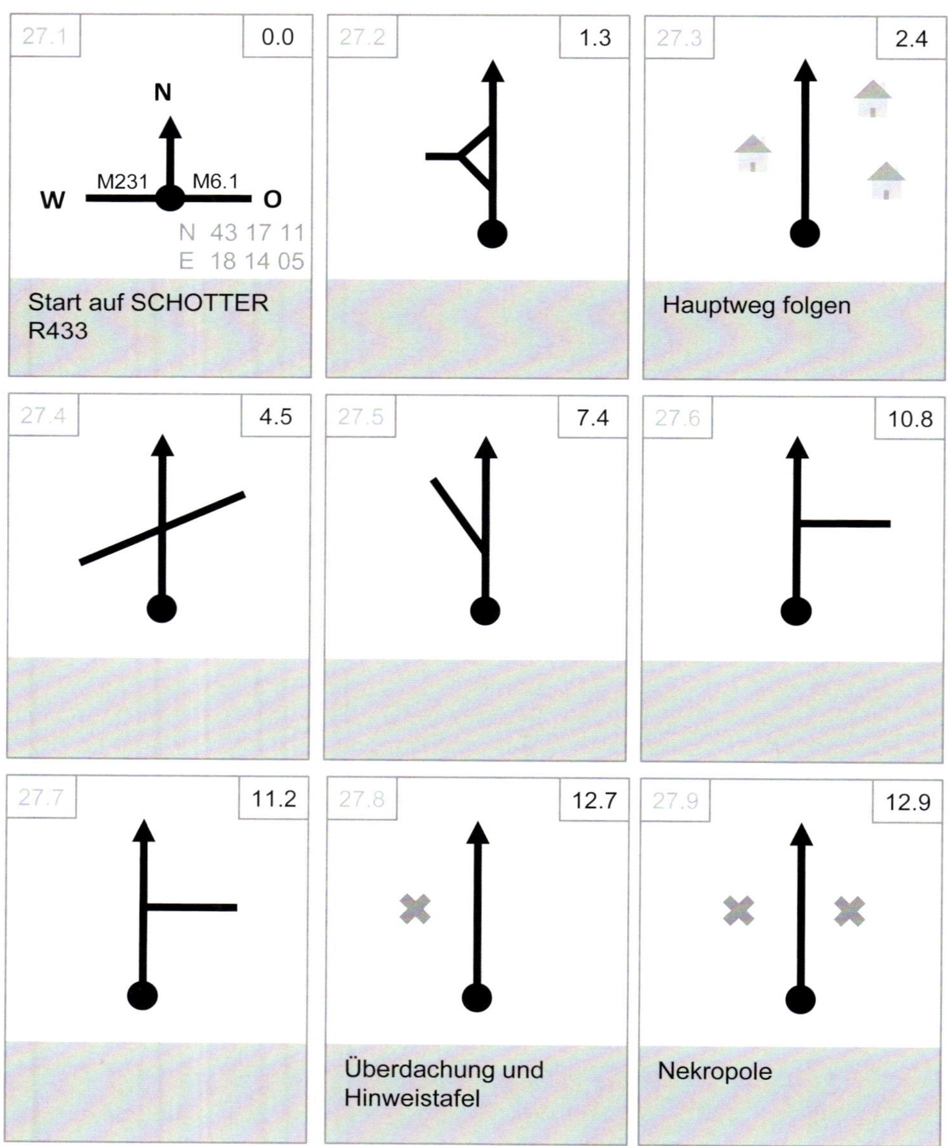

Morine Plateau 27

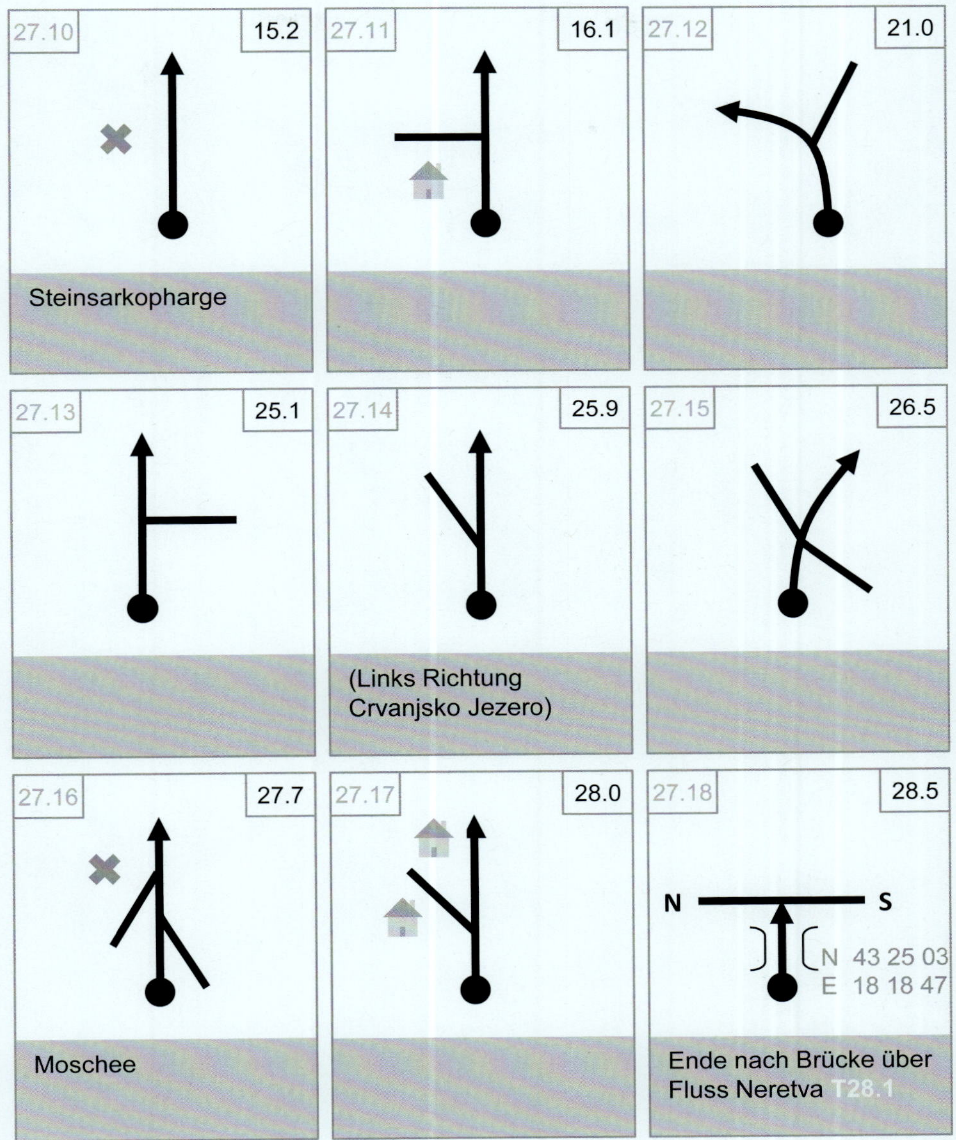

28 Neretva Tal

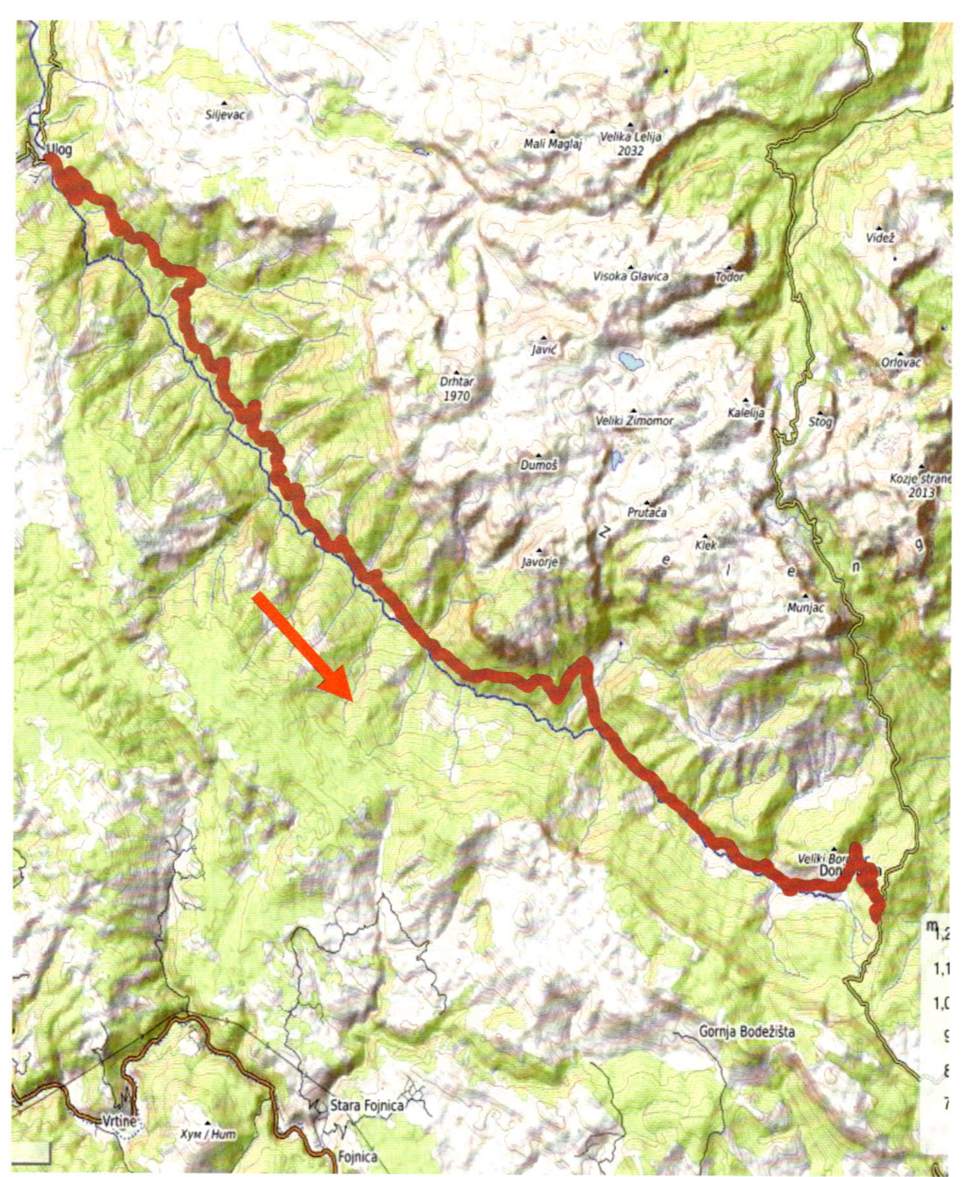

28

Kratzgefahr: *
Orientierung: 1
Länge: 45.3 km
Dauer: 3 h

Schmal und in wechselndem Unterhaltungszustand folgt dieser Track durch ein nur spärlich besiedeltes Tal der Neretva zu ihrer Quelle nach Osten.

Nach dem Winter und nach starken Regenfällen kann die Fahrt durch Erdrutsche, umgestürzte Bäume und Schlammpassagen erschwert werden, ansonsten ist der Track auch mit hochbeinigen Fahrzeugen gut befahrbar. Besonders auffällig entlang des Tracks sind jedoch die recht großzügige neue Kirche bei dem winzigen Örtchen Pridvorica und nur einige hundert Meter weiter, jenseits des Bächleins Igaščica gelegen, die ebenso schmucke Moschee. Beide scheinen nicht nur Orte der jeweiligen Spiritualität, sondern könnten auch Ausdruck eines profanen Konkurrenzdenkens sein.

28 Neretva Tal

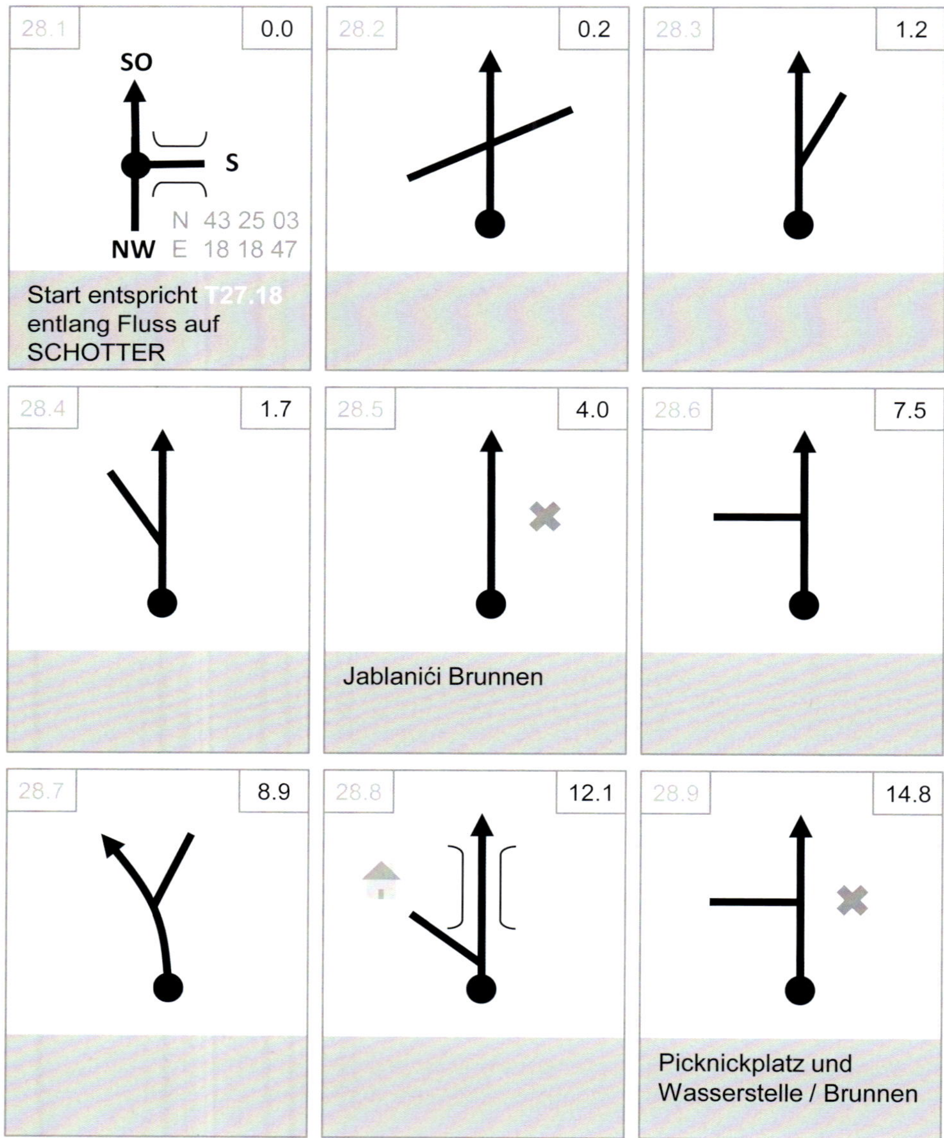

Neretva Tal

28.10	19.1

28.11	20.4

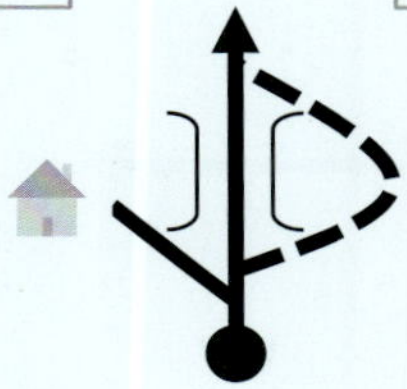

28.12	20.5
Entspricht Brücke von T28.11 Strecke schlechter	

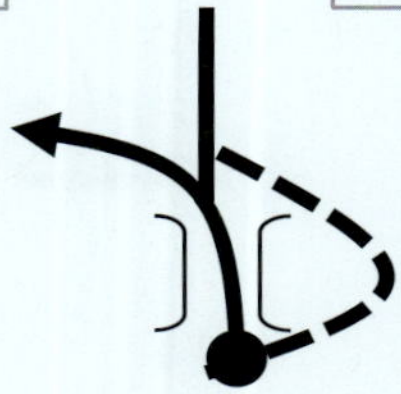

28.13	25.6

28.14	26.1
Kloster Strecke besser	

28.15	26.3

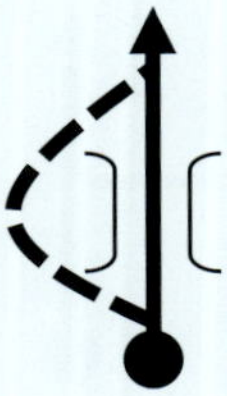

28.16	26.5
Moschee	

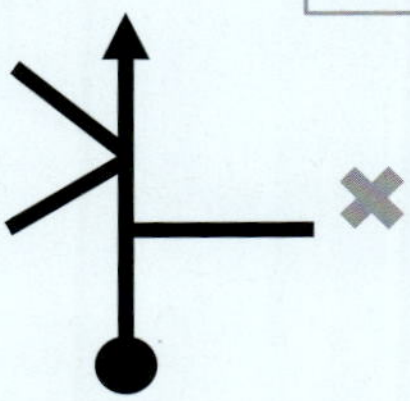

28.17	27.4

28.18	32.5

28 Neretva Tal

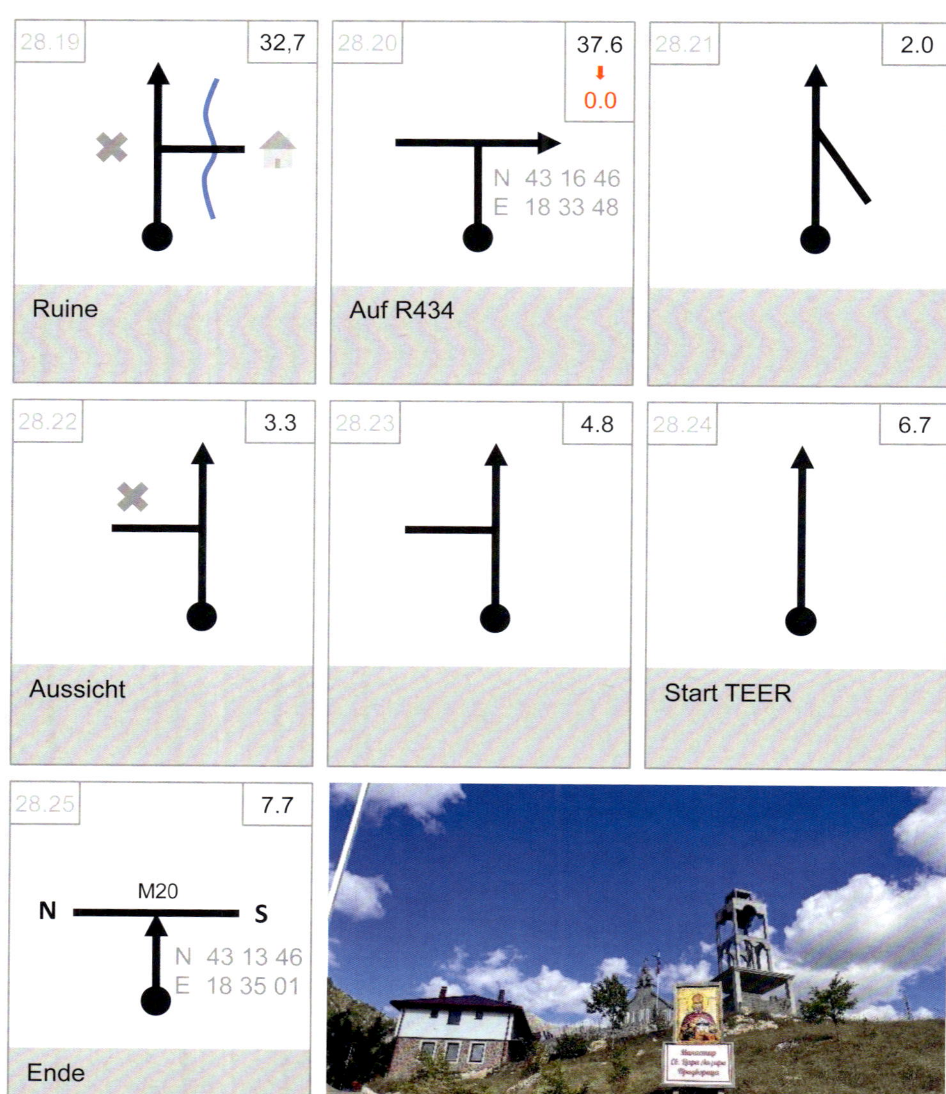

29 Sutjeska

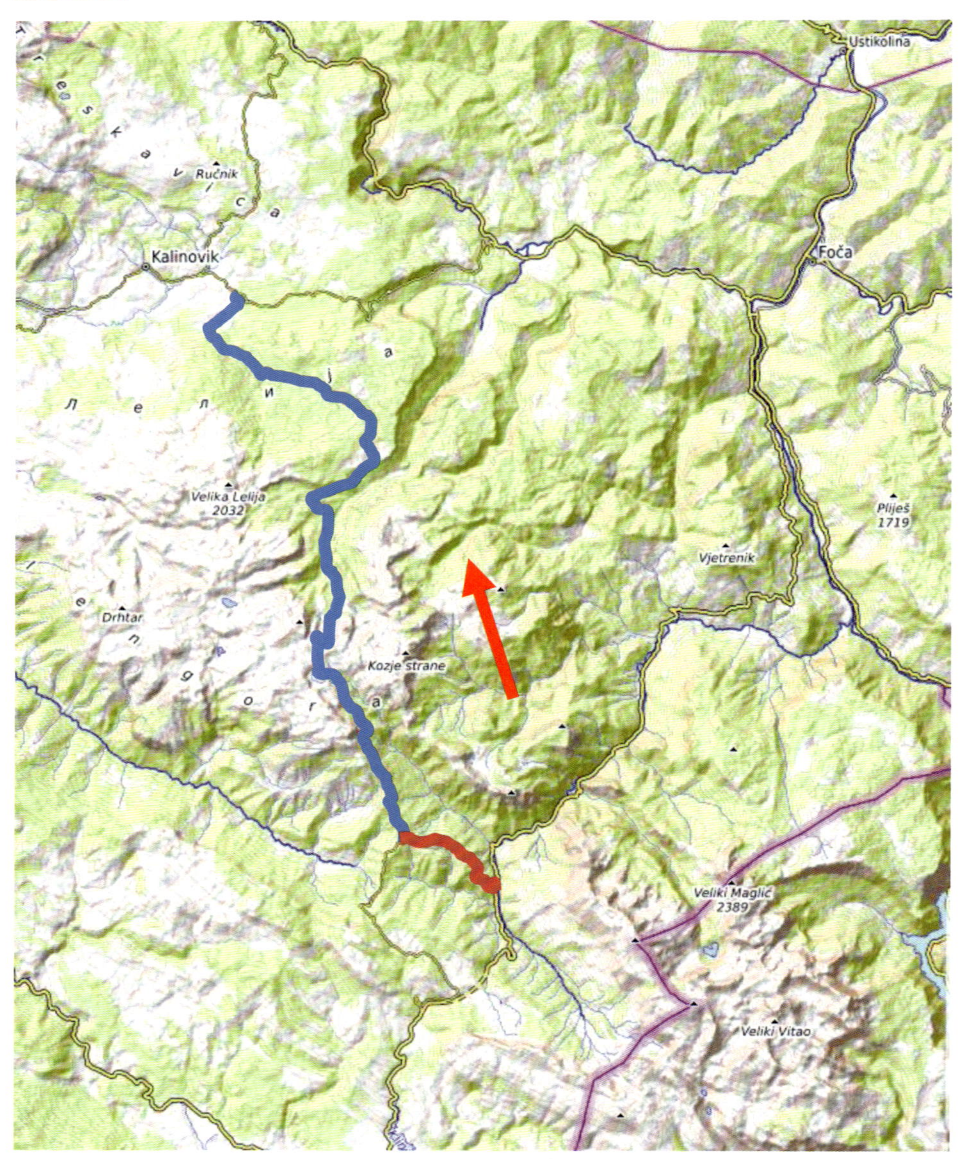
Ustikolina
Ručnik
Kalinovik
Foča
Velika Lelija
2032
Pliješ
1719
Vjetrenik
Drhtar
Kozje strane
Veliki Maglić
2389
Veliki Vitao

Kratzgefahr: *
Orientierung: 2
Länge: 41.4 km
Dauer: 2 - 3 h

„Wie Yosemite, nur ohne Menschen" soll eine begeisterte Amerikanerin beim Besuch des weitgehend unbekannten Sutjeska Nationalparks gesagt haben – und ganz so abwegig ist dies nicht.

Das fast menschenleere „europäische Yosemite" bietet nicht nur steile Felsgipfel, klare Gebirgsseen, ausgedehnte Grasebenen und ist das Habitat einer großen Population von Wölfen, Hirschen, Luchsen und Bären; hier findet sich auch der letzte Dschungel Europas. Dieses an die 20.000 Jahre alte Urwaldgebiet hat sich im Schutz der unzugänglichen Felslandschaft entwickelt und zählt von der UNESCO geschützt als Lunge Europas. Der Zutritt ist nur in Begleitung der Parkranger gestattet. Aber auch sonst und gerade abseits der gut erschlossenen Gebiete ist der älteste Nationalpark BiHs ein Paradies für abenteuerhungrige Entdecker. Während die Hauptstraße durch die Sutjeskaschlucht das Tal mittig durchquert und Zugang zu den höchsten Gipfeln im Osten bietet, erlaubt dieser Track die Zufahrt zu dem komplett untouristischen Westen des Parks mit seiner wilden Naturlandschaft.

29 Sutjeska

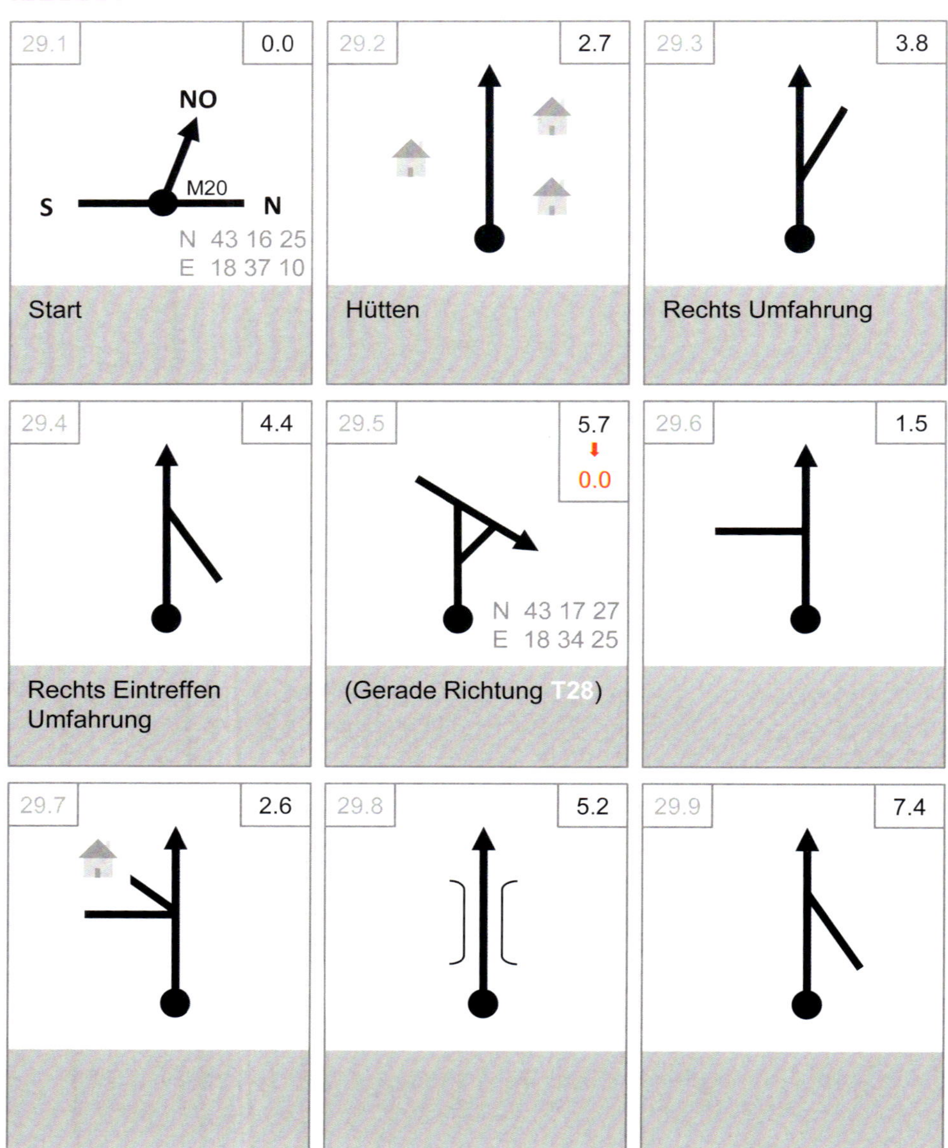

29.1
0.0
NO
M20
S
N
N 43 16 25
E 18 37 10
Start
29.2
2.7
Hütten
29.3
3.8
Rechts Umfahrung
29.4
4.4
Rechts Eintreffen Umfahrung
29.5
5.7
0.0
N 43 17 27
E 18 34 25
(Gerade Richtung T28)
29.6
1.5
29.7
2.6
29.8
5.2
29.9
7.4

Sutjeska

29.10 | 8.4

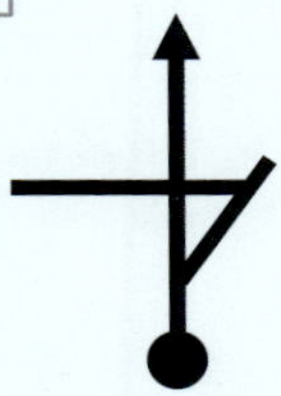

29.11 | 11.0

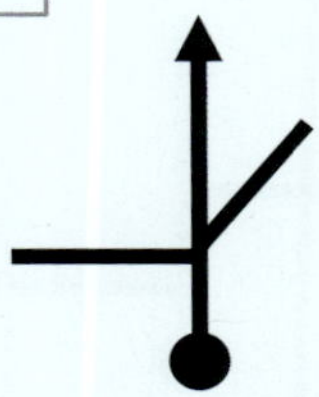

Höchster Punkt (1.731 m)

29.12 | 13.5

(Links Richtung Borilovačkolake)

29.13 | 14.1

(Rechts Richtung Orlovačkolake)

29.14 | 17.2 ⬇ 0.0

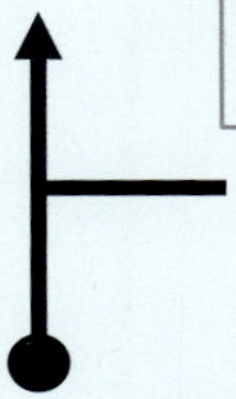

29.15 | 6.0

Picknickplatz und Wasser

29.16 | 6.6

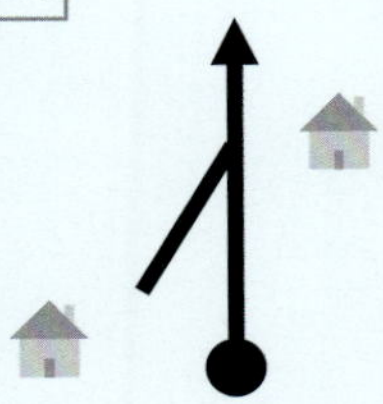

29.17 | 8.8

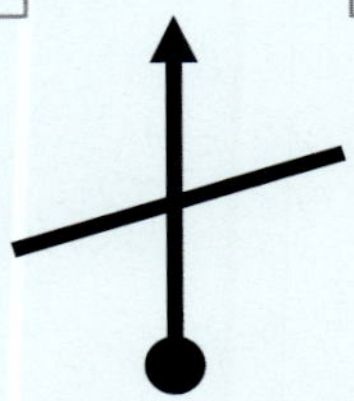

29.18 | 12.8

29 Sutjeska

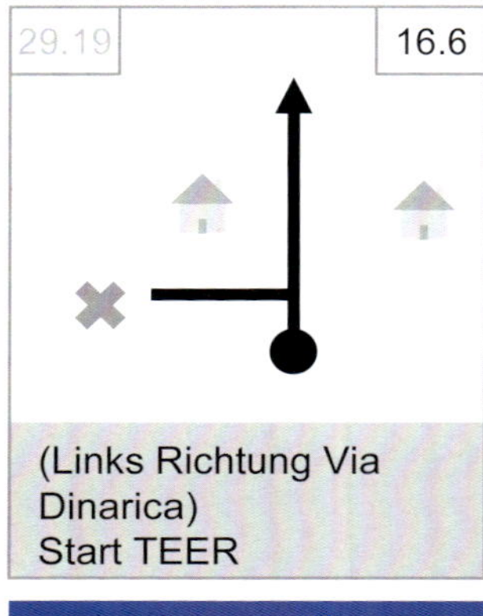
29.19
16.6
(Links Richtung Via Dinarica)
Start TEER

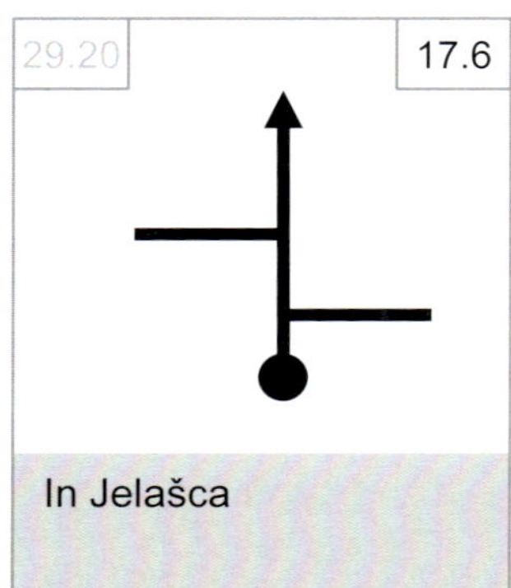
29.20
17.6
In Jelašca

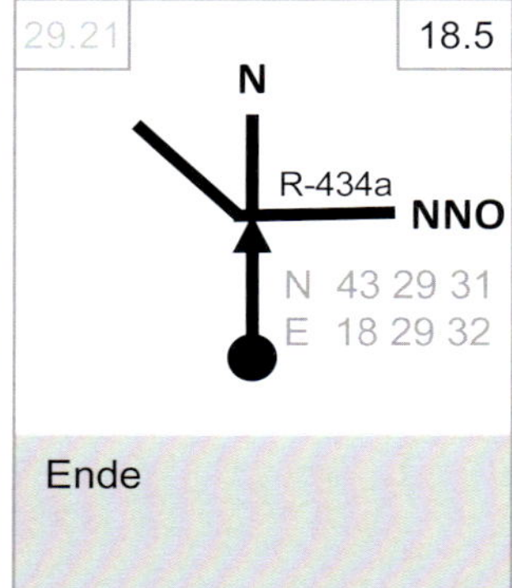
29.21
18.5
N
R-434a
NNO
N 43 29 31
E 18 29 32
Ende

30 Goražde

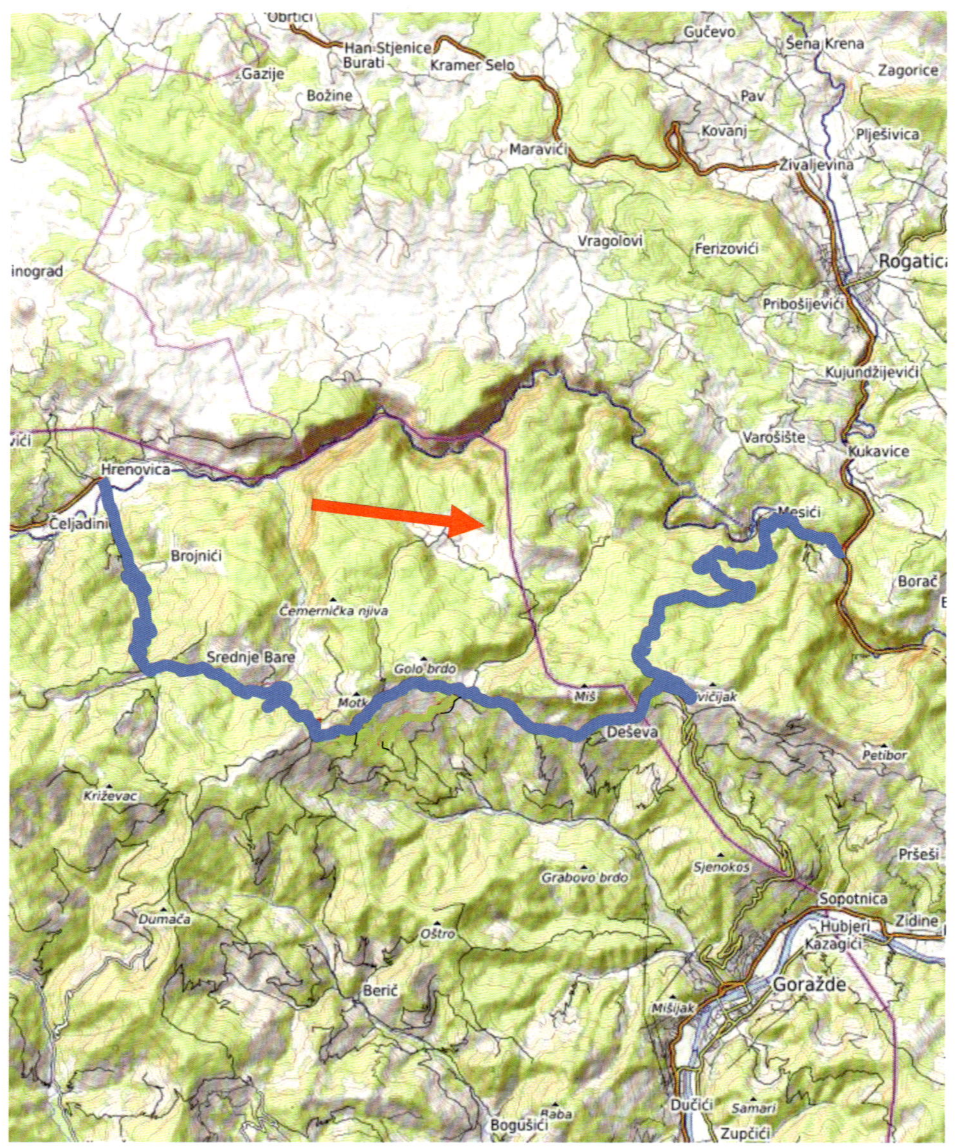

Han Stjenice
Burati
Kramer Selo
Gazije
Božine
Gučevo
Šena Krena
Zagorice
Pav
Kovanj
Plješivica
Maravići
Živaljevina
Vragolovi
Ferizovići
Pribošijevići
Kujundžijevići
Varošište
Kukavice
Hrenovica
Mesići
Brojnići
Borač
Čemernička njiva
Srednje Bare
Golo brdo
Miš
Deševa
Petibor
Križevac
Pršeši
Sjenokos
Grabovo brdo
Sopotnica
Dumača
Hubjeri
Zidine
Kazagići
Oštro
Goražde
Berić
Mišijak
Dučići
Samari
Baba
Bogušići
Zupčići

Kratzgefahr: *
Orientierung: 2
Länge: 35.4 km
Dauer: 2 - 3 h

Als Resultat des Bosnienkriegs liegt das überwiegend von Bosniaken bewohnte Goražde wie eine Enklave in der Republik Srpska.

Wie eine Nabelschnur verbindet eine schmale Teerstraße das Stadtgebiet mit dem restlichen Gebiet der Föderation. Vielleicht ist auch dies ein Grund, warum die ehemalige Magistrale M5 entlang der Prača verfällt (siehe Track 31) – selbst viele Jahre nach dem Krieg vertrauen die ehemaligen Gegner lieber einer eigenen Infrastruktur …

Dieser Track bildet die Umfahrung der ehemaligen Schluchtstrecke und erreicht nach dem Aufstieg aus dem Flusstal ein aussichtsreiches Hochplateau. Unbemerkt schwenkt der Track ungefähr in der Mitte nach Norden in die Republik Srpska und trifft in Tal wieder auf die ursprüngliche M5.

Somit ist er auch eine gute Ausweichlösung für alle, die sich beim Versuch den Lost Track zu befahren, anderweitig entscheiden.

30 Goražde

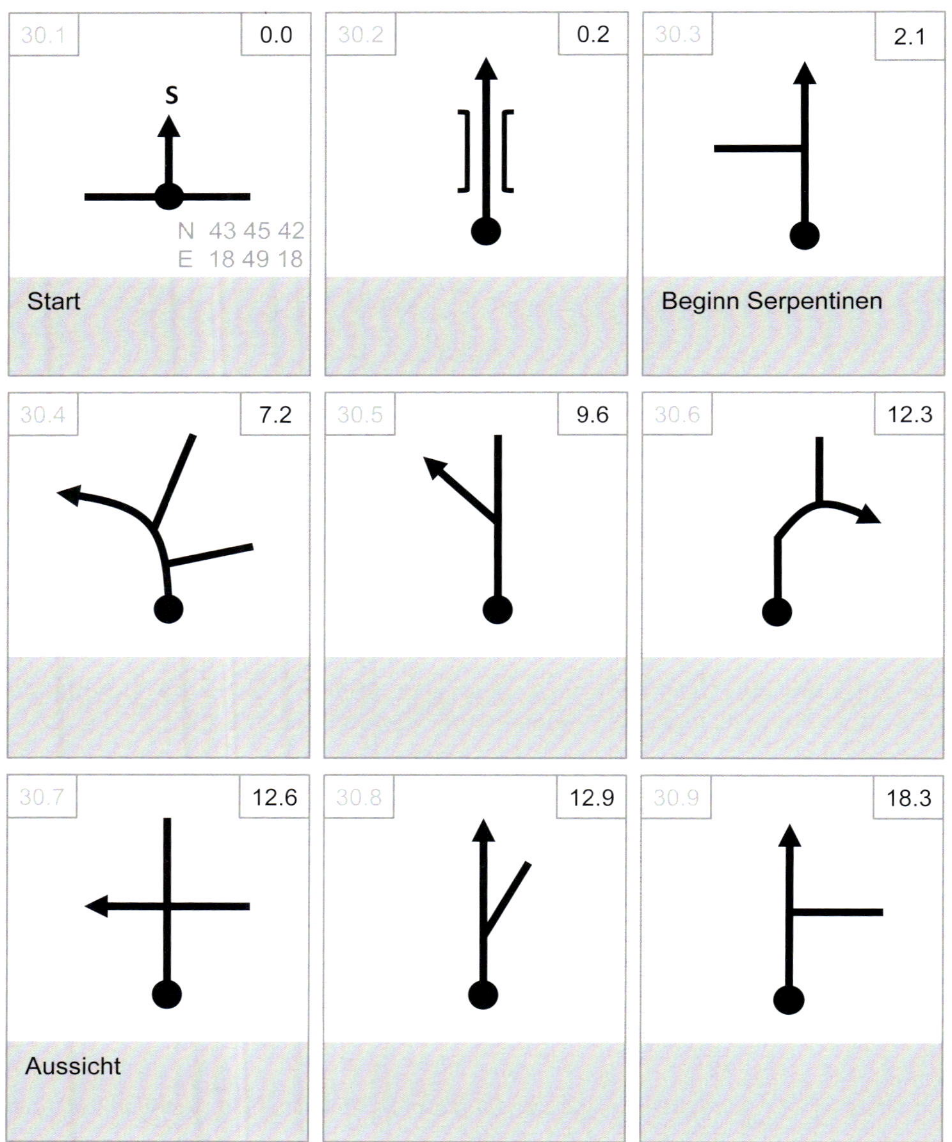

30.1
0.0
S
N 43 45 42
E 18 49 18
Start
30.2
0.2
30.3
2.1
Beginn Serpentinen
30.4
7.2
30.5
9.6
30.6
12.3
30.7
12.6
Aussicht
30.8
12.9
30.9
18.3

30.10 | 21.7

N 43 43 22
E 18 57 40

30.11 | 22.4

30.12 | 29.2

30.13 | 31.8

(Gerade Steinbruch)

30.14 | 33.8

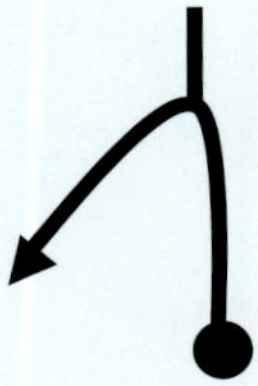

30.15 | 33.9

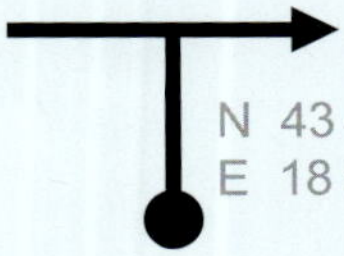

N 43 45 14
E 18 59 27

(Links Einmündung T31.9 Lost Track)

30.16 | 34.2

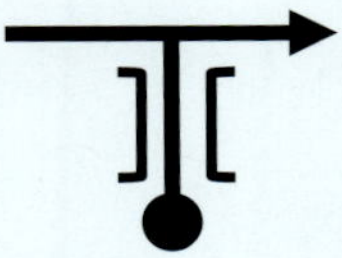

Camping

30.17 | 35.4

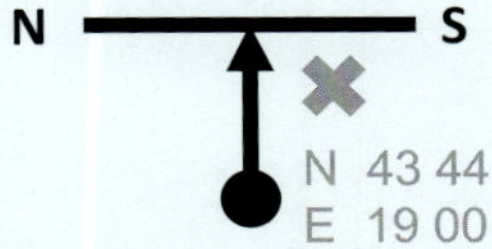

N S

N 43 44 56
E 19 00 15

Ende auf M-I 114
Staumauer

31 Lost Track

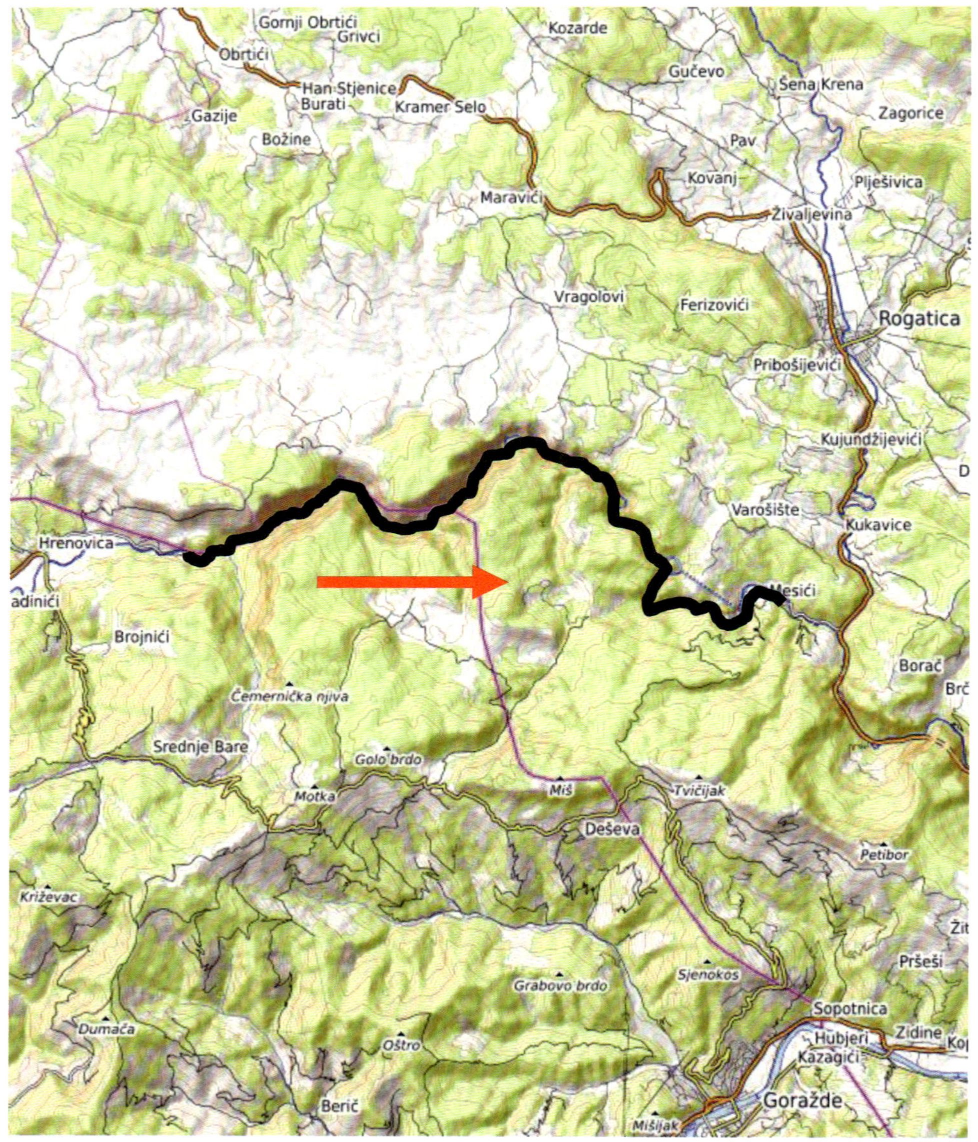

31

Irgendwann in den 2000ern auf dem Weg von Sarajevo nach Osten: Die Magistrale 5 führte auf unserer Karte als dicke rote Linie nach Visegrad an der serbischen Grenze – und bescherte uns ein unverhofftes automobiles Abenteuer.

Spätestens als die vermeintliche Europastraße in den Prača-Canyon eintauchte, begann das Abenteuer. Der Teer blieb zurück, als meist einspuriger, mit Pfützen übersäter Schotterweg schmiegte sich die Trasse entlang der Felswände. Nachdem wir in den letzten Jahren immer einmal wieder gerätselt hatten, wo dieser einzigartige Track liegt, haben wir uns für dieses Buch auf die Suche gemacht und sind tatsächlich fündig geworden.

Auch heute noch verläuft der Track einsam entlang der Steilwände und durch wilde Tunnel durch den Canyon. Die Befahrung ist jedoch mittlerweile deutlich anspruchsvoller, da eine der Brücken weggebrochen ist und auch die Behelfsbrücke ausgeschwemmt ist. Evtl. kann diese Stelle jedoch mit viel Einsatz und Seilwinde(n) bewältigt werden. Der Rest der Strecke war im Sommer 2021 etwas zugewachsen, aber gut fahrbar.

31 Lost Track

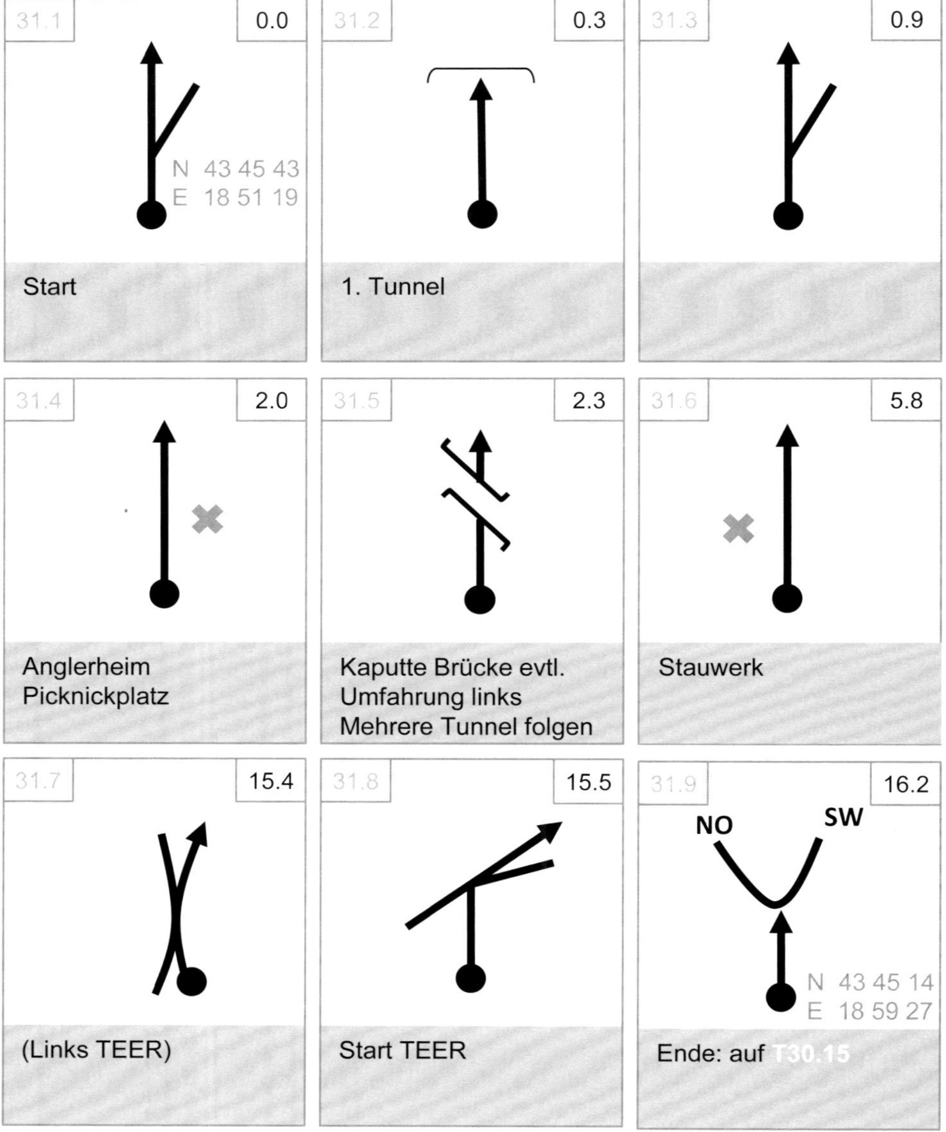

40 Piva Rim

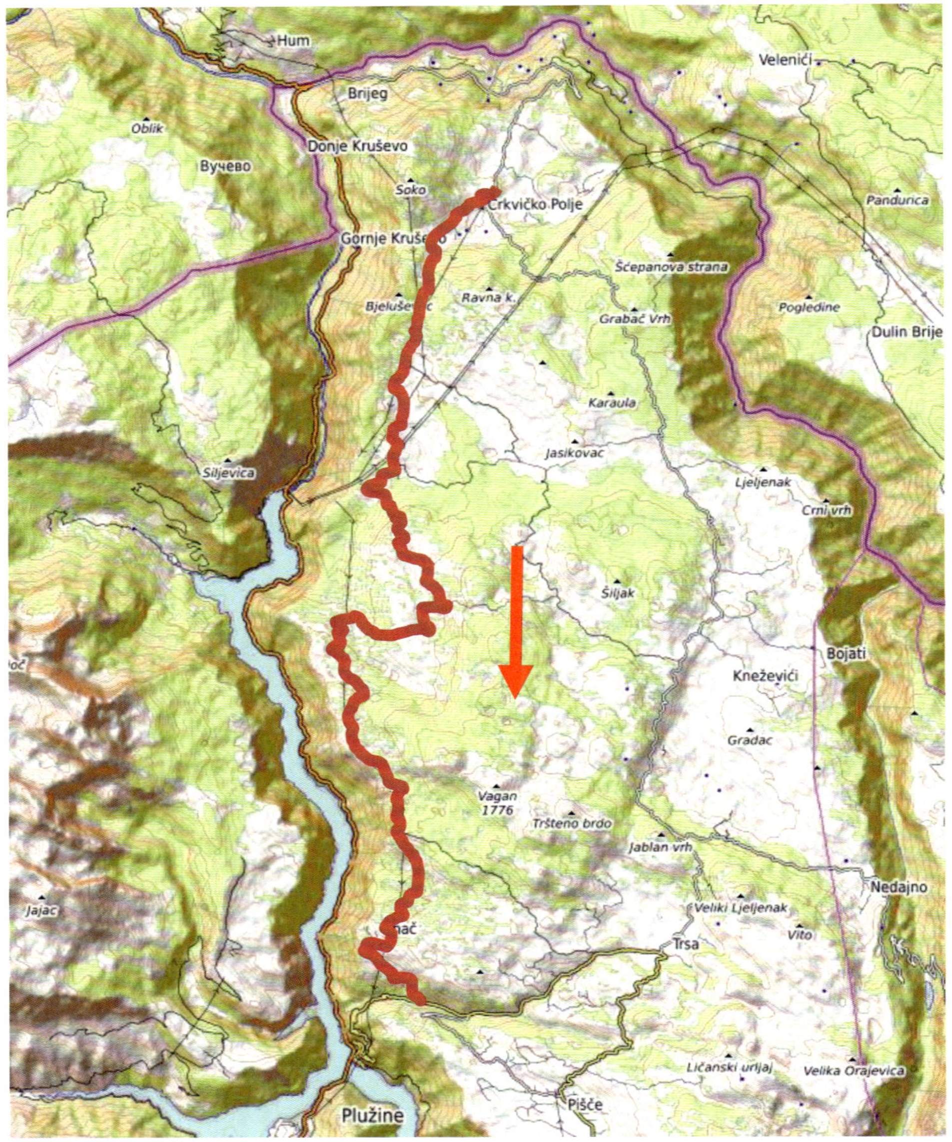
Hum
Brijeg
Velenići
Oblik
Вучево
Donje Kruševo
Soko
Crkvičko Polje
Pandurica
Gornje Kruševo
Šćepanova strana
Bjeluševac
Ravna k.
Grabač Vrh
Pogledine
Dulin Brije
Karaula
Jasikovac
Siljevica
Ljeljenak
Crni vrh
Šiljak
Bojati
Kneževići
Gradac
Vagan
1776
Tršteno brdo
Jablan vrh
Nedajno
Jajac
Veliki Ljeljenak
Vito
Trsa
Lićanski urljaj
Velika Orajevica
Pišče
Plužine

40

Schon die Fahrt entlang der Hauptstraße durch die Piva Schlucht ist spektakulär. Dieser Track erschließt das Hochplateau an der Ostseite des Canyons und führt zu einem der wenigen Aussichtspunkte in die Schlucht.

Am Anfang dieses Tracks wartet jedoch zunächst eine kleine administrative Herausforderung: Genau zwischen der montenegrinischen und der bosnischen Grenzstation folgt er einer Nebenstraße entlang der Tara. Wer aus Bosnien und Herzegowina kommt, muss also zunächst die Einreise nach Montenegro erledigen und dann die paar Meter zurück fahren, aus Montenegro kommend, genügt ein kurzer Stopp an der Grenzstation, um zu erklären, dass die Fahrt weiterhin in Montenegro fortgesetzt wird.

Nachdem der Teer endet, folgt dieser Track sehr wenig befahrenen Verbindungswegen zwischen den verstreut liegenden Gehöften auf der Hochebene. Besonders bei Regen kann dieser Track einige ernsthafte Herausforderungen weit abseits möglicher Bergehilfe sein. In den Waldpassagen streicheln dornige Äste den Lack der Wagemutigen. Neben der schönen 4x4 Herausforderung belohnt dieser Track mit großzügiger Aussicht auf einer abschließenden Passage entlang der Abbruchkante der Schlucht.

40 Piva Rim

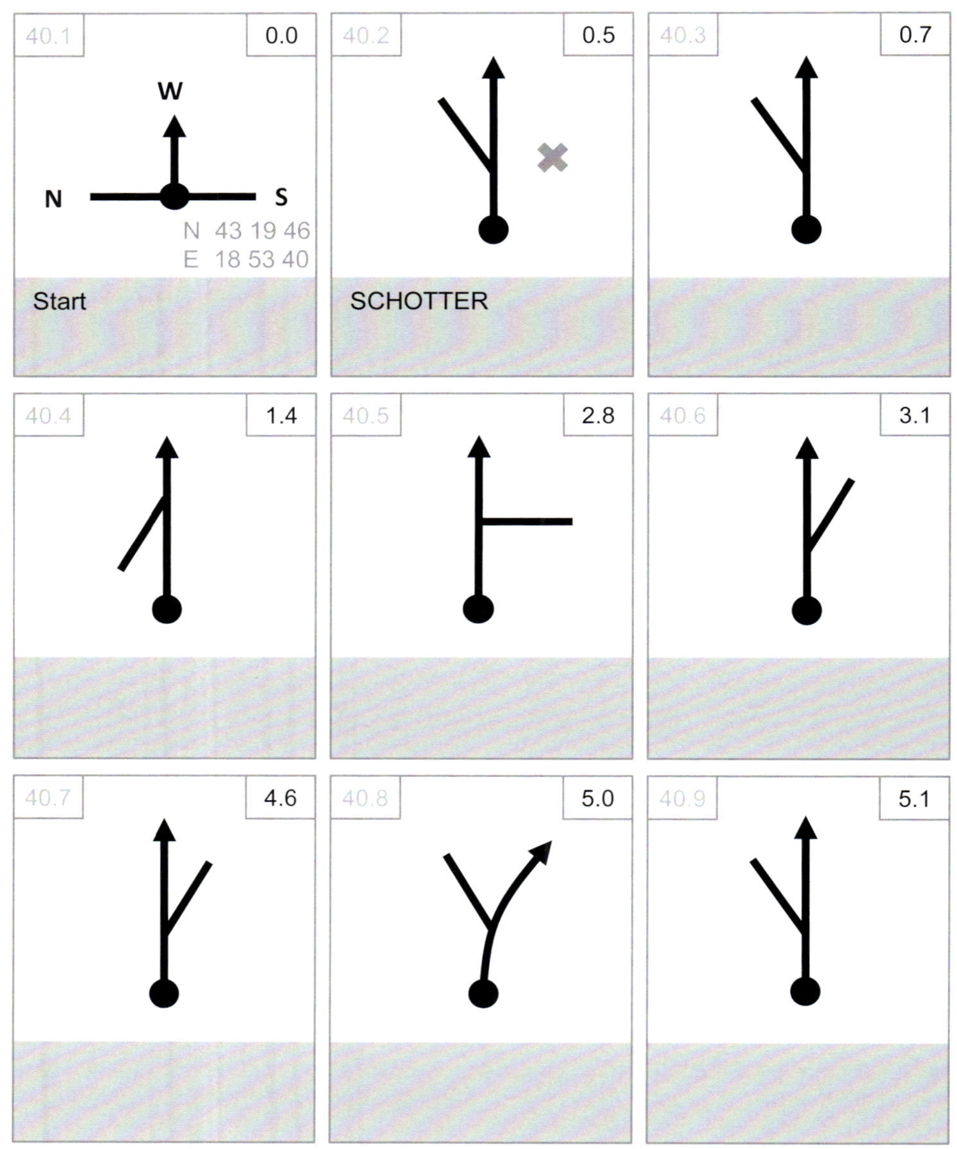

40.1
0.0
W
N
S
N 43 19 46
E 18 53 40
Start
40.2
0.5
SCHOTTER
40.3
0.7
40.4
1.4
40.5
2.8
40.6
3.1
40.7
4.6
40.8
5.0
40.9
5.1

Piva Rim

40.10	5.3
40.11	6.0
40.12	6.9
40.13	7.3
40.14	7.7
40.15	8.5
40.16	10.7
40.17	11.4
40.18	12.5

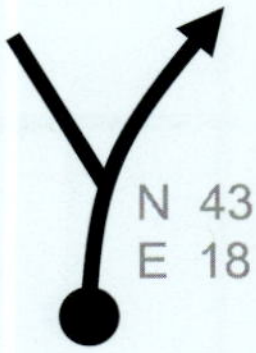

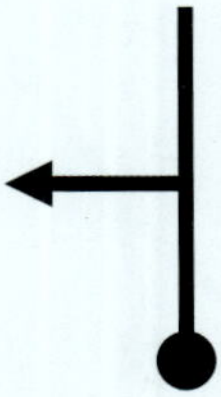

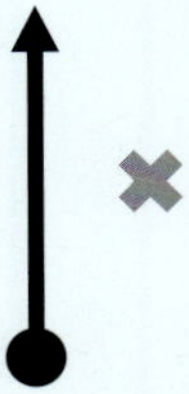

40.14: N 43 16 40 E 18 52 07

40.17: Start TEER Friedhof

40.18: SW N 43 15 08 E 18 52 52 GRASWEG

40 Piva Rim

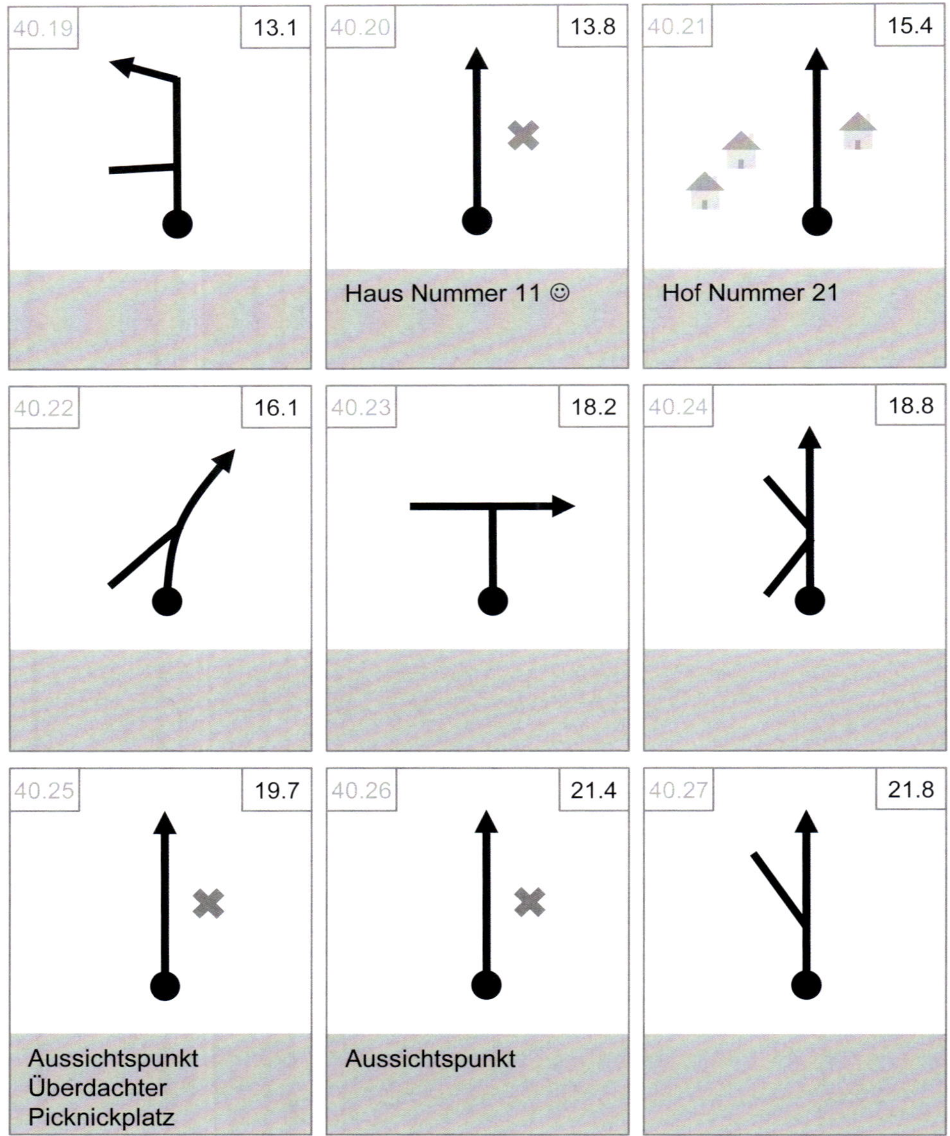

40.19
13.1
40.20
13.8
Haus Nummer 11 ☺
40.21
15.4
Hof Nummer 21
40.22
16.1
40.23
18.2
40.24
18.8
40.25
19.7
Aussichtspunkt
Überdachter
Picknickplatz
40.26
21.4
Aussichtspunkt
40.27
21.8

Piva Rim

40.28 | 23.2

40.29 | 24.6

40.30 | 24.7

40.31 | 25.1

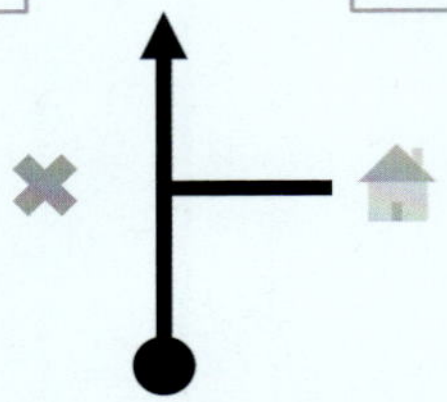

Haus Nummer 42

40.32 | 25.4

TEER

40.33 | 25.5

Aussichtspunkt
Picknickplatz

40.34 | 26.4

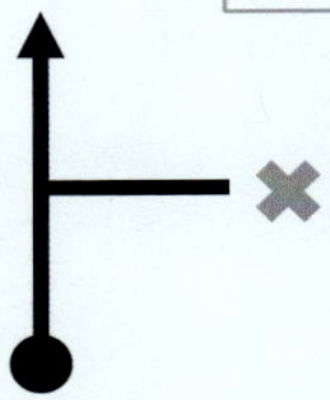

Aussichtspukt

40.35 | 27.4

W O
N 43 10 45
E 18 52 35

Ende

41 Nevidio Canyon

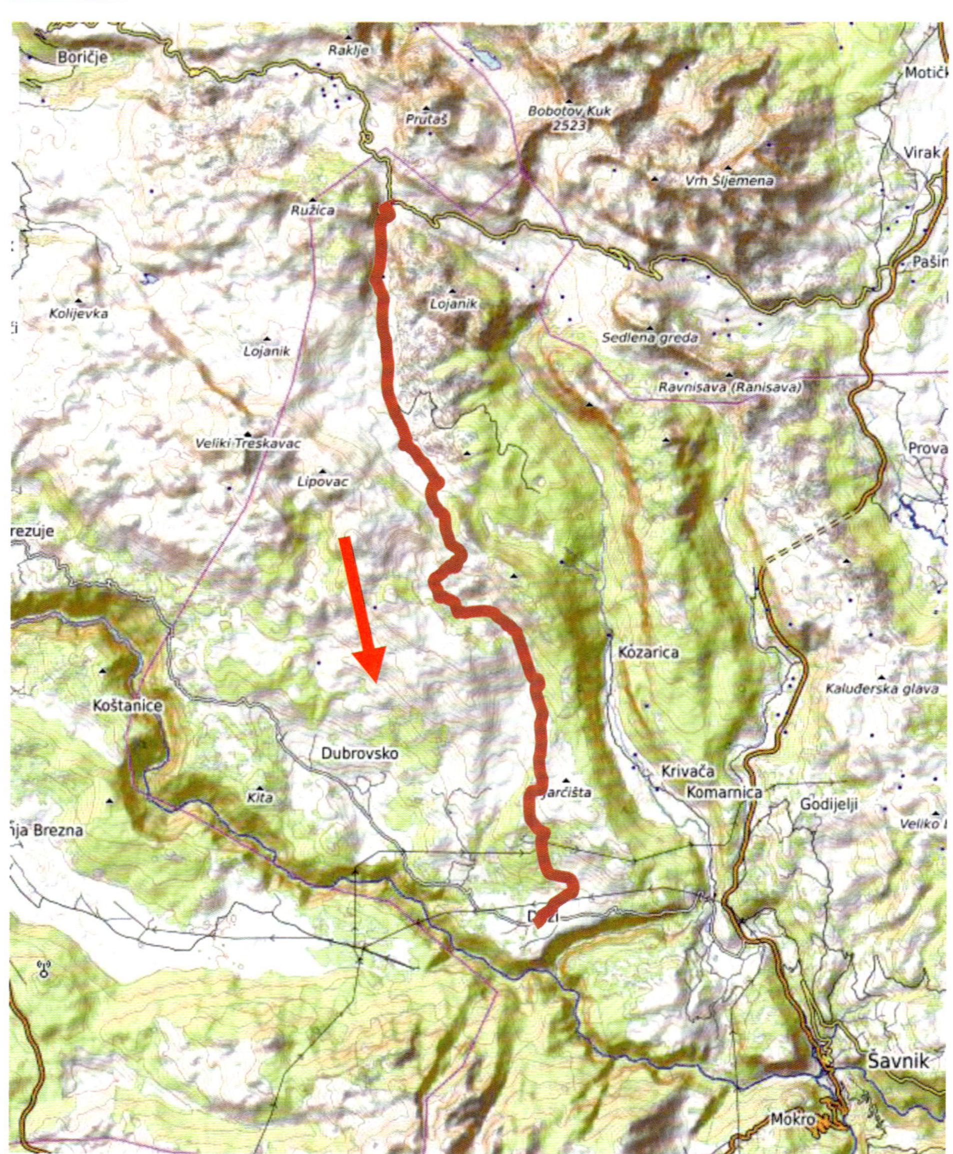

41

Kratzgefahr: *
Orientierung: 1
Länge: 18.4 km
Dauer: 1 - 1.5 h

Nur wenig südlich des Prijespasattels auf der Durmitor Panoramastrecke führt dieser Track von den 2.000ern hinunter zum Nevidio Canyon.

Der Gebirgsfluss Komarnica hat hier einen knapp 2 km langen, äußerst engen Canyon in den Kalkstein genagt, in dem selbst im Sommer kein Sonnenstrahl den Boden berührt. Nicht zuletzt galt er bis in die 1960er-Jahre als „der letzte unbezwungene Canyon Europas“. Nicht ganz so spektakulär, dafür jedoch sehr vielversprechend, zwängt sich dieser Track auf felsigem Naturbelag durch ein Hochtal zwischen die 2.000er des Durmitor. Ab dem leicht zu übersehenden Abzweig von der Teerstraße führt er vorbei an einzelnen Sommerweiden fast 1000 m hinunter ins Tal. Auf den letzten Kilometern verbessert sich der Zustand des Tracks deutlich und erreicht beim Weiler Duzi oberhalb des Canyons wieder den Teer. Leider ist die Schlucht vom Track aus nur zu erahnen – für eine genauere Inspektion sollte man sich den Spezialisten von Nevidio Canyoning anvertrauen.

41 Nevidio Canyon

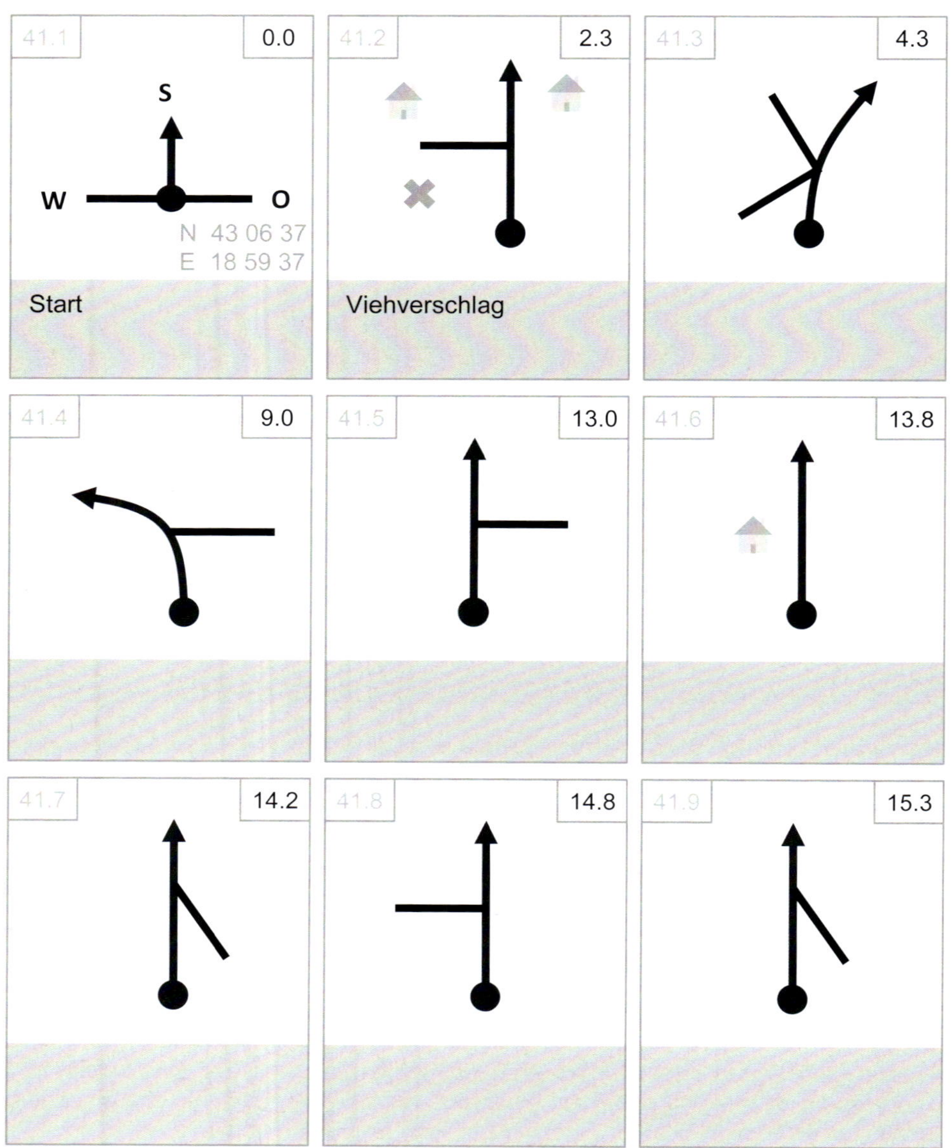

Nevidio Canyon 41

Nr.	km	Hinweis
41.10	15.4	
41.11	15.8	TEER
41.12	16.2	
41.13	18.2	
41.14	18.4	O – W; N 42 59 00 E 19 01 38; Ende

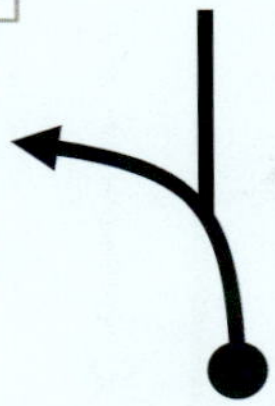

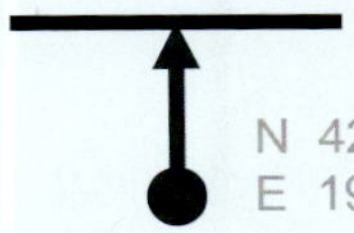

42 Durmitor

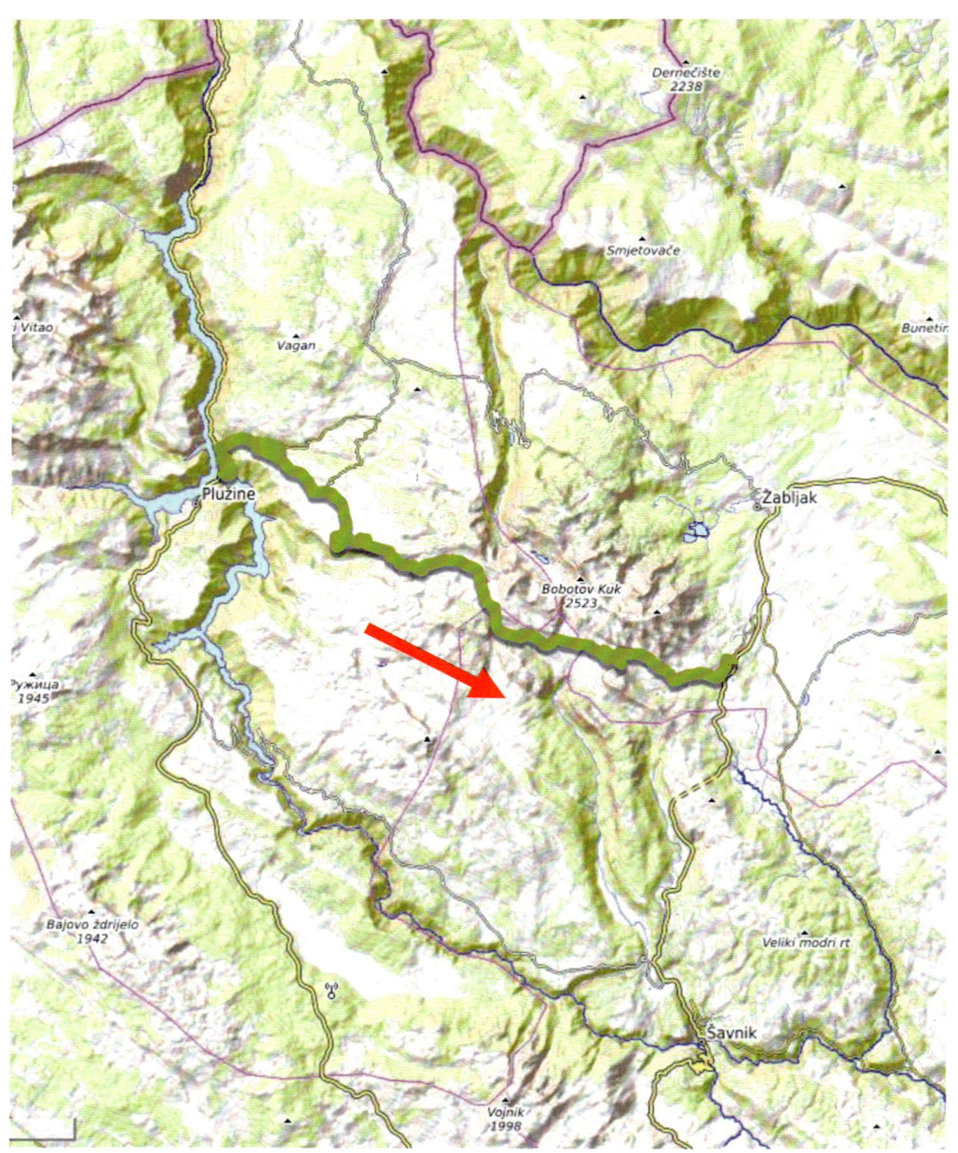
Dernečište
2238
Smjetovače
Vitao
Vagan
Bunetin
Plužine
Žabljak
Bobotov Kuk
2523
Ружица
1945
Bajovo ždrijelo
1942
Veliki modri rt
Šavnik
Vojnik
1998

42

Kratzgefahr: *
Orientierung: 1
Länge: 42,6 km
Dauer: 1,5 - 2 h

Dies ist eine der spektakulärsten Aussichtsstrecken Europas. Schon die Zufahrt über die Grenze von Bosnien und Herzegowina und durch die Pivaschlucht lohnt fast jeden Umweg, der weitere Verlauf setzt jedoch nochmal einen drauf.

Der Durmitor ist ein Bergmassiv mit über 40 Gipfeln über 2.000 m Höhe, die einzigartige Naturlandschaft ist Teil des UNESCO-Weltnaturerbes. Dieses Paradies aus weiten Almwiesen und tief eingeschnittenen Schluchten, überragt von schroffen Karstgipfeln, wird durch diese schmale, jedoch durchgängig asphaltierte Panoramastrecke erschlossen. Hat man es geschafft, die eher unscheinbare Abzweigung aus dem Canyon hinauf (N 43 10 13 E 18 51 48) nicht zu übersehen, kommt man bei der weiteren Befahrung nicht aus dem Staunen heraus. Schon der Aufstieg der Strecke, die kühn in die senkrechte Felswand gehauen wurde und durch rustikale Tunnel und steile Serpentinen auf das Hochplateau steigt, ist in ihrer Einzigartigkeit schwer zu übertreffen. Außer vielleicht durch die weite Aussicht und die stetig wechselnden Panoramen auf der Hochebene. Dieser Track darf in keiner Reiseplanung fehlen.

43 Tara Canyon

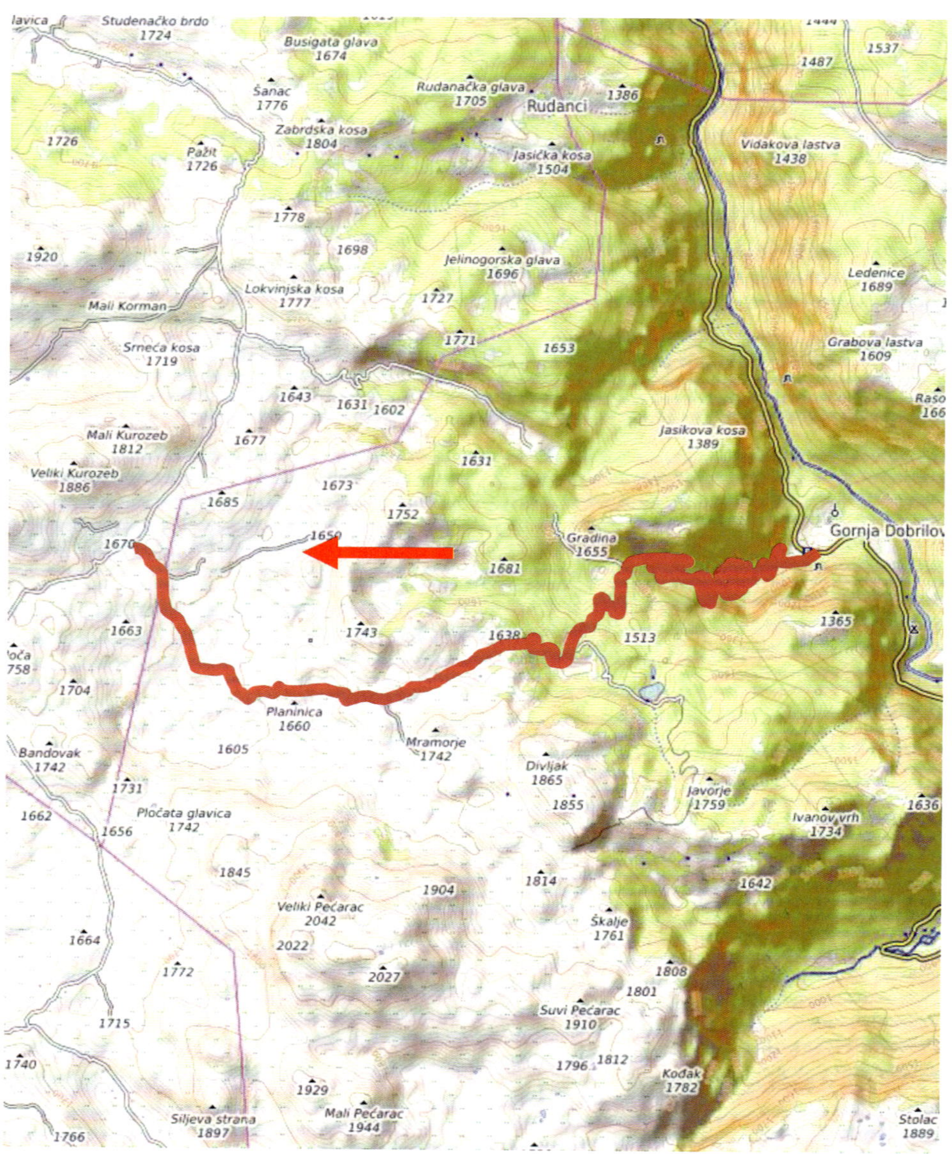

43

In vielen Jahrtausenden hat sich die Tara bis zu 1.500 m tief in das Durmitormassiv eingegraben. Der beeindruckende Canyon ist der zweittiefste und auch der zweitlängste der Welt.

Somit gehört die Taraschlucht zu den unvergesslichen Naturwundern des Balkan und es lohnt ausreichend Zeit für das Erkunden dieser Region einzuplanen. Dieser Track ist eine der ganz wenigen Strecken, die aus dem Talgrund durch die steilen Felswände hinauf auf des Kalksteinplateau führen. Von verschiedenen Stellen entlang der Auffahrt bieten sich wunderschöne Ausblicke in die Schlucht und die Felsformationen. Ebenso spektakulär wie die Ausblicke ist auch die Streckenführung. Ausgesetzt und schmal, mit engen Serpentinen gewinnt der Track an Höhe – gutes Augenmaß und Schwindelfreiheit schaden nicht.

43 Tara Canyon

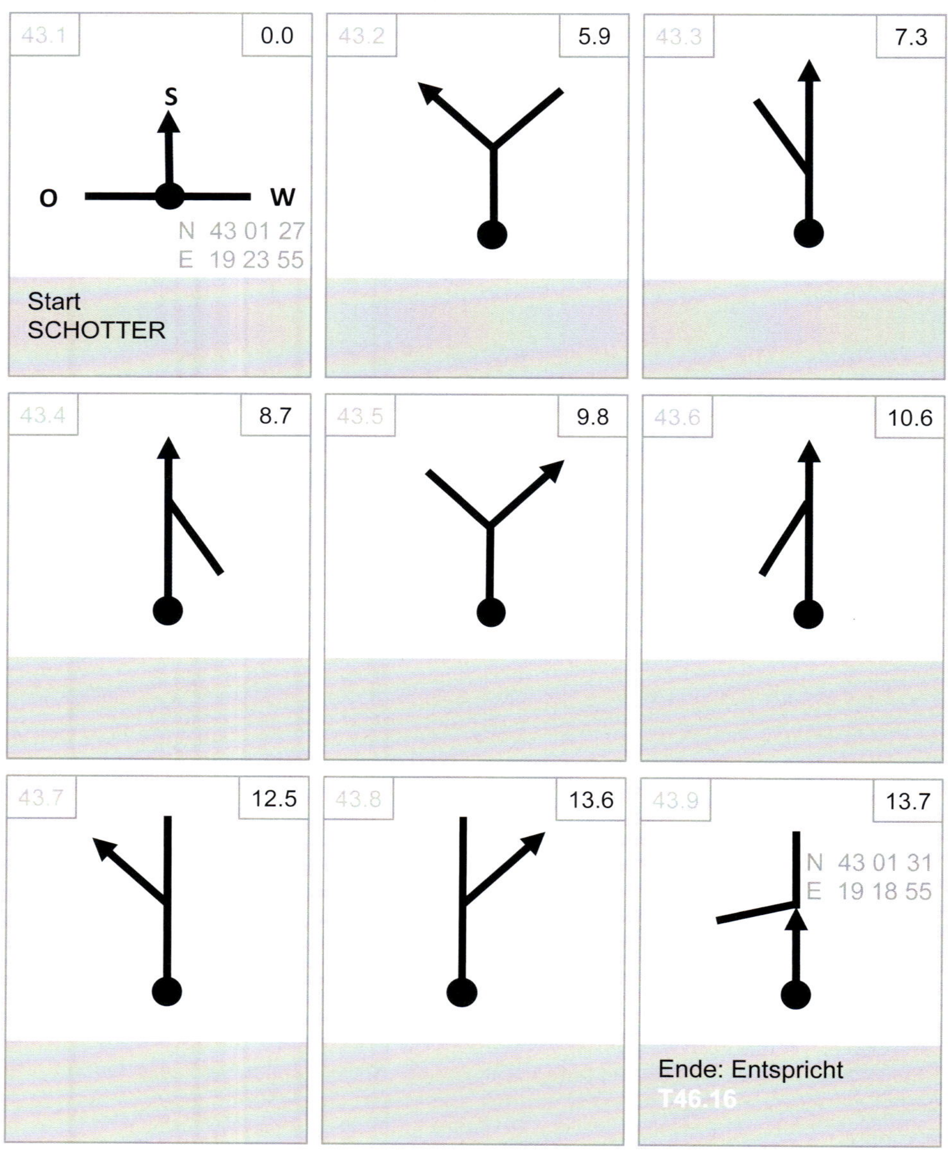

44 Veliki Žurim

Kratzgefahr: *
Orientierung: 2
Länge: 12.9 km
Dauer: 1 - 1.5 h

Am Fuß des mit seinen drei Gipfeln über die Ebene herausragenden Veliki Žurim darf es ein bisschen Mongolei schon sein. Jedenfalls erinnert sowohl die Landschaft als auch der Zustand dieses Tracks an die geschwungene Weite der mongolischen Steppe.

Aus einem zunächst recht brauchbaren Schotterweg wird schon bald eine grasig, matschige Naturpiste. Einige tief ausgeschwemmte Passagen verführen dazu, über die angrenzenden Weideflächen auszuweichen. Dies ist aber bei den hier lebenden Hirten nicht gerne gesehen – also tapfer bleiben und mit Geschick und Geduld eine passende Spur suchen – schließlich ist dies ja auch ein 4x4 Trackbook ;). Im letzten Drittel des Tracks bieten sich schöne Ausblicke in die weite Gebirgslandschaft, die manche als die schönste Montenegros bezeichnen. Kleine Bachquerungen und weitere ausgeschwemmte Passagen sorgen auch auf den letzten Kilometern für Kurzweil bis zum Erreichen einer schmalen Teerstraße.

44 Veliki Žurim

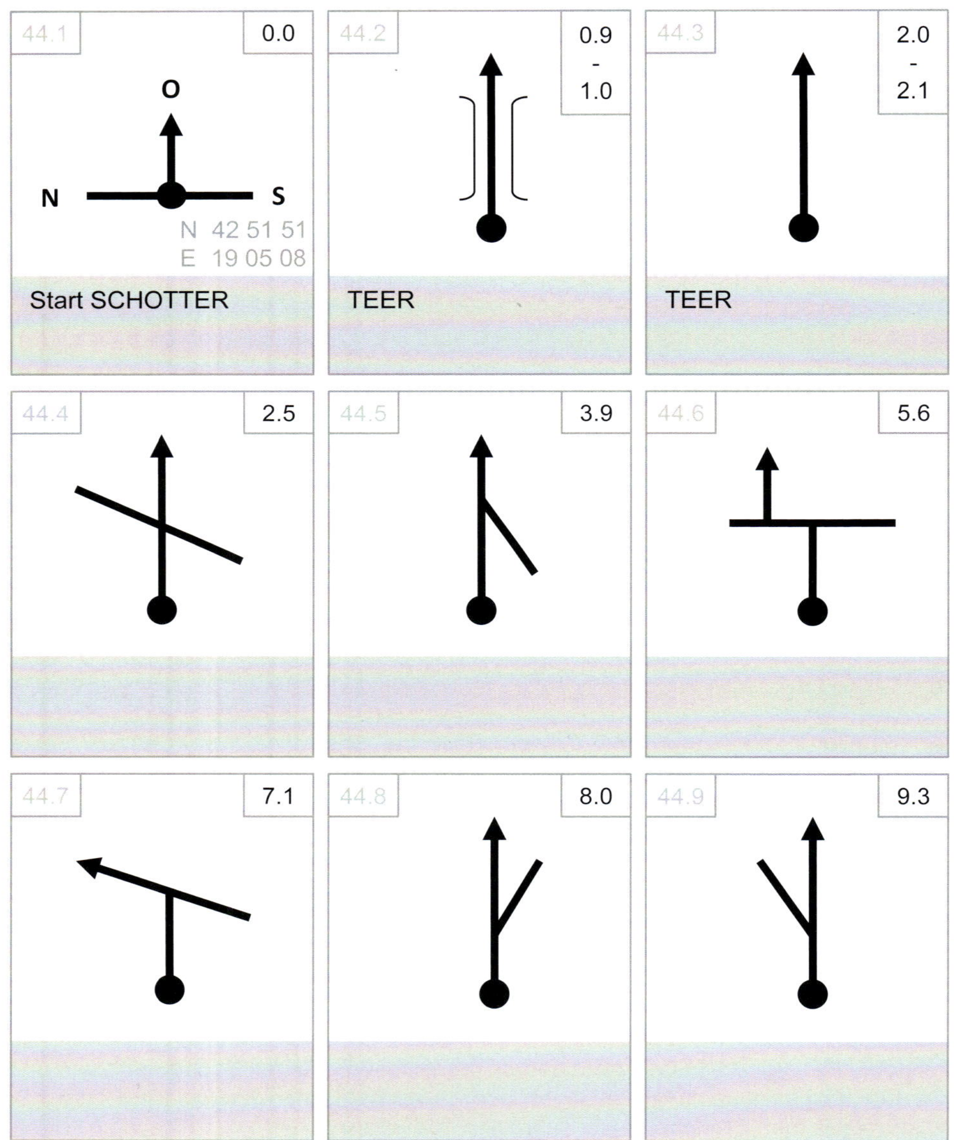

Veliki Žurim

44

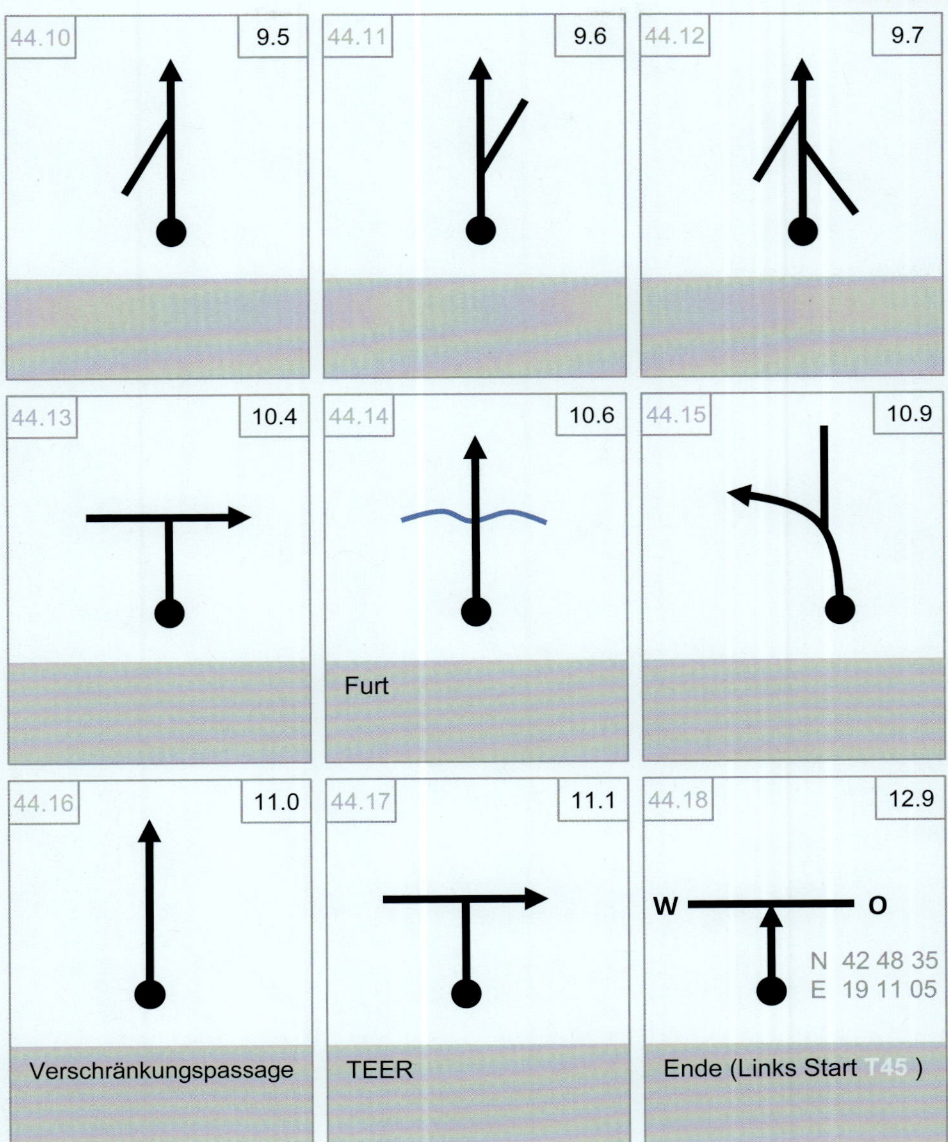

45 Kapetanovo Jezero

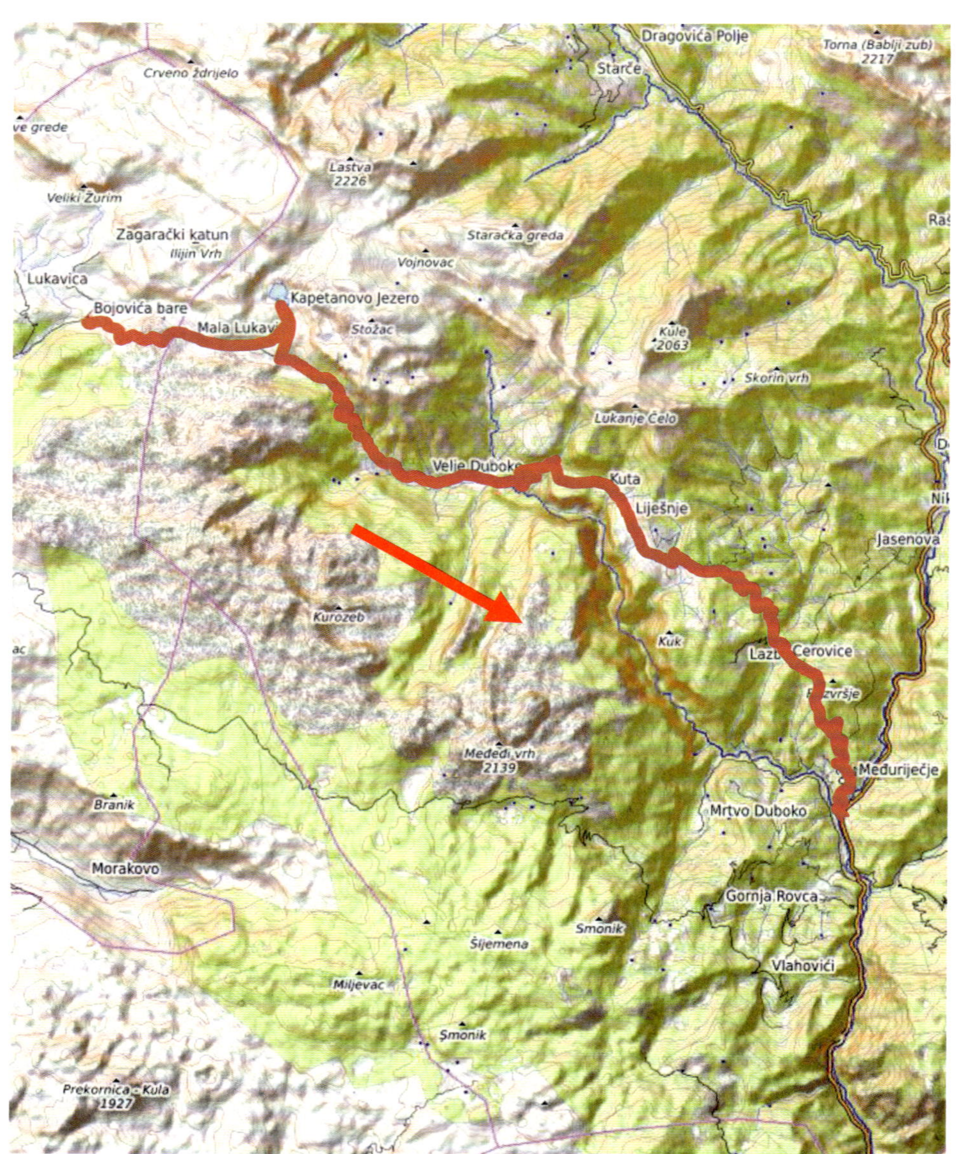

Kratzgefahr: *
Orientierung: 2
Länge: 31.4 km
Dauer: 2 - 3 h

Der in einem wilden Hochtal gelegene, glasklare Kapetanovo See ist ein beliebtes Ausflugsziel einheimischer Naturfreunde. Östlich des Sees wird der Track deutlich anspruchsvoller.

An den Wochenenden im Sommer ist es keine Seltenheit, dass ganze Wandergruppen mit Bussen auf der schmalen Teerstraße zum Anfang des rauen Schottertracks abgesetzt werden, um durch die wunderschöne Berglandschaft zu wandern. Engagierte Motoristen setzen ihre Fahrt auch mit den bewährten Golf 2 weiter in die Berge fort und erreichen mit einigem Geschick den See inkl. der Ausflugslokale. Dieser Track führt jedoch vom See aus weiter Richtung Osten und folgt einem oft steinigen Track hinunter in das Tal. Speziell im Mittelteil begeistert der kühn durch eine steile Felswand geführte Track durch seine kompromisslose Wildheit, die mit großer Wahrscheinlichkeit nur noch von geländegängigen Fahrzeugen und äußerst tollkühnen Golf 2 Piloten bewältigt werden kann.

45 Kapetanovo Jezero

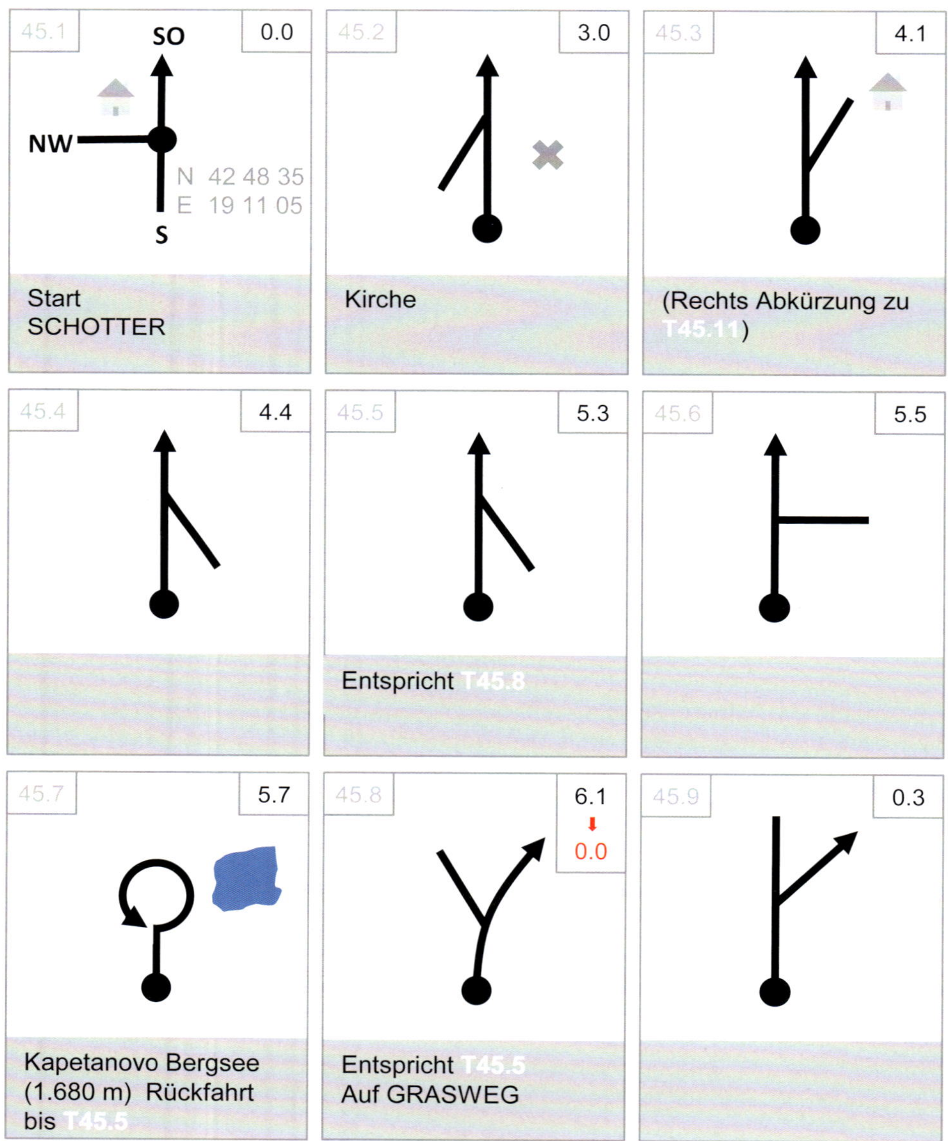

Kapetanovo Jezero 45

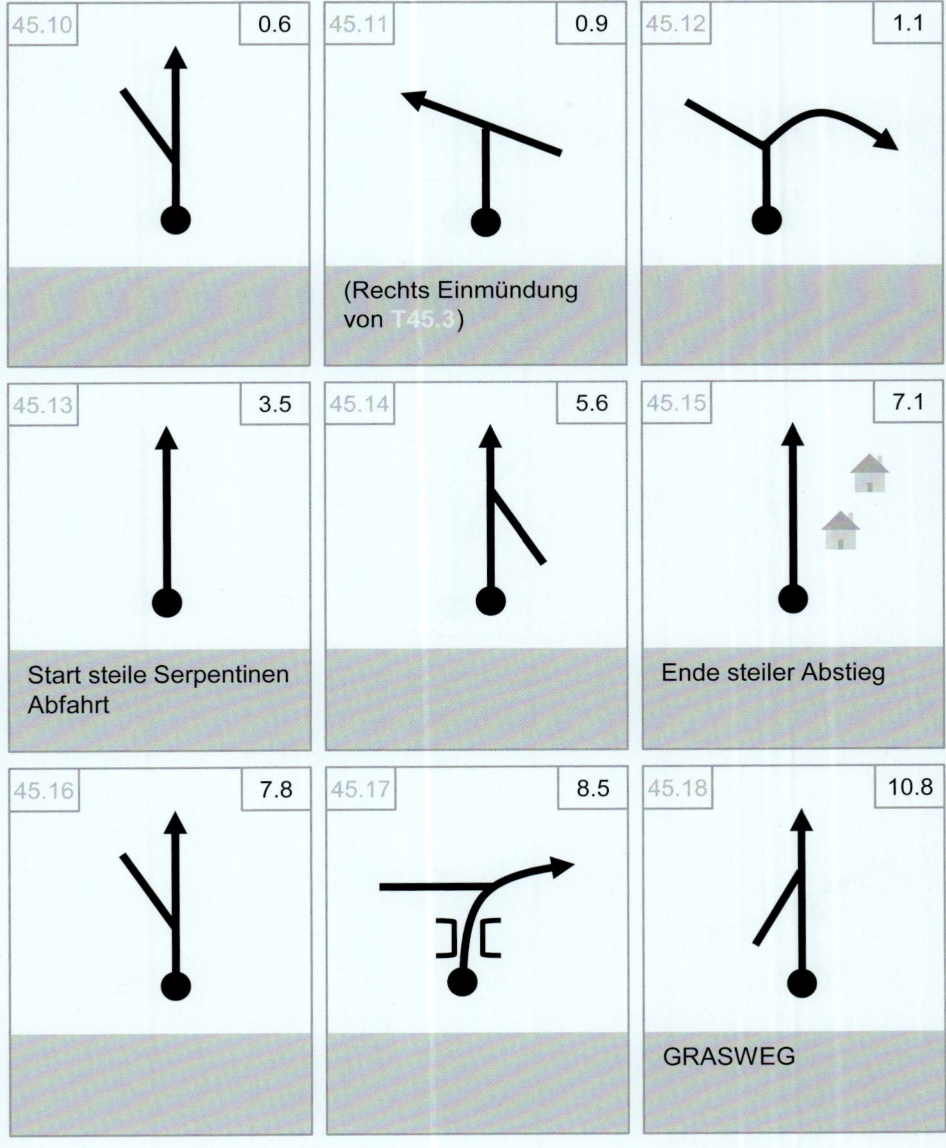

45 Kapetanovo Jezero

45.19 | 12.0

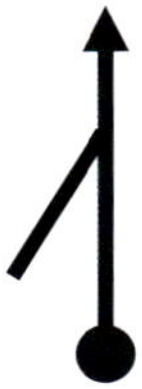

45.20 | 14.2

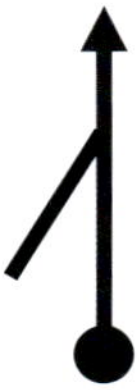

TEER

45.21 | 18.3

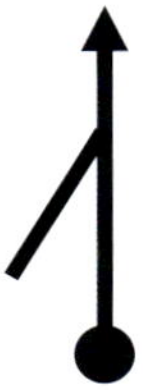

45.22 | 19.1

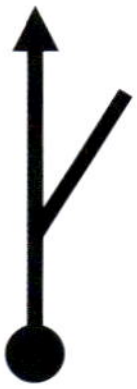

45.23 | 25.0

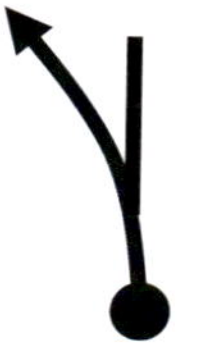

(Gerade Campingwiese
am Fluss
Kosten 5 €)

45.24 | 25.1

45.25 | 25.3

N 42 43 05
E 19 22 14

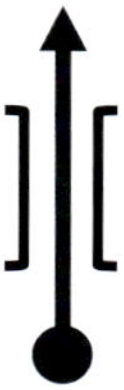

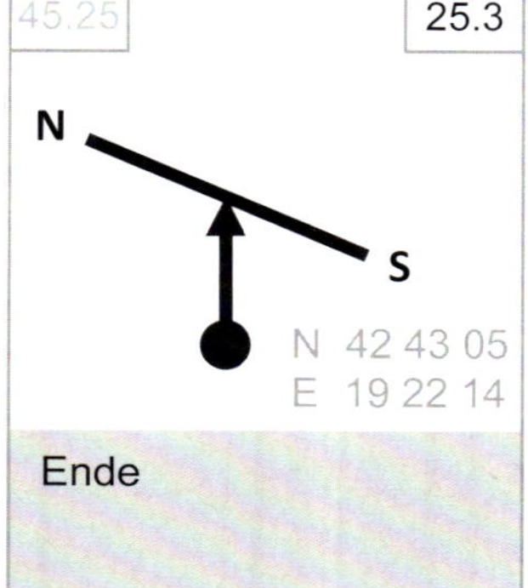

Ende

46 Sinjajevina Plateau

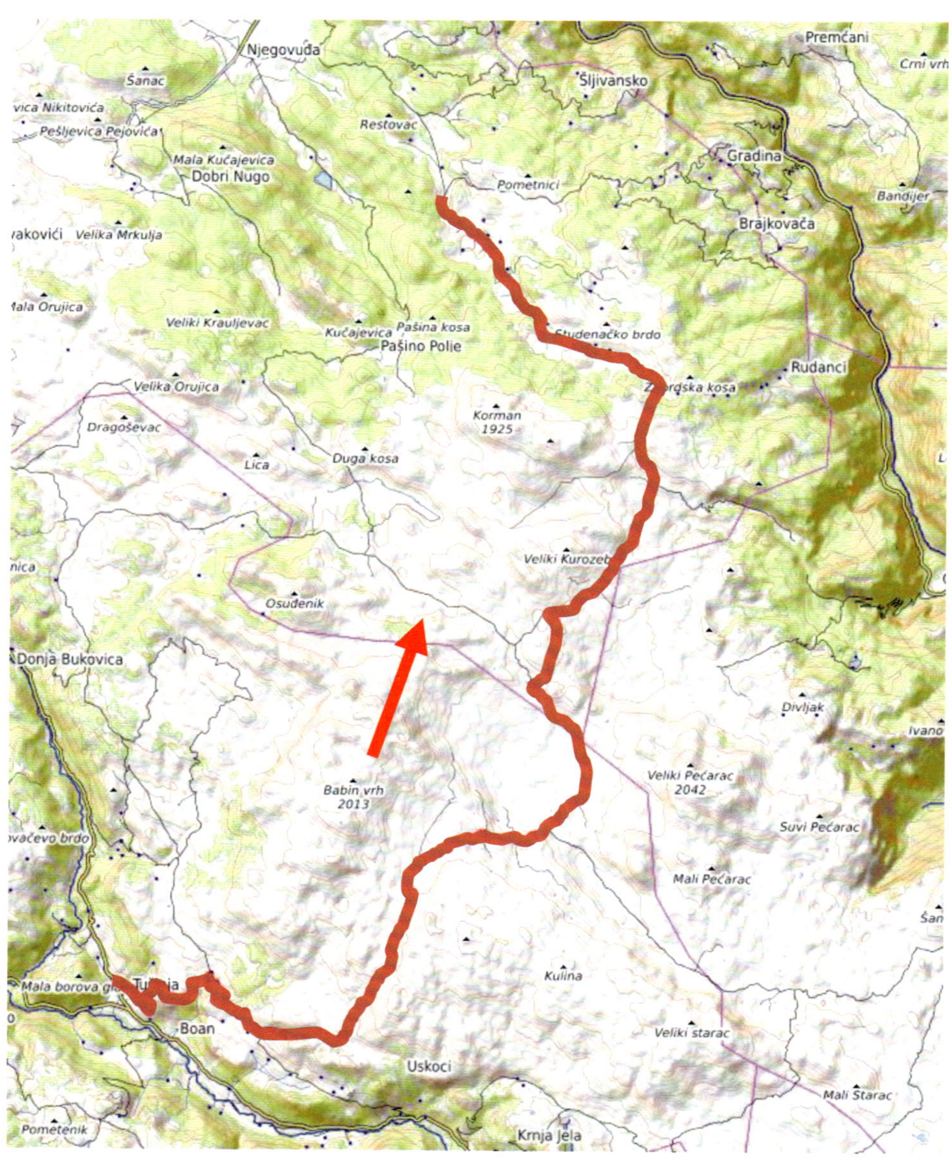

46

Kratzgefahr: *
Orientierung: 2
Länge: 33.6 km
Dauer: 2 - 3 h

Nur wenige Reisende verirren sich in die Bergsteppe des auf rund 1.600 m liegenden Sinjajevina Plateaus hoch über der Taraschlucht.

Das gut 700 Quadratkilometer große Gebiet ist eine der wildesten Regionen Montenegros ohne Infrastruktur. Lediglich schmale Naturtracks ermöglichen die Durchquerung der Steppenlandschaft. In dieser Region hat sich die für Montenegro typische halbnomadische Lebensweise erhalten – im Sommer ziehen die Familien mit ihren Herden auf die Hochebene und leben in dieser Zeit in ihrem Katun einer Art Alm. Obwohl diese Tradition in den letzten Jahren immer mehr zurückging, weiden in den Sommermonaten bis zu 200.000 Schafe auf dem Plateau. Im Frühjahr und Herbst können Schneereste und Schlamm das Vorankommen erschweren. Da der Verkehr nur sehr spärlich ist, sollte genug Ausrüstung zur Eigenbergung vorhanden sein ...

46 Sinjajevina Plateau

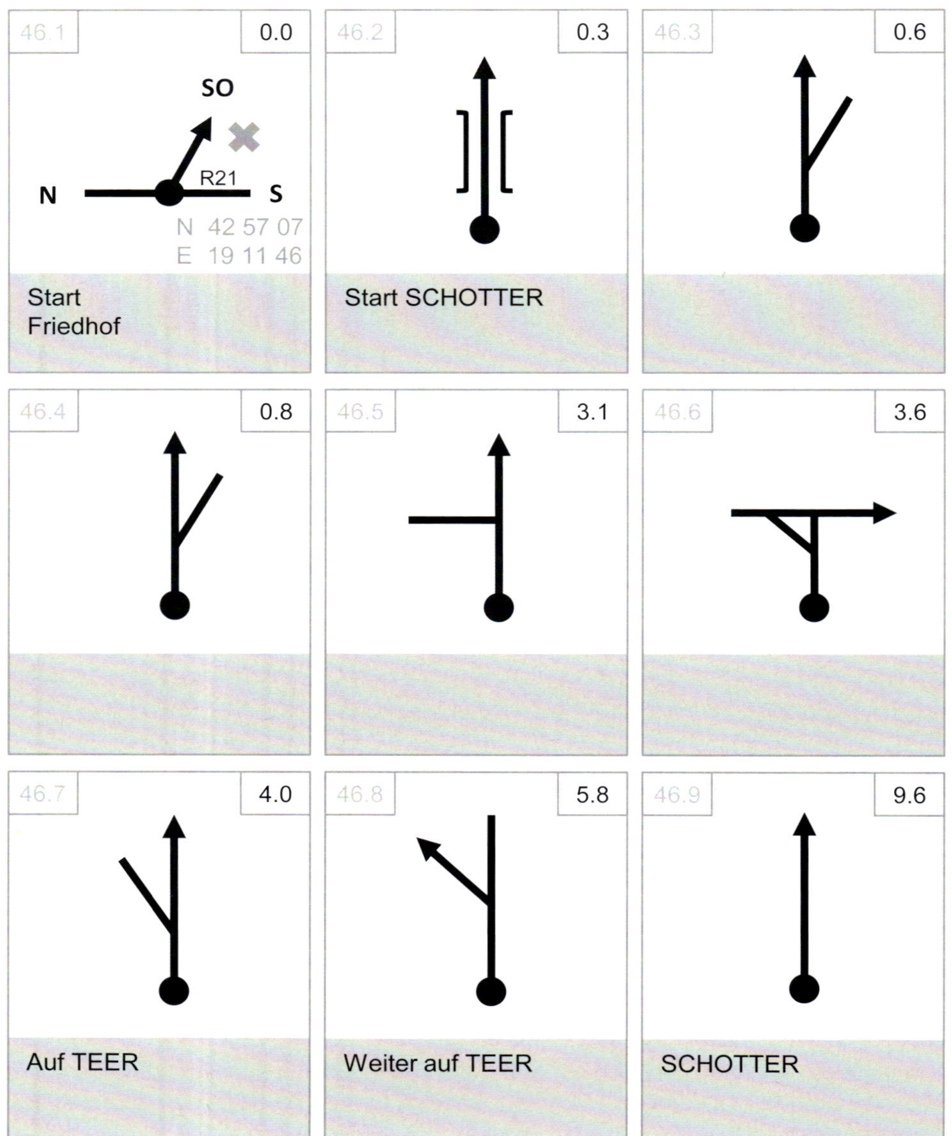

Sinjajevina Plateau 46

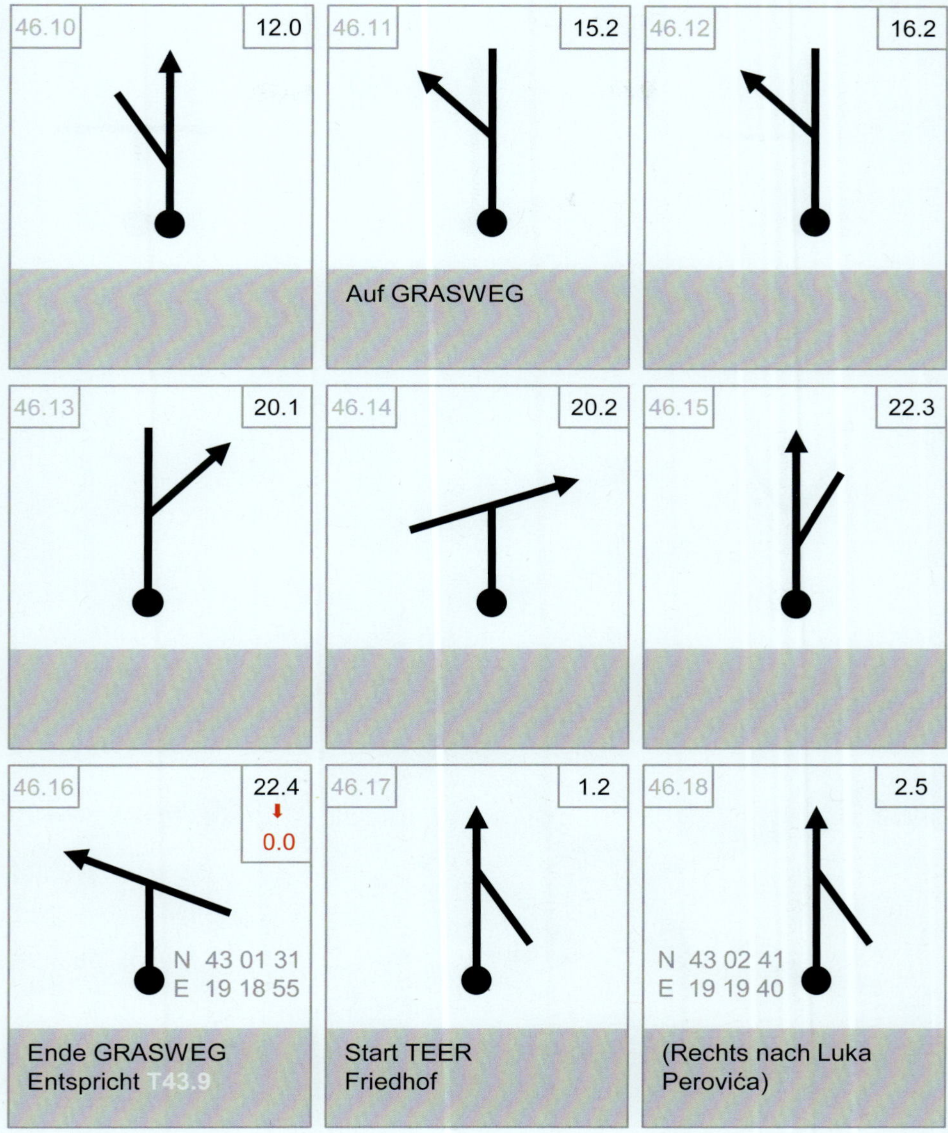

46 Sinjajevina Plateau

47 Orjen Sedlo

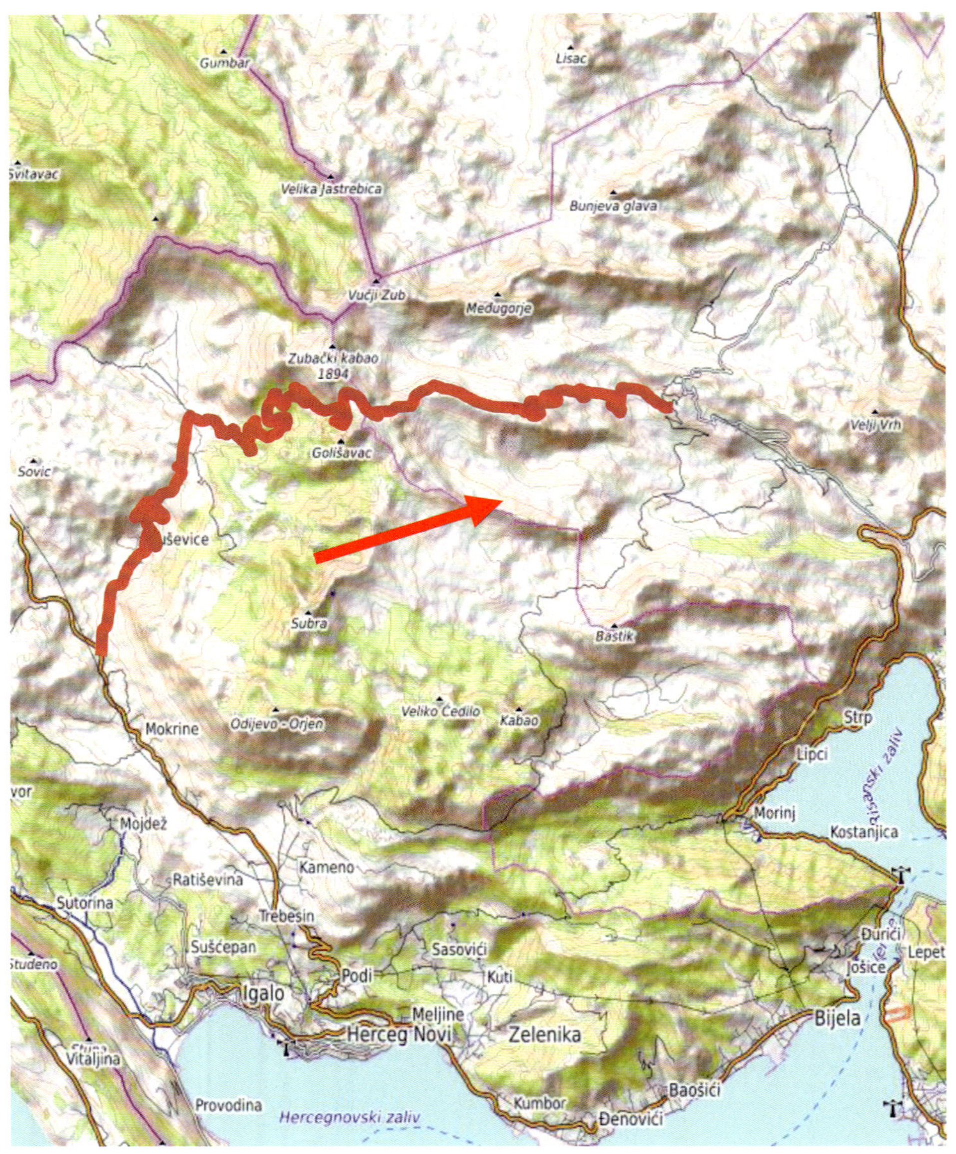

47

Der Orjen-Pass ist ein beeindruckendes Beispiel für die Straßenbaukunst in den Anfängen des letzten Jahrhunderts.

Über 24 km von Stützmauern, Rampen, Überfahrten, Dämmen und Befestigungen mussten für den weniger als 15 km langen Zentralteil dieser Strecke in Handarbeit errichtet werden. Auch heute noch muss man bei der Befahrung der Strecke der Handwerkskunst der Steinmetze höchsten Respekt zollen. Um diese Zugangsstrecke über das Gebirge in Hinterland zu erschließen, wurden schwierige Landschaftsformationen mit Einfallsreichtum überwunden. Einer der kunstvollen Dämme wurde (obwohl die Bauträger damals 100 Jahre Garantie auf ihre Leistungen geben mussten) mit den Jahren ein Opfer der Witterung. Glücklicherweise gibt es eine, wenn auch sehr fragwürdige, Umfahrung. Die Strecke ist ab KM 13.7 auf 2,5 t beschränkt – für deutlich schwere Fahrzeuge könnte auch die Umfahrung heikel werden.
Bis auf die Umfahrungspassage sollte die Strecke auch mit vorsichtig bewegten 2WD Fahrzeugen machbar sein.

47 Orjen Sedlo

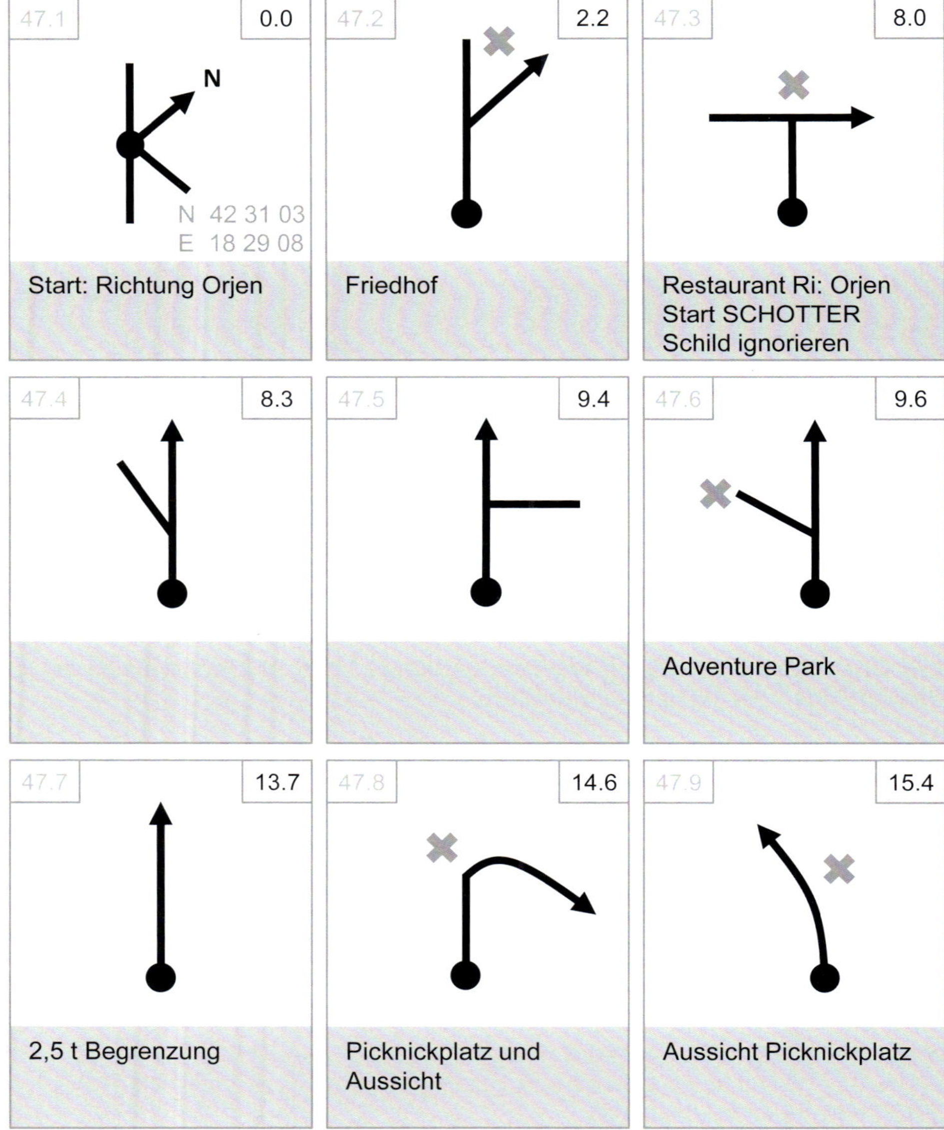

Orjen Sedlo

47

47.10 — 17.9 ⬇ 0.0	47.11 — 0.1	47.12 — 0.3
Passhöhe	Umfahrung *(Gerade nach 150 m weggebrochen)*	Ende Umfahrung
47.13 — 5,7	47.14 — 8.9	47.15 — 9.9
Ruine	Start TEER	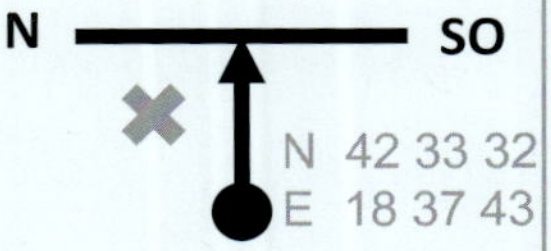 N — SO N 42 33 32 E 18 37 43 Ende: Fort Crkvice

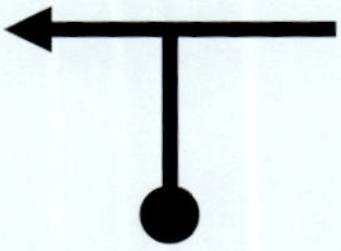

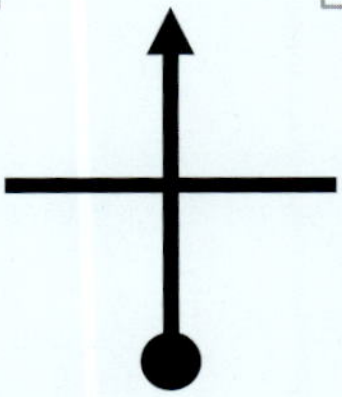

48 Crkvice

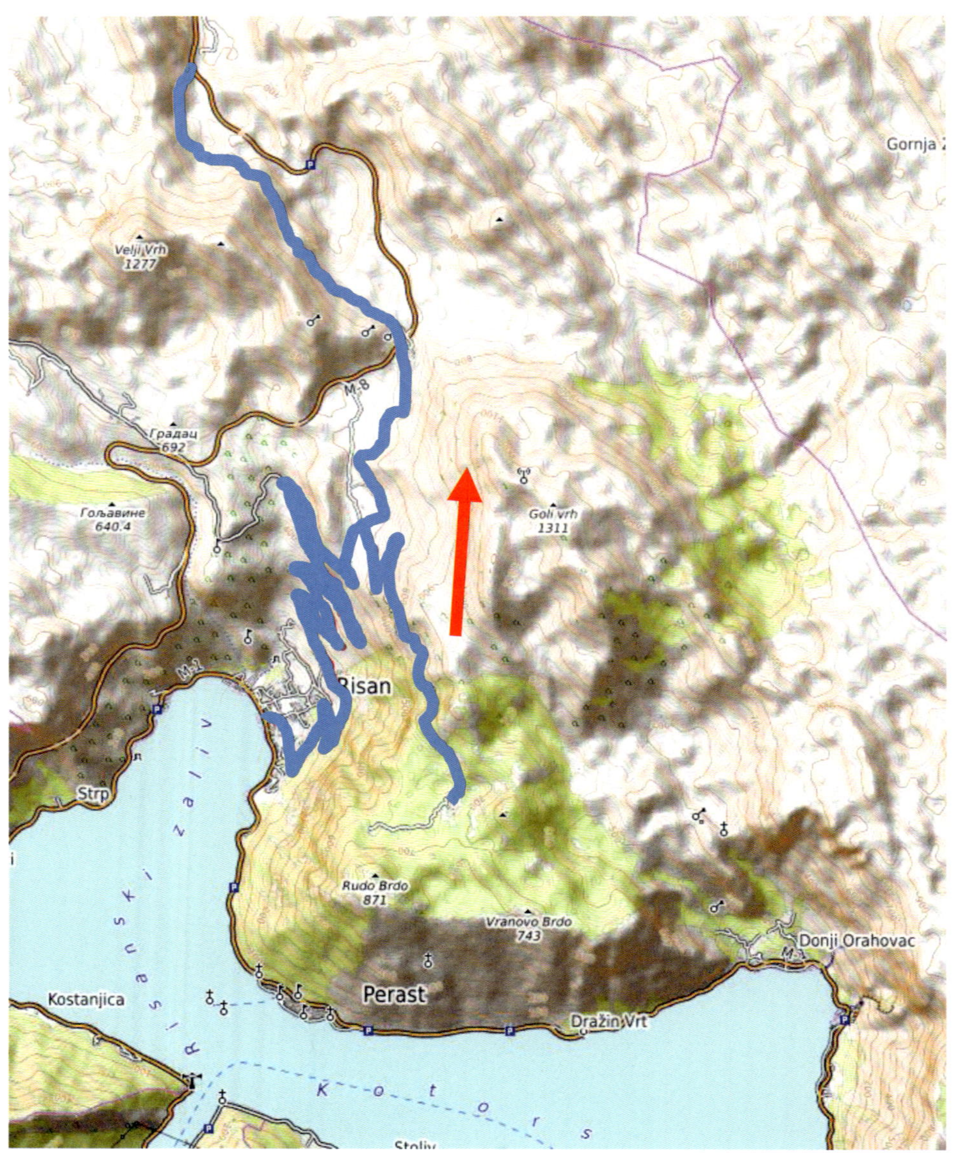
Gornja Z
Velji Vrh
1277
M-8
Градац
692
Гољавине
640.4
Goli vrh
1311
Risan
M-1
Strp
Risanski zaliv
Rudo Brdo
871
Vranovo Brdo
743
Donji Orahovac
Kostanjica
Perast
Dražin Vrt
Kotors
Stoliv

Kratzgefahr: *
Orientierung: 1
Länge: 28 km
Dauer: 2 - 2.5 h

Die alte Rampe aus der KuK Zeit von Risan am Golf von Kotor durch die Steilwand hinauf zum alten Passübergang nach Norden ist bei Overlandern wegen ihrer Ausgesetztheit und wunderschönen Ausblicke auf die türkisblaue Bucht gleichermaßen beliebt.

Obwohl die in vielen Abschnitten nur einspurige Strecke einen zwar sehr brüchigen, aber doch gut fahrbaren Teerbelag aufweist, ist wegen der teilweise hunderte Meter tiefen Abgründen neben der Strecke Konzentration gefragt. Am Scheitelpunkt (KM 10.3) beschreiben wir die Möglichkeit, Richtung Süd-Osten einem noch ausgesetzteren Schotterweg für 5 km zu folgen. Der Weg endet 200 Höhenmeter unterhalb einer alten Festungsanlage, hier bitte wenden. Der aus unserer Sicht anspruchsvollste Teil der Strecke ist die historische Nordrampe. Diese wird nur noch sehr selten befahren, dichter Bewuchs und großzügig weggebrochene Trassenteile zwingen zu aufmerksamem Zirkeln entlang des schmalen Korridors. Besonders bei schlechtem Wetter – die Region um Crkvice ist immerhin offiziell die niederschlagsreichste in ganz Europa – ist höchste Konzentration kein Fehler.

48 Crkvice

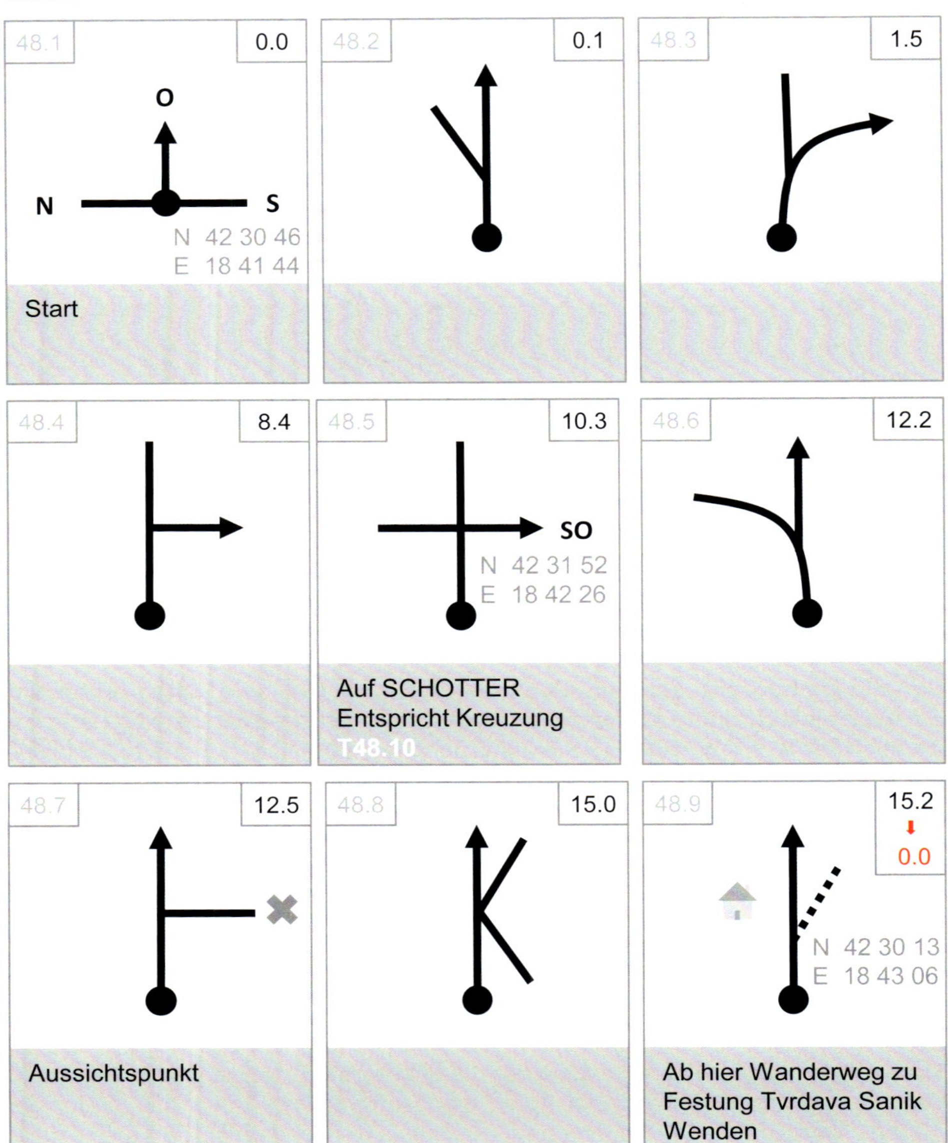
48.1
0.0
O
N
S
N 42 30 46
E 18 41 44
Start
48.2
0.1
48.3
1.5
48.4
8.4
48.5
10.3
SO
N 42 31 52
E 18 42 26
Auf SCHOTTER
Entspricht Kreuzung
T48.10
48.6
12.2
48.7
12.5
Aussichtspunkt
48.8
15.0
48.9
15.2
0.0
N 42 30 13
E 18 43 06
Ab hier Wanderweg zu
Festung Tvrdava Sanik
Wenden

Crkvice 48

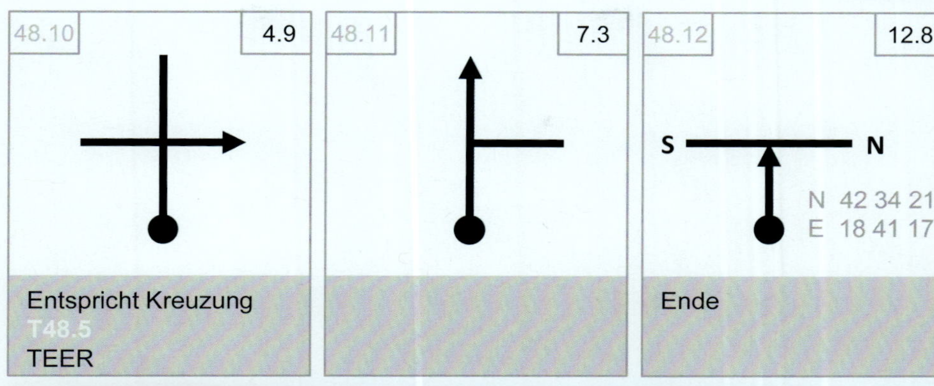

48.10 | 4.9

Entspricht Kreuzung
T48.5
TEER

48.11 | 7.3

48.12 | 12.8

N 42 34 21
E 18 41 17

Ende

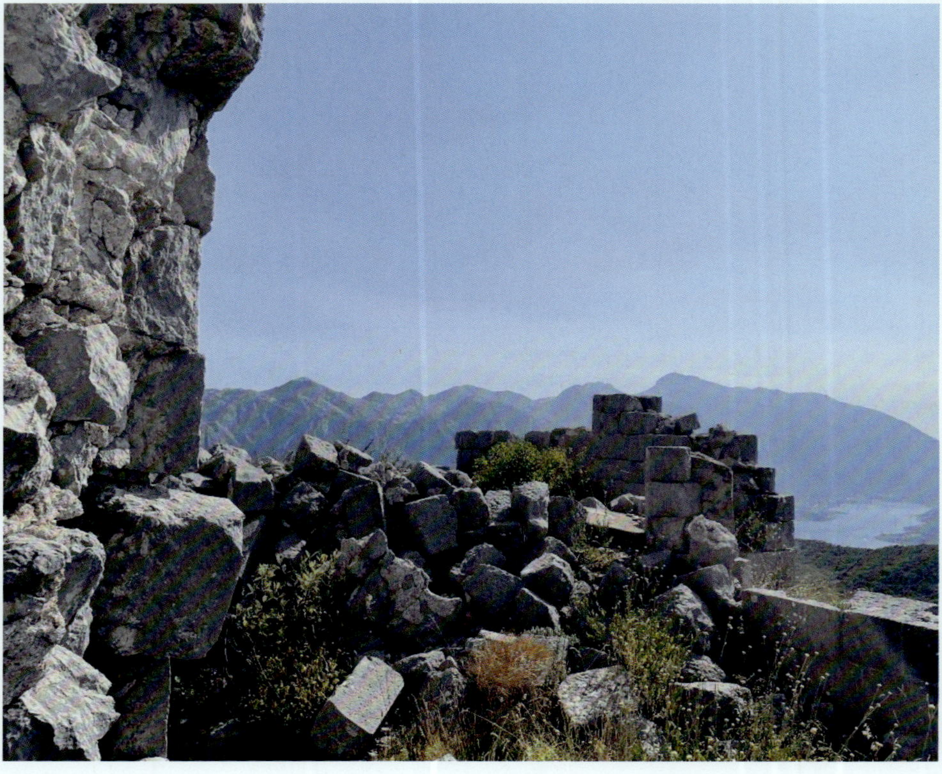

49 Biogradska Gora

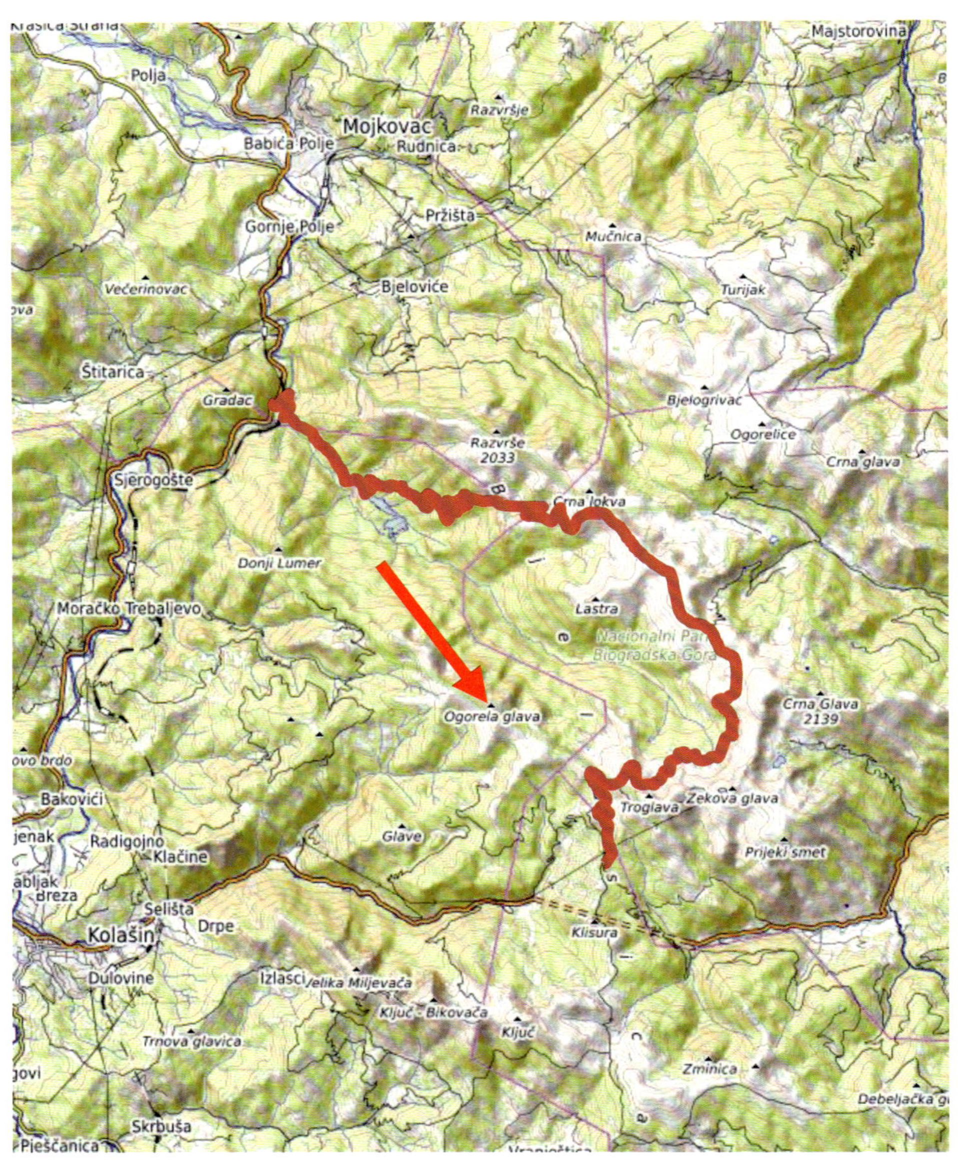

49

Kratzgefahr: *
Orientierung: 2
Länge: 26.4 km
Dauer: 1,5 h

Der Biogradska Gora ist einer der beliebtesten und bekanntesten Nationalparks Montenegros – immerhin finden sich in seinen ausgedehnten Urwäldern die ältesten Bäume Europas.

In der beschriebenen Richtung folgt der Track zunächst der offiziellen Zufahrt in den Park und es ist ein Eintrittsgeld zur Erhaltung der Infrastruktur fällig. Der See Biogradsko Jezero, umrahmt von bis zu fünfhundert Jahre alten Bäumen, ist eine der Hauptattraktionen für die meisten Besucher. Das richtige Abenteuer startet jedoch, wenn man sich dem leicht zu übersehenden Weg durch den Parkplatz und durch den Urwald anvertraut.

Nach einigen Serpentinen und dem Passieren von Berghütten mit Übernachtungsmöglichkeiten wird die Strecke wilder und verläuft oberhalb der Baumgrenze durch beeindruckende Gebirgspanoramen. Weggeschwemmte Abschnitte, Erdrutsche und schlammige Anstiege können besonders im Frühsommer eine zusätzliche Würze in diese außergewöhnlich schöne Strecke bringen.

49 Biogradska Gora

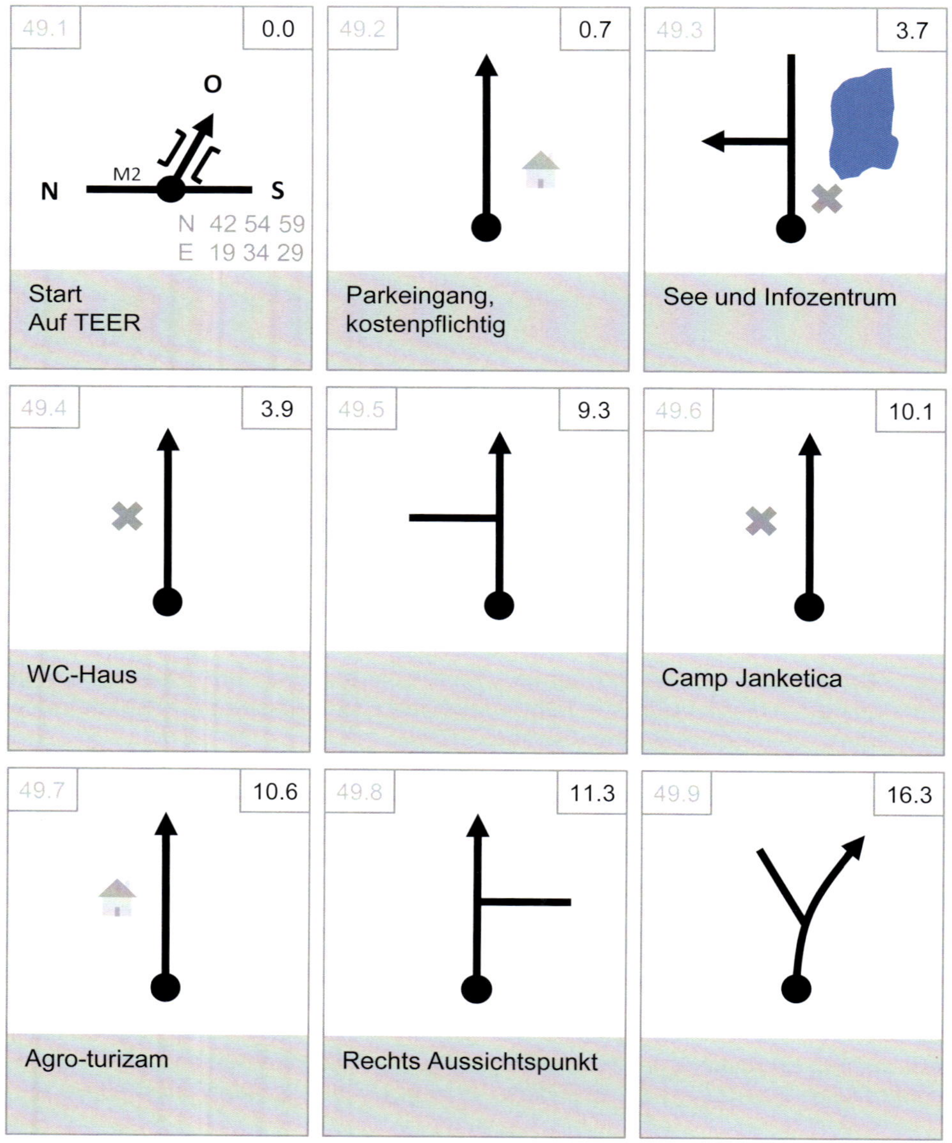

Biogradska Gora 49

49.10	18.0

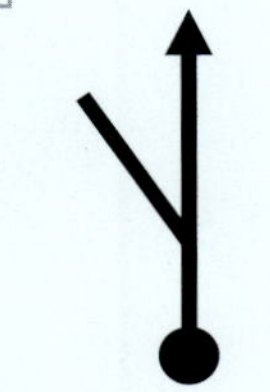

49.11	18.9

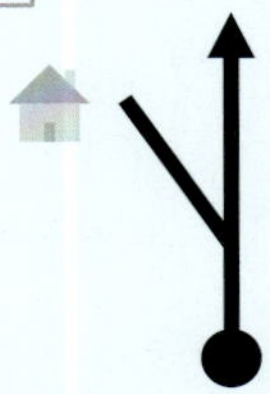

Berghütte

49.12	19.6

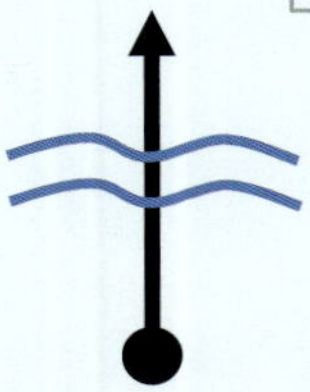

Bach

49.13	22.6

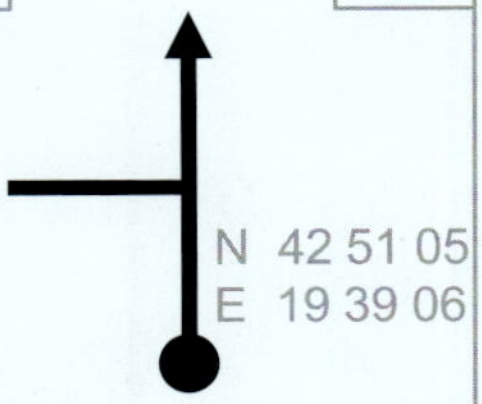

N 42 51 05
E 19 39 06

Ausfahrt Nationalpark

49.14	23.4

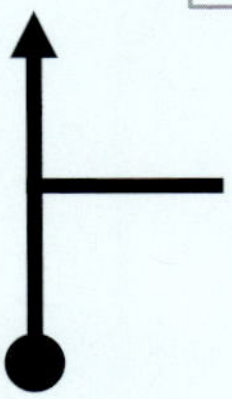

49.15	25.5

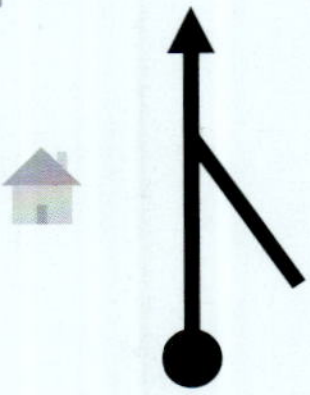

Unter Skilift
Berghütte

49.16	26.4

S
N
N 42 50 18
E 19 38 58

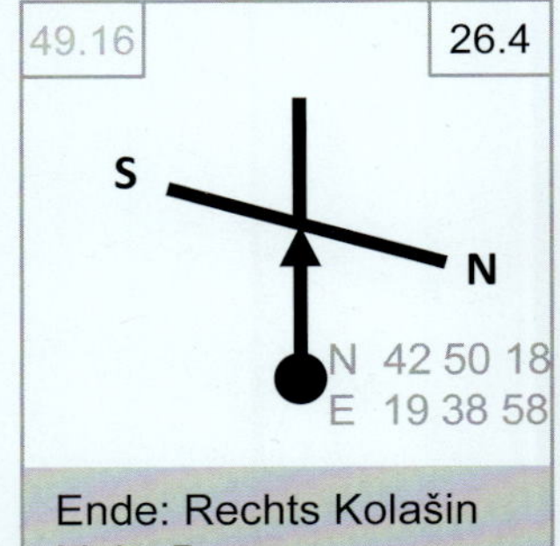

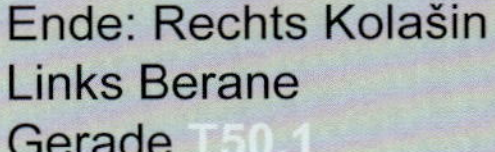

Ende: Rechts Kolašin
Links Berane
Gerade T50.1

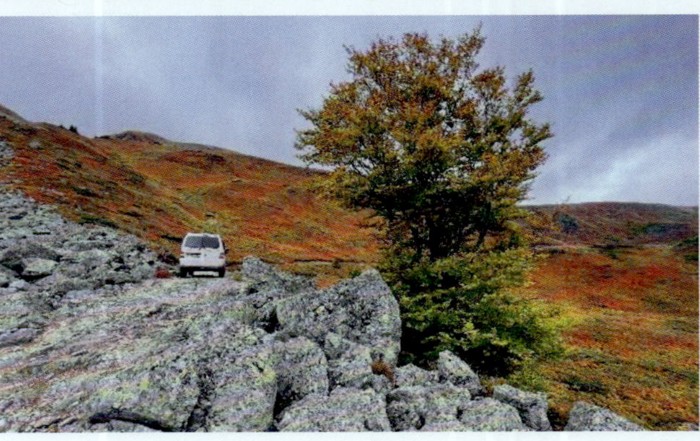

50 Kolašin 1600

Kratzgefahr: *
Orientierung: 1
Länge: 15.1 km
Dauer: 45 - 60 min

Erst 2019 eröffnete das Skigebiet Kolašin 1600 und die neue Infrastruktur ermöglicht die einfache Zufahrt zu diesem schönen Aussichtstrack entlang des Bjelasica Gebirges.

Schon wenige Minuten nach dem Start bleiben die durch das Anlegen des Skigebietes entstandenen Narben in dem ansonsten ursprünglichen Gebirgspanorama zurück. Der Track folgt einer durch das Relief vorgegebenen, natürlichen Linie und folgt dem Höhenzug nach Süden. Ab und zu erinnert jedoch ein Zubringerlift daran, dass im Winter deutlich mehr Betrieb in diesem Teil des Gebirges ist. Am Ende des Tracks bleibt die Wahl, hinüber zu den Peaks of the Balkans oder zurück in den Trubel der Hauptstadt weiter zu fahren.

50 Kolašin 1600

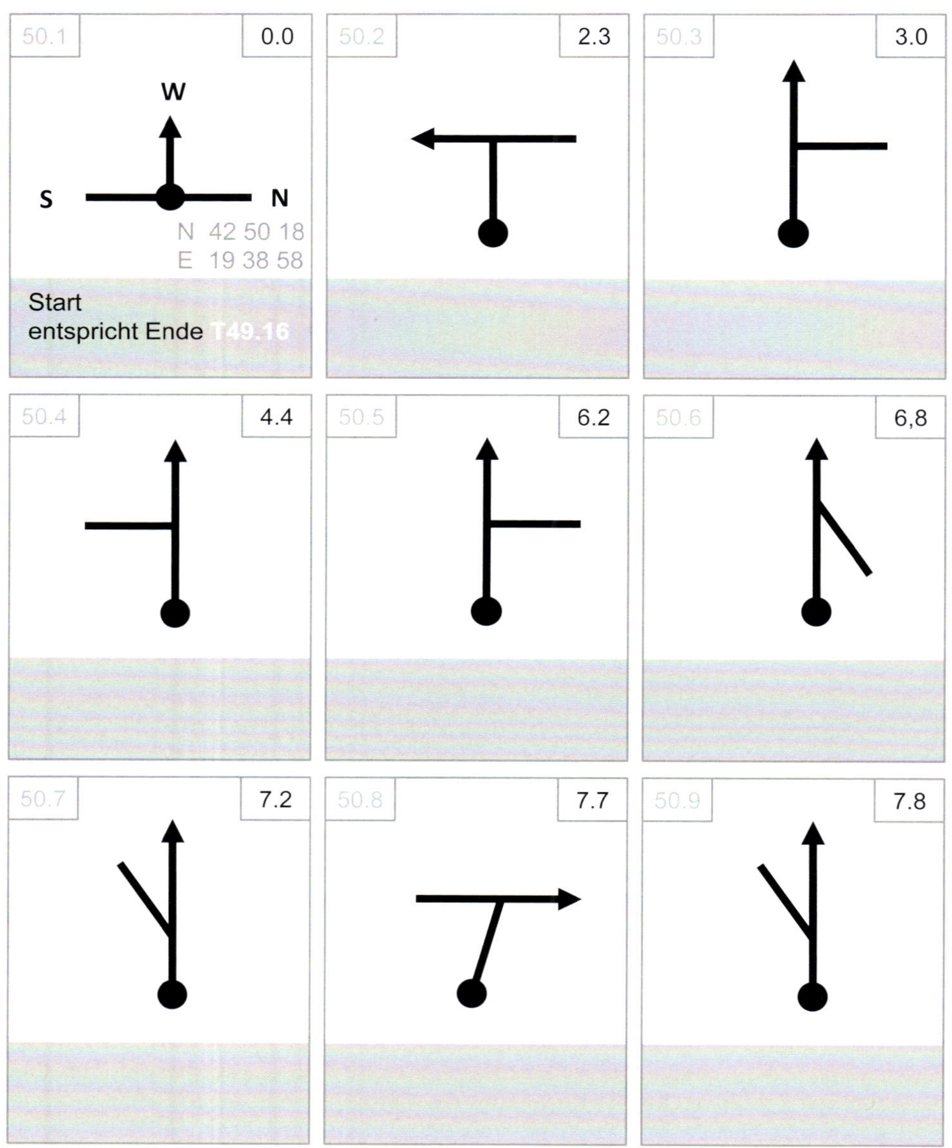

Kolašin 1600

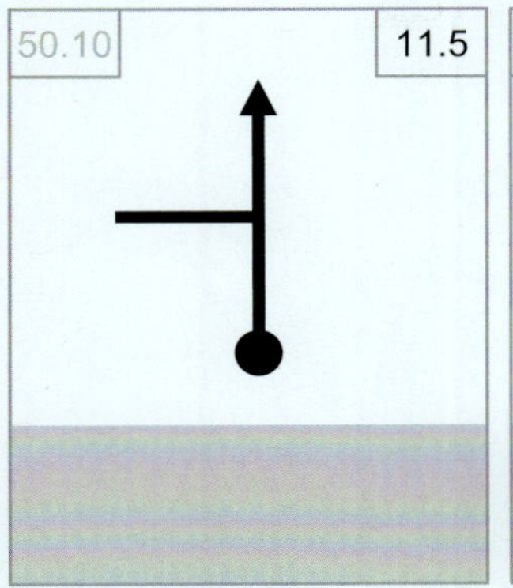

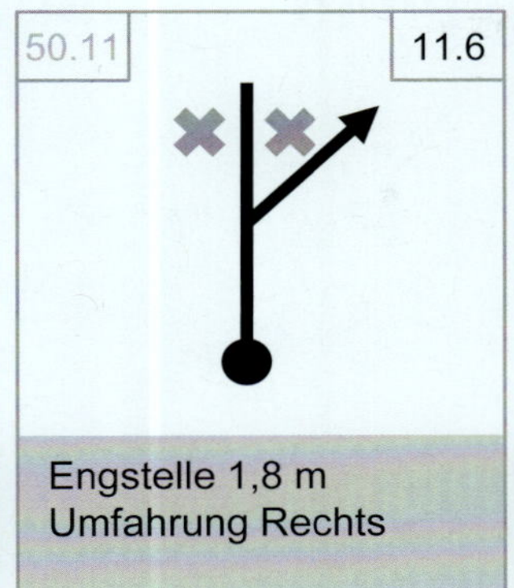

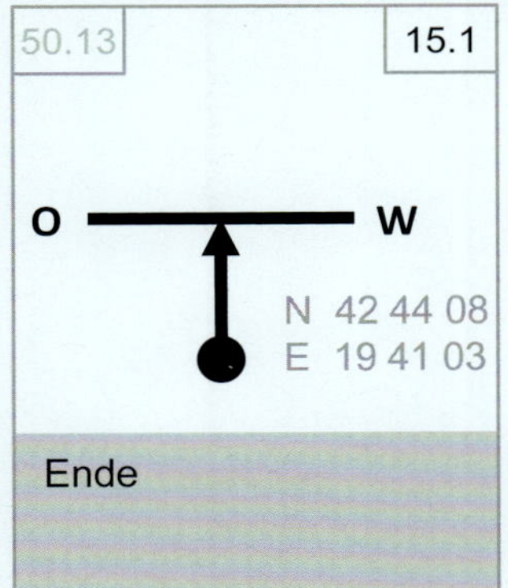

51 Bjelasica Traverse

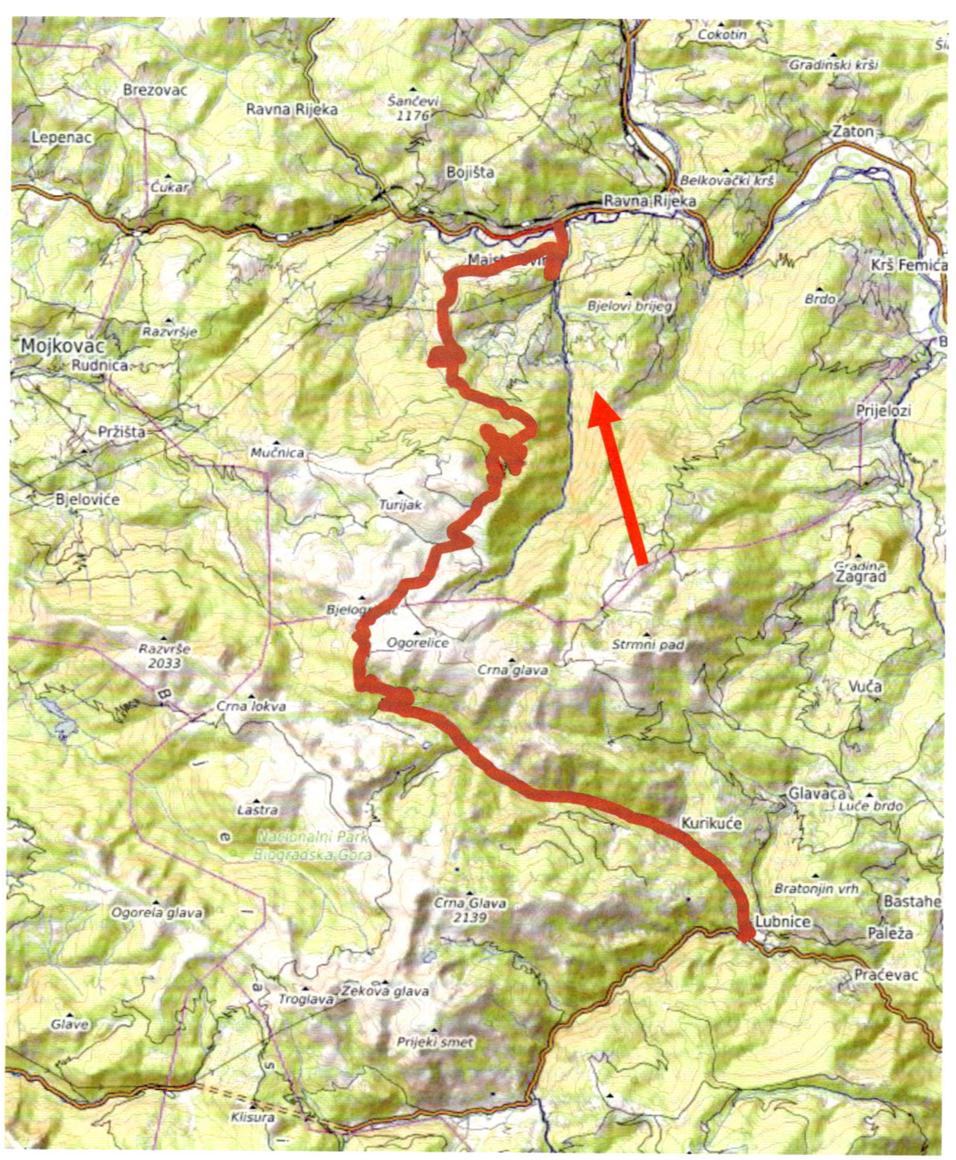

Kratzgefahr: *
Orientierung: 2
Länge: 31.6 km
Dauer: 2 - 3 h

Dieser Track im Hinterhof des bekannten Biogradska Nationalparks ist nicht nur eine der höchstgelegenen, sondern auch eine der tückischsten Strecken in Montenegro.

Aber zuerst zu den Höhepunkten – nachdem der Track fast 1.000 Höhenmeter auf fast 2.000 m geklettert ist, führt er an den Hängen des 2.189 m hohen Crna Glava (Schwarzes Haupt) als unterhaltsamer und wenig befahrener Naturweg über eine vulkanisch geprägte Hochebene. Weite Aussicht und einzelne 2.000er-Gipfel machen den landschaftlichen Reiz der Strecke aus. Fahrerisch spannend sind dann die ersten Kilometer von der Hochebene hinunter in das fast 1.500 m tiefer liegende Tal der Ljubovida. Die vereinzelten Auf- besonders aber die doch recht langen Abfahrten auf der Graspiste werden bei Regen zu einer formidablen Schlittenpartie – nur etwas zu viel Bewegungsenergie und es geht munter dahin … Hier empfiehlt es sich rechtzeitig eine Auslaufspur zu suchen.

51 Bjelasica Traverse

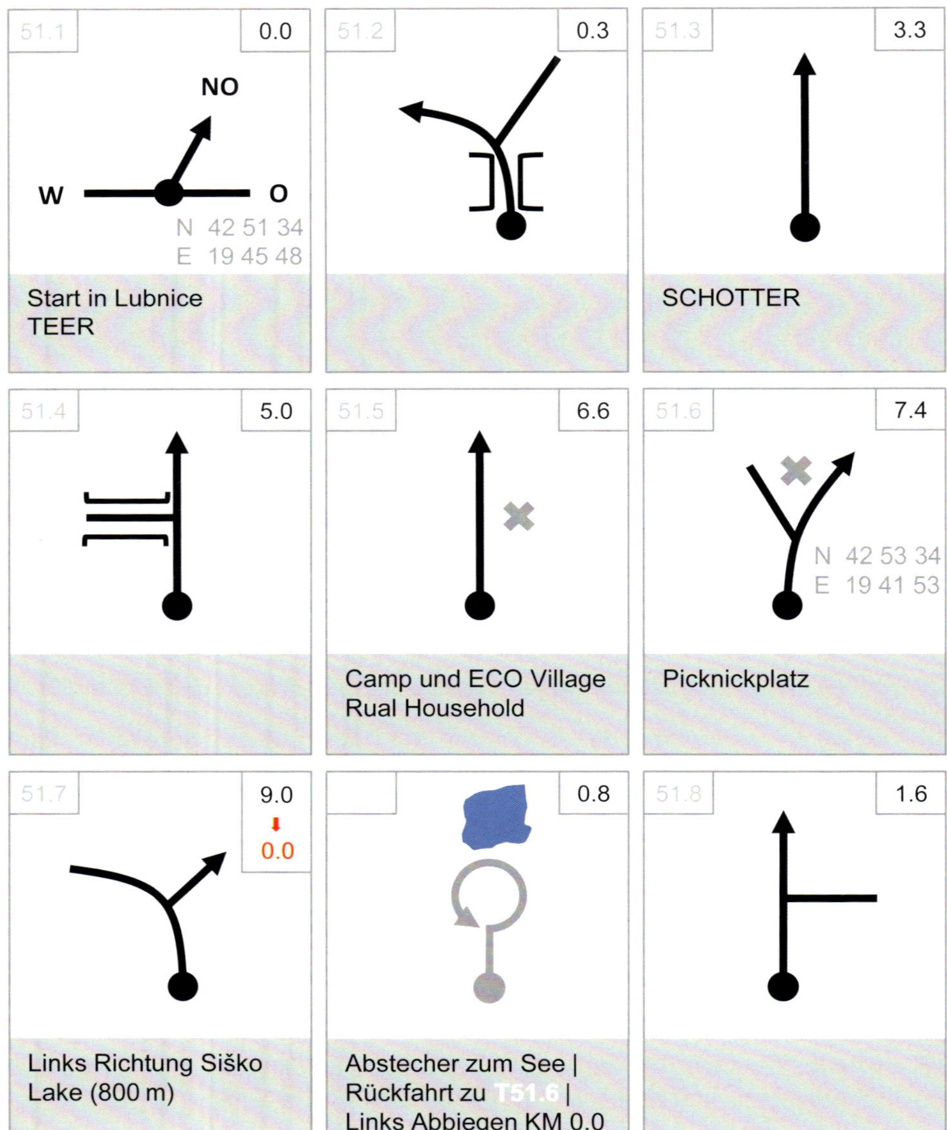

Bjelasica Traverse

51.9	1.6
51.10	1.9
51.11	2.8
	Weiter auf GRASWEG
51.12	3.1
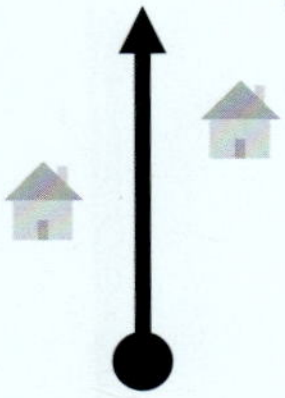	Hütte Bilidin Potok
51.13	4.7
51.14	6.0
	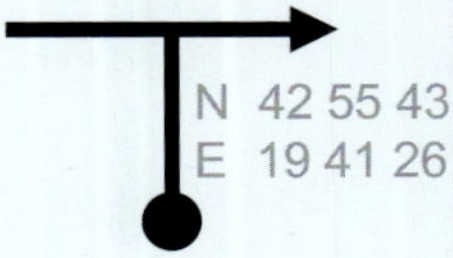 N 42 55 43 E 19 41 26
	Strecke besser
51.15	6.6
51.16	7.2
51.17	7.8

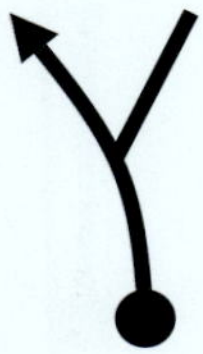

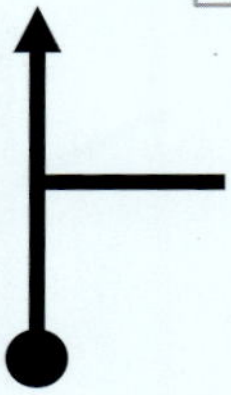

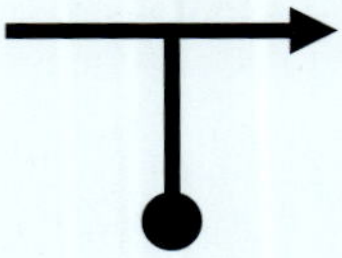

51 Bjelasica Traverse

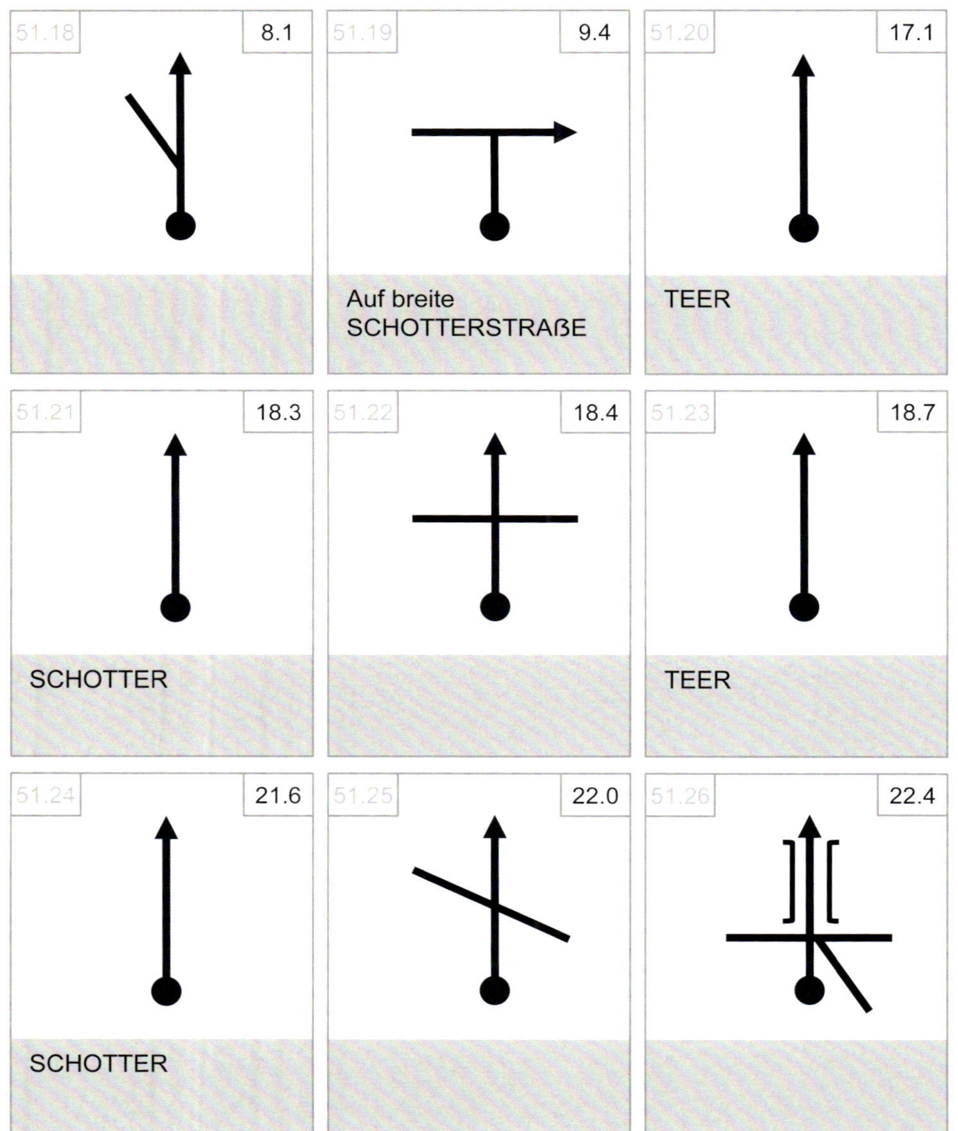

Bjelasica Traverse 51

52 Brskut

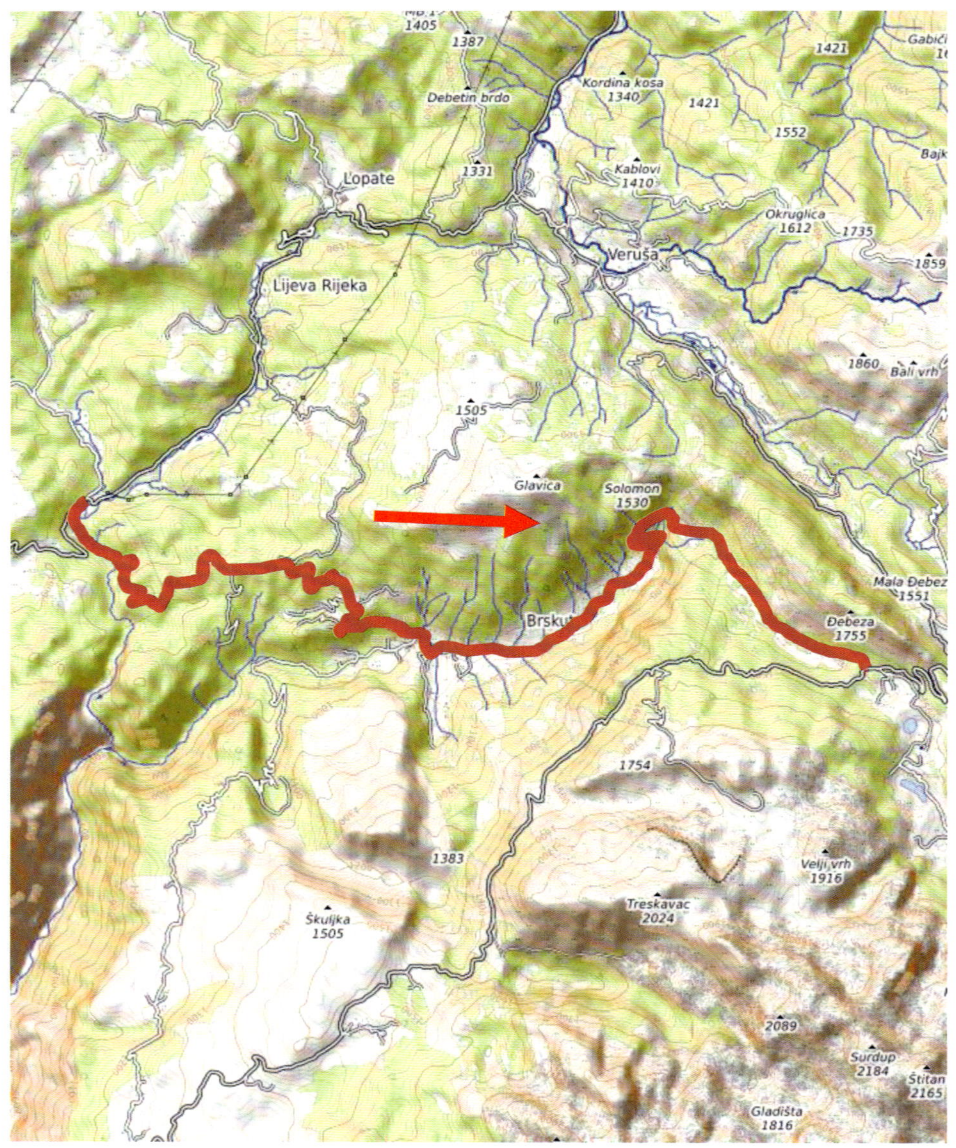

1405
1387
Debetin brdo
Kordina kosa
1340
1421
1421
1552
Lopate
1331
Kablovi
1410
Okruglica
1612
1735
Veruša
1859
Lijeva Rijeka
1860
Bali vrh
1505
Glavica
Solomon
1530
Mala Đebeza
1551
Brskut
Đebeza
1755
1754
1383
Velji vrh
1916
Treskavac
2024
Škuljka
1505
2089
Surdup
2184
Štitan
2165
Gladišta
1816

52

Kratzgefahr: *
Orientierung: 1
Länge: 14.5 km
Dauer: 1 - 1,5 h

2013 baute die montenegrinische Armee die schmale Zufahrt in den kleinen Weiler Brskut, da die Fahrstraße nach Podgorica über die Gebirgszüge im Winter oft unpassierbar war.

Erst 1970 bekam das isoliert in einem tief eingeschnittenen Tal gelegene Brskut einen Stromanschluss, aber mit über 60 ganzjährigen Quellen ist es tatsächlich ein kleines, fruchtbares Paradies in der sonst oft so wasserarmen Karstlandschaft. Hinter der Ortschaft bilden steile Wände einen beeindruckenden Felskessel – und genau in diesen hinauf führt die Fortsetzung dieses Tracks. Zunächst folgt die Strecke dem Verlauf des Brskut Flüsschens, der bei Regen jedoch auch gerne einmal den grobsteinigen Track überschwemmt. Am Ende des Tals klettert der Track dann weiterhin steinig, aber nun auch steil und teilweise ausgesetzt in der Felswand hinauf bis zu einem Plateau im Felsrund. Hier bietet sich eine schöne Aussicht zurück in das Tal, bevor kurz danach wieder Teer erreicht wird.

52 Brskut

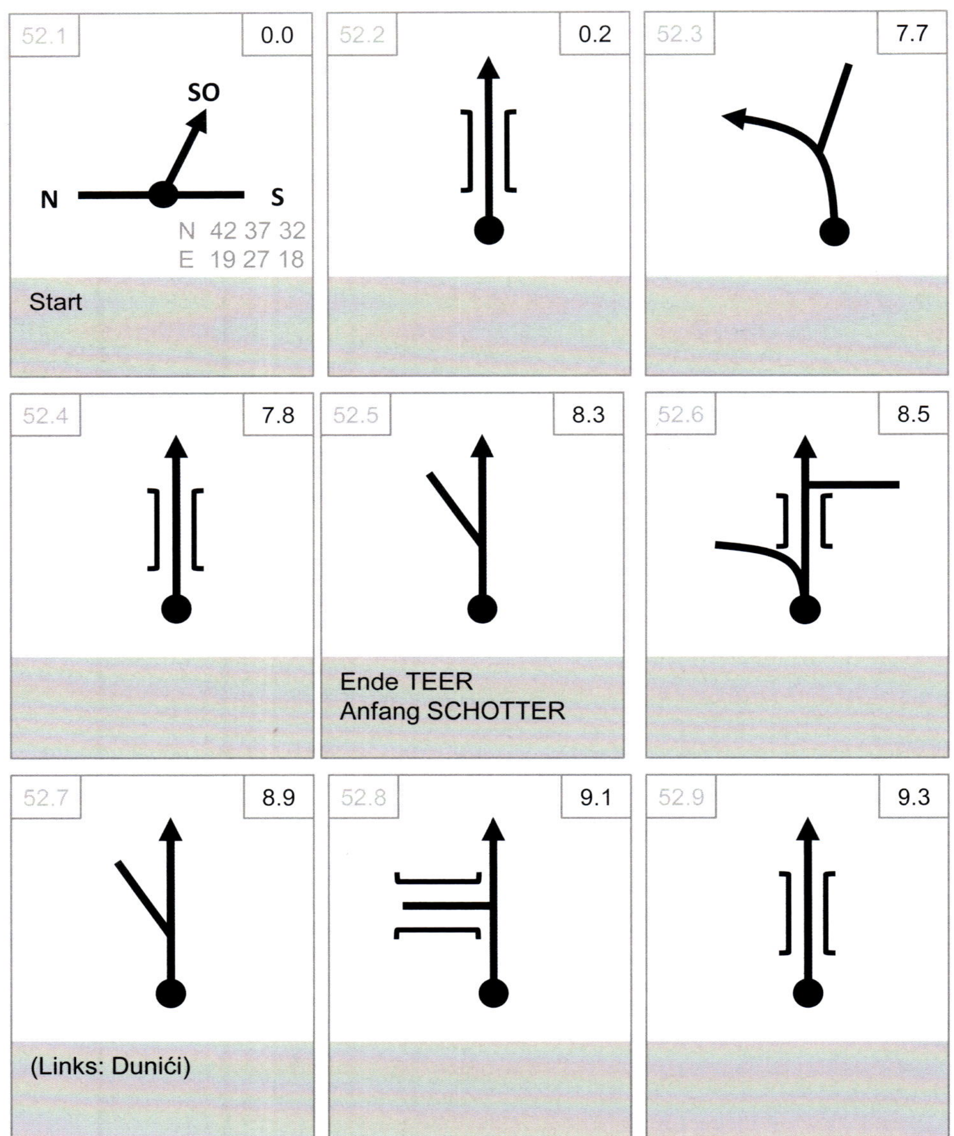

52.1
0.0
SO
N
S
N 42 37 32
E 19 27 18
Start
52.2
0.2
52.3
7.7
52.4
7.8
52.5
8.3
Ende TEER
Anfang SCHOTTER
52.6
8.5
52.7
8.9
(Links: Dunići)
52.8
9.1
52.9
9.3

Brskut 52

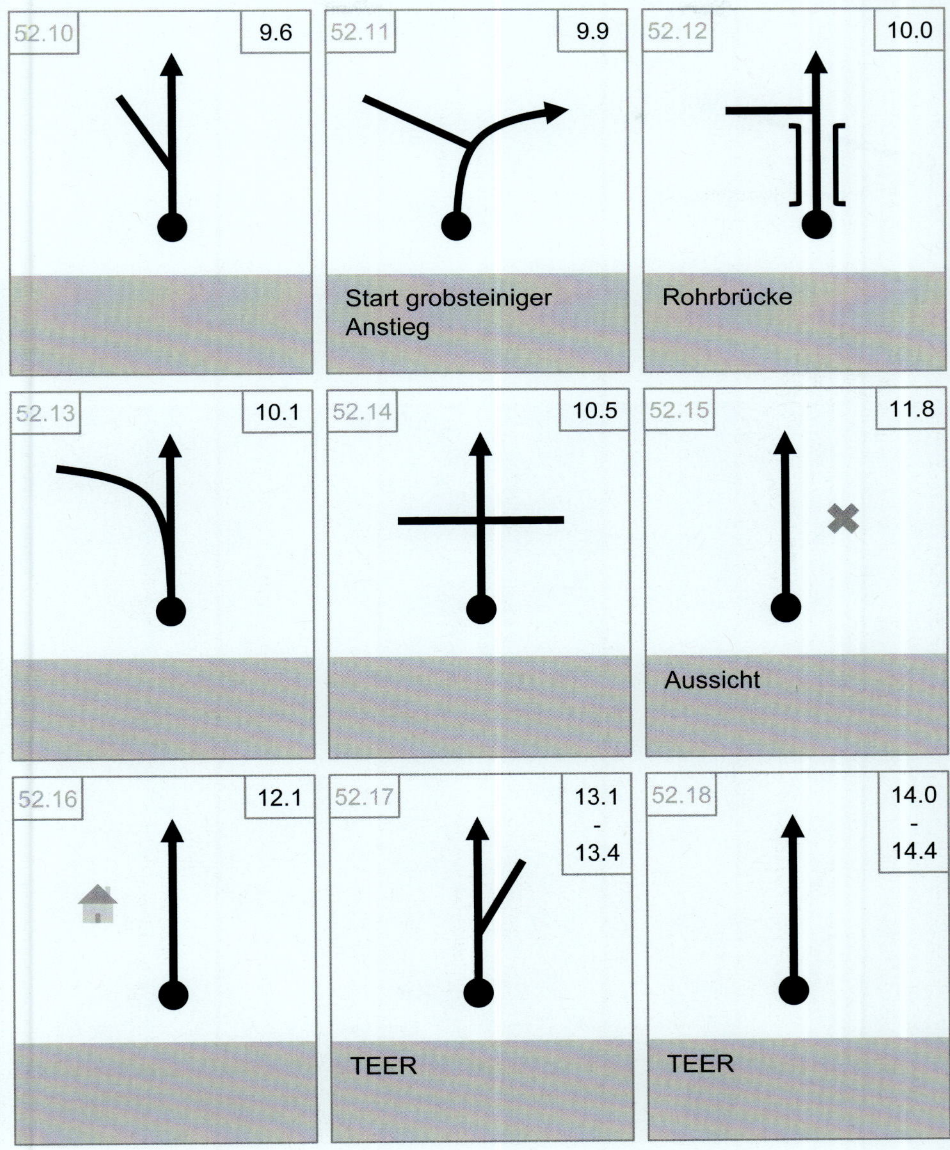

52.10
9.6
52.11
9.9
Start grobsteiniger Anstieg
52.12
10.0
Rohrbrücke
52.13
10.1
52.14
10.5
52.15
11.8
Aussicht
52.16
12.1
52.17
13.1 - 13.4
TEER
52.18
14.0 - 14.4
TEER

52 Brskut

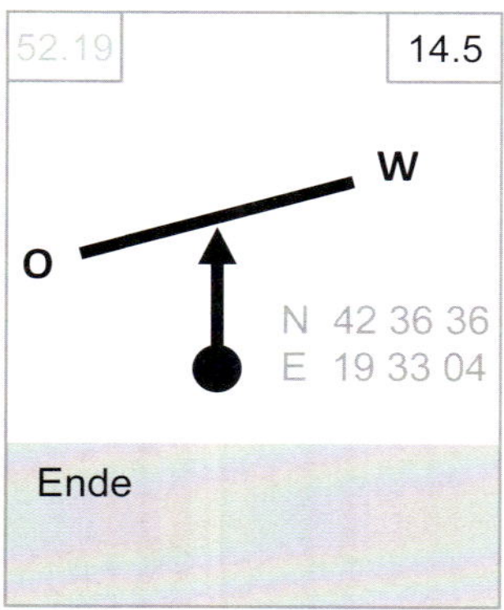

53 Kučka Krajina

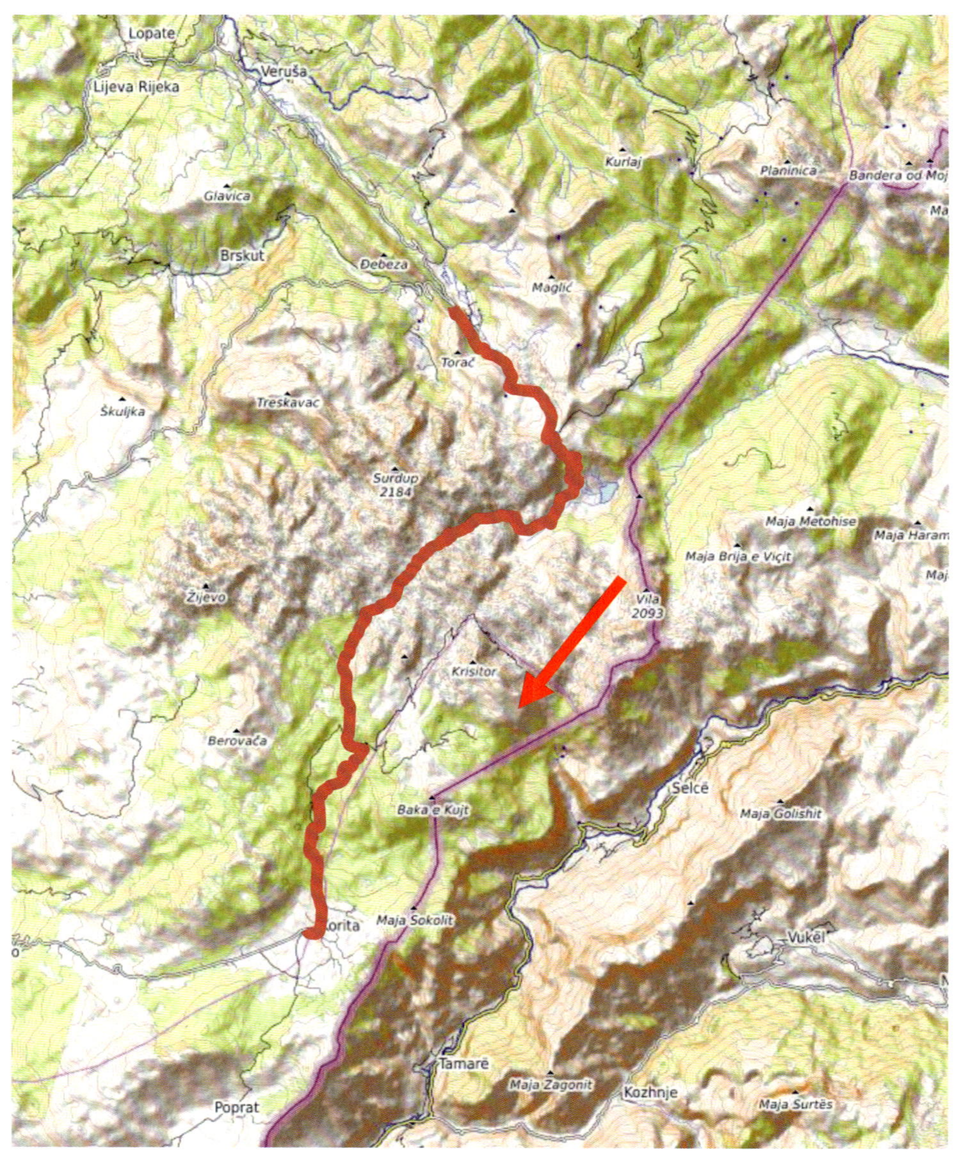

53

Kratzgefahr: *
Orientierung: 2
Länge: 22.5 km
Dauer: 3 h

Der erste Teil dieses Gebirgstracks bis zum idyllischen Rikavačko Gletschersee hat es tatsächlich zu einer Beschreibung in „dangerousroad.org“ geschafft – dabei ist die Fortsetzung noch etwas wilder.

Die Kučka Krajina bildet mit seinen 2.000er Gipfeln die natürliche Grenze zu Albanien. Obwohl dieser Gebirgszug nur knapp 50 km von der Hauptstadt Podgorica entfernt liegt, ist er eine noch weitgehend unentdeckte Naturperle. Über eine erste Passfahrt erreicht dieser Track den nur wenige hundert Meter von der Grenze zu Albanien gelegenen Rikavačko See. In diesem entlegenen Winkel wurden einige der ursprünglichen Katuns in Wochenendhäuser umgewandelt. Ab dem See gewinnt der steinige Track wieder an Höhe, teilweise ist es fast nicht vorstellbar, wie der weitere Verlauf sein wird. Das Karstgebirge mit seinen Dimensionen, die sonst so typisch sind für Nationalparks der USA, ist selbst für schon durch die sonstigen Naturschönheiten Montenegros Abgestumpfte ein Leckerbissen. Von der Passhöhe des Velika Ćafa lohnt ein Blick zurück, bevor es hinunter in die Ebene bei Podgorcia geht.

53 Kučka Krajina

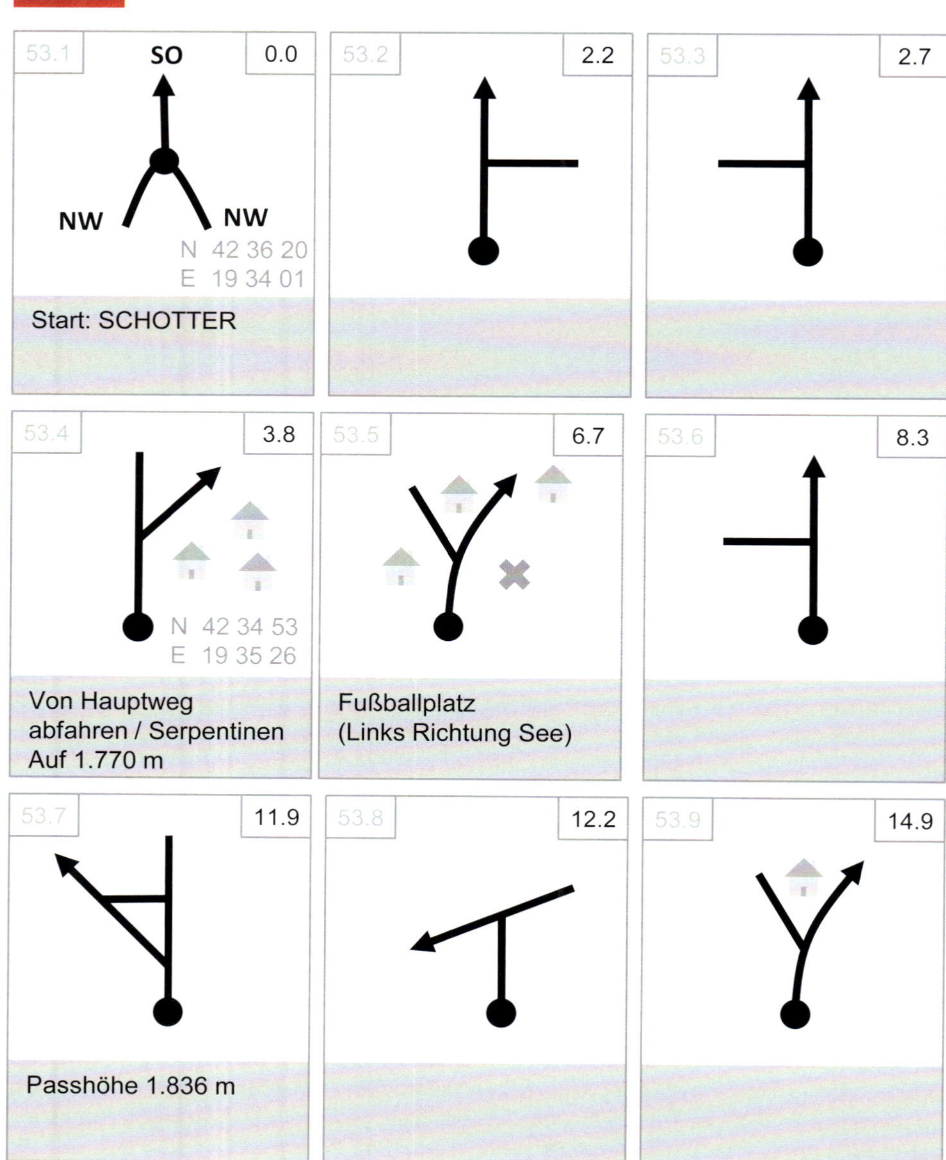

Kučka Krajina 53

53.10	15.5

53.11	16.8

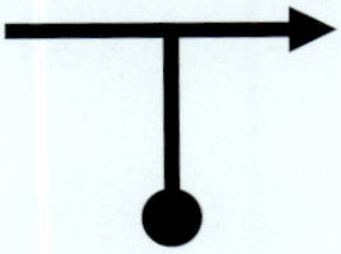

53.12	21.9
Ortschaft	

53.13	22.2
TEER	

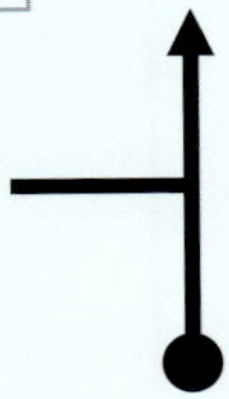

53.14	22.5
S / SW N 42 29 21 E 19 31 52	
Ende Restaurant Dubirog	

54 Peaks of the Balkan

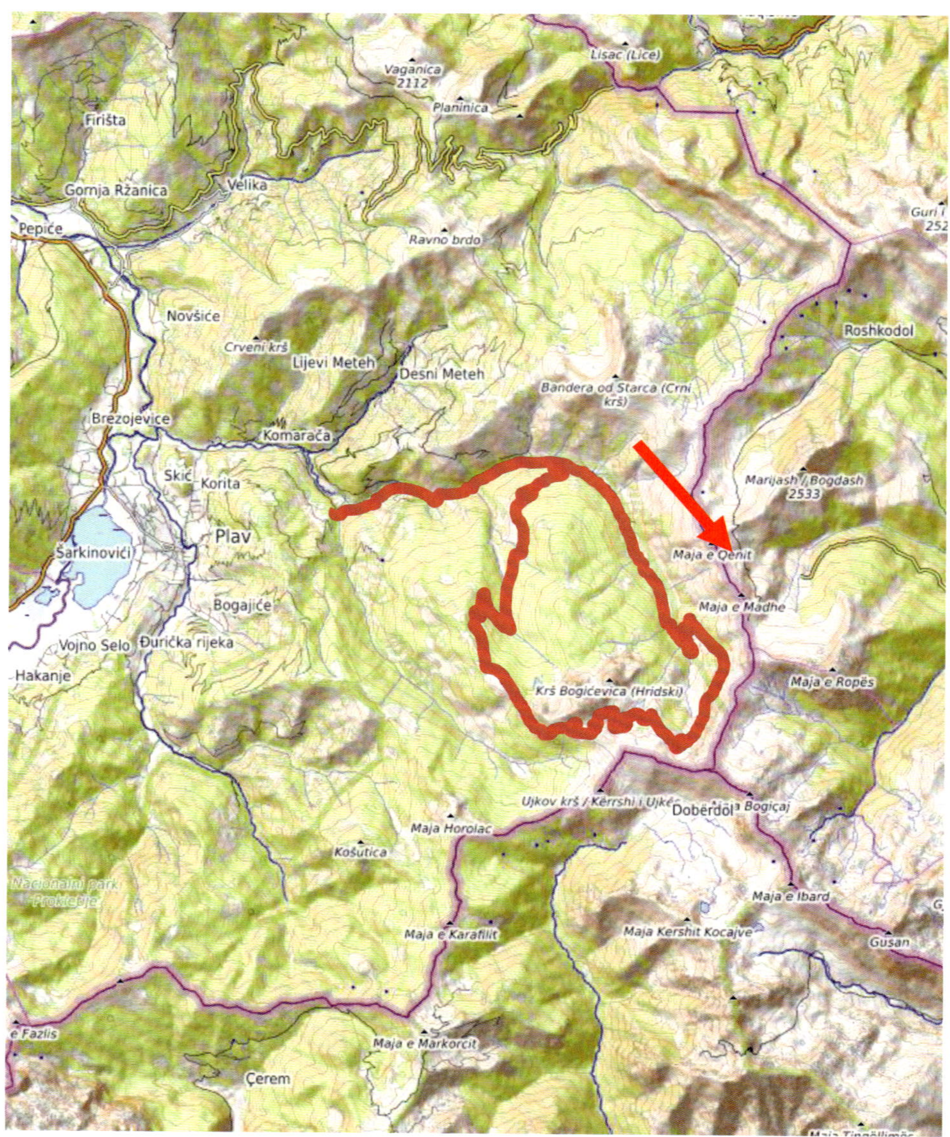

54

Kratzgefahr: *
Orientierung: 2
Länge: 31.7 km
Dauer: 2 - 3 h

Die abweisenden Gipfelgrate bilden die natürliche Grenze zwischen Montenegro und Albanien. Dieser einsame Trail ist nur in wenigen Monaten des Jahres befahrbar.

Diese anspruchsvolle und abwechslungsreiche Rundfahrt startet in der Nähe von Plav. Diese Kleinstadt gehörte bis zum Anfang des 20. Jahrhunderts zum Osmanischen Reich und auch heute noch lebt hier die moslemische Minderheit Montenegros. Nachdem der Eintritt in den Nationalpark bezahlt ist, bleibt der Track zunächst in recht gutem Zustand. Nachdem jedoch die letzten Almsiedlungen passiert sind, geht es über steile Naturwege hinauf zu den Felswänden und mit gelegentlichen Erdrutschen hinauf zu einer ehemaligen Grenzstation an der albanischen Grenze. Im Mittelteil der Strecke ist der Track nur rudimentär in Stand gehalten. Deutlich besser wird der Zustand, wenn die Wanderschutzhütte des „Peaks of the Balkan“ Fernwanderweges erreicht wird und die Abfahrt ins Tal beginnt.
Hinweis: Im Anschluss kann von Plav über einen kleinen Grenzübergang in das albanische Vermosh Tal gequert werden.

54 Peaks of the Balkan

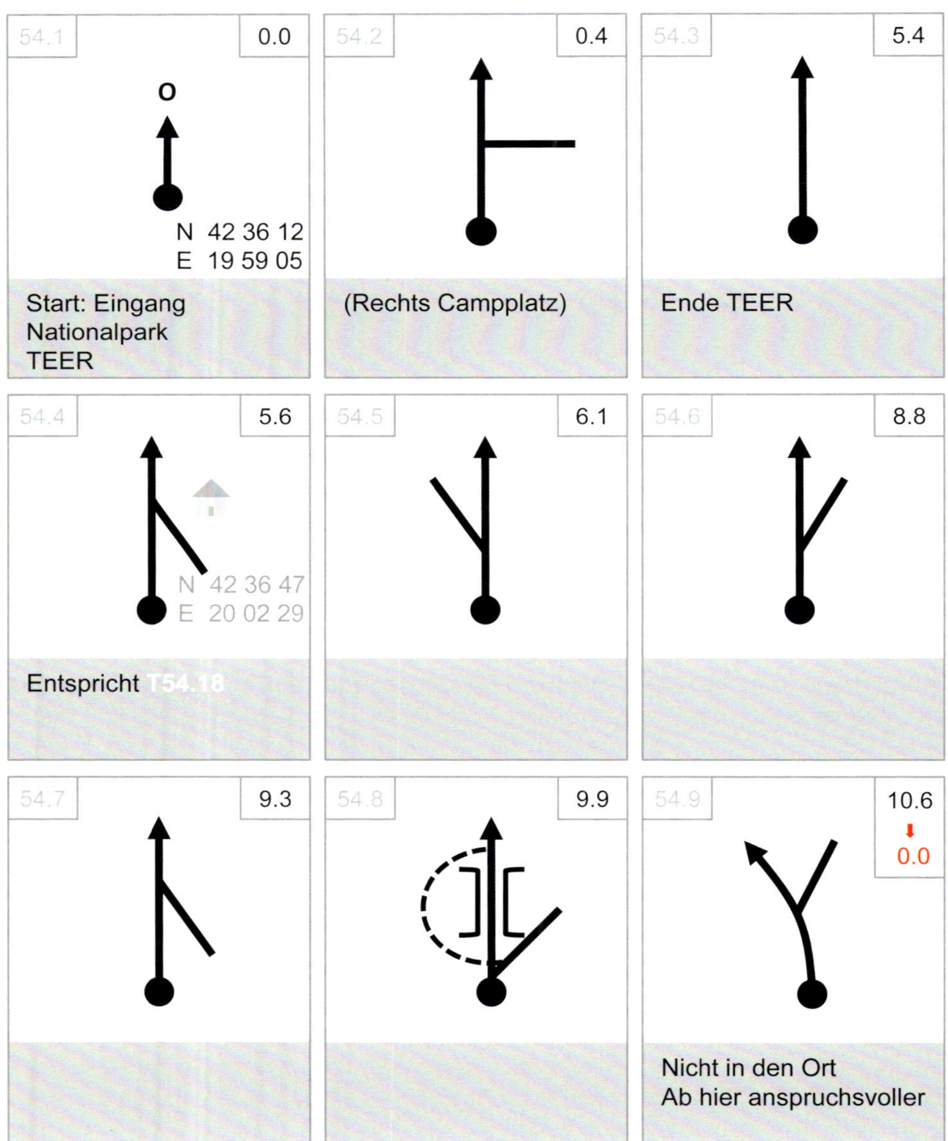

Peaks of the Balkan

54

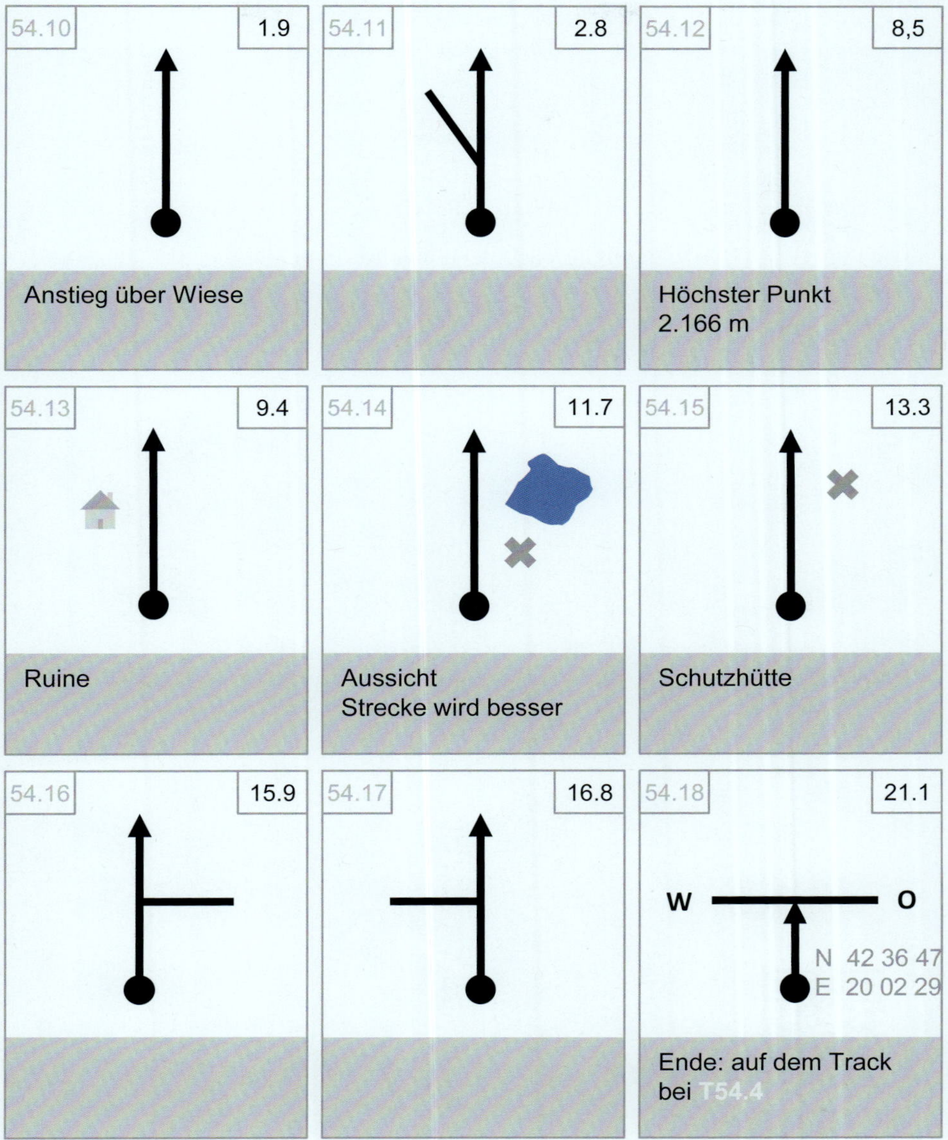

Über uns

Wir sind Melina und Matthias, neugierig, abenteuerlustig und sehr reisefreudig. Wir lieben es, andere Länder und Kulturen immer wieder auf Nebenstrecken neu zu entdecken. Wahrscheinlich tragen wir ein bisher unerforschtes (aber einigen wohlbekanntes) Nomaden-Gen in uns …

Diese Leidenschaft haben wir zum Beruf gemacht und sind neben den Autoren dieses Buches auch Reiseleiter der experience GmbH, spezialisiert auf außergewöhnliche 4x4 Reisen rund um den Globus.

Im Team der experience GmbH haben wir abenteuerliche 4x4-Erkundungsreisen und Fahrzeugveranstaltungen auf fünf Kontinenten und in mehr als 130 Ländern für Individualreisende und Firmenkunden organisiert und durchgeführt.

Falls Du mehr über experience wissen möchtest, besuche unsere Website www.experience.de. Schau Dir gerne unser Reiseprogramm an – vielleicht bekommst Du Lust, uns bei einer unserer Touren zu begleiten.

Für kleine Gruppen ab 6 Personen bieten wir auch Sondertermine auf der ganzen Welt an.

Kontakt: info@experience.de

Nachwort

Bad Kissingen, Juni 2022

42 ist ja bekanntlich die Antwort auf das Leben, das Universum und den ganzen Rest. Und ein kleines Bisschen sind die 42 Tracks dieses Buches auch der Versuch einer Antwort zu den schönsten, abenteuerlichsten und beeindruckendsten Strecken des Balkans. Aber es ist auch die Antwort auf „warum dauert es eigentlich so lange, bis dieses Buch endlich fertig ist?“

Mit Sicherheit ist das Trackbook Balkan unser bisher aufwändigstes Buchprojekt – insgesamt 5 Reisen innerhalb von 2 Jahren und fast eine halbe Erdumrundung waren nötig, um die Tracks zu finden, auszuwählen, zu dokumentieren und zu fotografieren. Dabei haben uns die Landschaften so in ihren Bann gezogen, dass das Buch deutlich umfangreicher wurde und der Erscheinungstermin immer weiter nach hinten rückte. Aber endlich sind wir auf der Zielgeraden, passenderweise nähern sich auch die Temperaturen auf unserem Stand der Abenteuer Allrad Messe in Bad Kissingen der magischen 42 ...

Wir freuen uns, dass Ihr das Ergebnis dieses umfangreichen Projektes nun in den Händen haltet. Ohne Hilfe wäre das natürlich nicht möglich gewesen. Daher: **Danke an alle, die uns hierbei unterstützt haben!**

Was natürlich nicht fehlen darf: Wir sind uns ziemlich sicher, dass wir es schon wieder nicht geschafft haben Fehler zu vermeiden. Daher bitte das Hirn unterwegs nicht ausschalten.

Zum Schluss noch eine Riesenbitte an Euch: Hinterlasst die Tracks, die Übernachtungs- und Picknickplätze am besten ordentlicher und sauberer als Ihr sie vorgefunden habt. Nur so werden die Abenteuer inmitten dieser grandiosen Natur auch in Zukunft möglich sein.

Wir freuen uns auf Eure Rückmeldungen und auch über neue Streckenvorschläge.

Gute Reise!
Melina und Matthias

Notizen

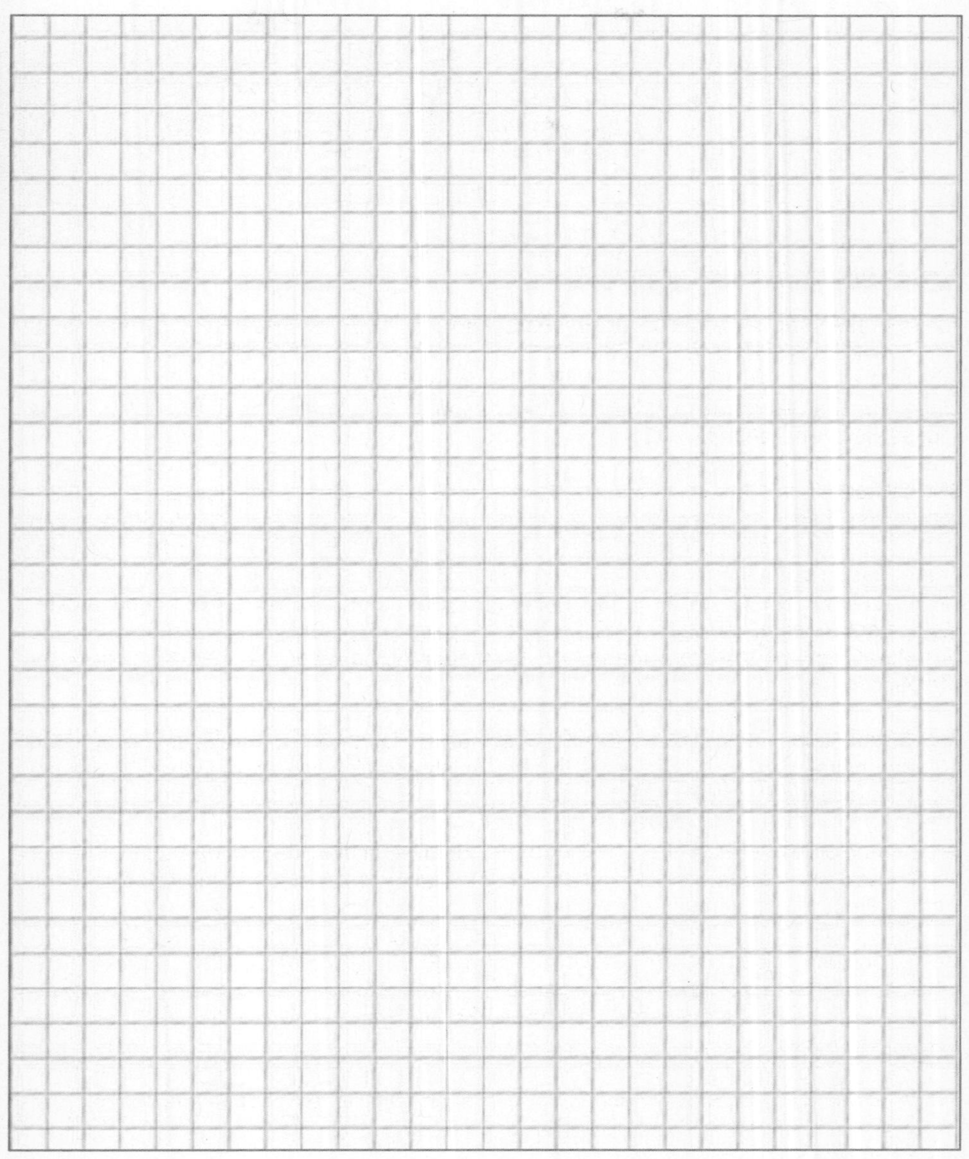

Notizen